管理信息系统的理论与应用

（第四版）

李 东 著

北京大学出版社
PEKING UNIVERSITY PRESS

图书在版编目(CIP)数据

管理信息系统的理论与应用/李东著.—4 版.—北京：北京大学出版社,2020.5
ISBN 978-7-301-28566-4

Ⅰ.①管⋯　Ⅱ.①李⋯　Ⅲ.①管理信息系统　Ⅳ.①C931.6

中国版本图书馆 CIP 数据核字(2020)第 080892 号

书　　　名	管理信息系统的理论与应用（第四版） GUANLI XINXI XITONG DE LILUN YU YINGYONG（DI-SI BAN）
著作责任者	李　东　著
责 任 编 辑	王　华
标 准 书 号	ISBN 978-7-301-28566-4
出 版 发 行	北京大学出版社
地　　　址	北京市海淀区成府路 205 号　100871
网　　　址	http://www.pup.cn　新浪官方微博：@北京大学出版社
电 子 信 箱	zpup@pup.cn
电　　　话	邮购部 010-62752015　发行部 010-62750672　编辑部 010-62765014
印 刷 者	河北滦县鑫华书刊印刷厂
经 销 者	新华书店
	730 毫米×980 毫米　16 开本　21.5 印张　380 千字 1998 年 8 月第 1 版　2002 年 2 月第 2 版　2007 年 9 月第 3 版 2020 年 5 月第 4 版　2020 年 5 月第 1 次印刷
定　　　价	55.00 元

未经许可，不得以任何方式复制或抄袭本书之部分或全部内容。
版权所有，侵权必究
举报电话：010-62752024　电子信箱：fd@pup.pku.edu.cn
图书如有印装质量问题，请与出版部联系，电话：010-62756370

目　录

第1章　概论 (1)
    1.1　信息社会的企业管理 (2)
    1.2　历史的回顾 (4)
    1.3　相关理论研究的概况 (10)
    1.4　信息系统人才的知识结构 (13)

第2章　系统与信息系统 (18)
    2.1　系统 (18)
    2.2　系统的重要特性 (21)
    2.3　系统分类 (24)
    2.4　系统的连接、分解和耦合 (26)
    2.5　信息系统的成分和结构 (30)

第3章　信息与组织 (36)
    3.1　信息的特性 (36)
    3.2　组织和信息 (41)
    3.3　信息技术和组织变革 (45)

第4章　信息系统与企业战略 (56)
    4.1　企业战略 (56)
    4.2　企业信息技术战略 (60)
    4.3　战略性信息系统 (65)
    4.4　IT战略规划 (68)

第5章　信息化基础设施 (74)
    5.1　信息系统基础设施 (74)
    5.2　系统软件 (77)
    5.3　计算机设备选型 (82)

5.4	计算机系统架构	(86)
5.5	云计算	(90)

第6章 计算机网络 (95)

6.1	计算机网络的类型	(95)
6.2	通信的基本概念	(96)
6.3	局域网的物理结构	(97)
6.4	互联网	(107)
6.5	互联网上的服务	(111)

第7章 数据库系统 (117)

7.1	数据库的基本概念	(117)
7.2	数据库系统	(119)
7.3	表的关系和数据操作	(123)
7.4	结构化查询语言	(128)
7.5	数据库技术的发展	(136)

第8章 事务数据处理 (140)

8.1	事务数据处理	(140)
8.2	数据与编码	(142)
8.3	事务数据处理过程	(144)
8.4	商业信息系统	(148)
8.5	无线射频标识	(153)

第9章 办公自动化系统 (159)

9.1	办公室工作的性质	(159)
9.2	办公自动化系统	(162)
9.3	工作流	(164)
9.4	群件	(170)
9.5	知识管理系统	(177)

第10章 企业资源计划系统 (181)

10.1	物料需求计划	(181)
10.2	物料需求计划	(183)

10.3　制造业资源计划系统 …………………………………………… (188)
10.4　企业资源计划 …………………………………………………… (193)

第 11 章　业务流程再造 …………………………………………………… (200)
11.1　业务流程再造的定义 …………………………………………… (200)
11.2　业务流程再造的目标和原则 …………………………………… (203)
11.3　业务流程再造的实施步骤 ……………………………………… (205)
11.4　业务流程分析中的建模技术 …………………………………… (213)
11.5　业务流程再造中的新技术应用 ………………………………… (220)

第 12 章　决策支持系统 …………………………………………………… (226)
12.1　人的决策活动模型 ……………………………………………… (226)
12.2　决策支持系统 …………………………………………………… (229)
12.3　DSS 的结构 ……………………………………………………… (233)
12.4　群决策支持系统 ………………………………………………… (236)
12.5　经理信息系统 …………………………………………………… (240)

第 13 章　商业智能和数据仓库 …………………………………………… (245)
13.1　数据仓库 ………………………………………………………… (245)
13.2　数据仓库的体系结构 …………………………………………… (248)
13.3　联机分析处理 …………………………………………………… (251)
13.4　数据挖掘 ………………………………………………………… (257)
13.5　BI 的发展方向 …………………………………………………… (260)

第 14 章　客户关系管理 …………………………………………………… (267)
14.1　什么是客户关系管理 …………………………………………… (267)
14.2　客户关系管理模型 ……………………………………………… (270)
14.3　CRM 中的数据处理 ……………………………………………… (275)
14.4　CRM 系统 ………………………………………………………… (279)

第 15 章　信息系统的开发 ………………………………………………… (284)
15.1　信息系统的开发过程 …………………………………………… (284)
15.2　信息系统开发方法 ……………………………………………… (287)
15.3　软件包法 ………………………………………………………… (296)

15.4　对系统开发的项目管理 …………………………………………（302）
15.5　ERP 的效益评估 ………………………………………………（304）

第 16 章　信息系统的管理 …………………………………………（310）
16.1　信息系统安全问题 ………………………………………………（310）
16.2　政策、规则和组织保障 …………………………………………（312）
16.3　对信息系统的控制 ………………………………………………（316）
16.4　信息系统审计 ……………………………………………………（320）
16.5　IT 治理 ……………………………………………………………（321）
16.6　信息伦理和社会影响问题 ………………………………………（326）

专业术语对照表 ………………………………………………………（332）
后记 ……………………………………………………………………（337）

第1章 概 论

本章学习目标
(1) 信息社会中企业管理的主要特征
(2) 管理信息系统的发展历史和主要类型
(3) 管理信息系统研究领域的概况
(4) 管理信息人才的知识结构

管理信息系统(Management Information Systems,MIS)正在潜移默化地融入我们的生活。从银行的自助提款机到商店的自助付款、小区的车辆管理等等,到处都可以看到各种各样的信息处理机器。随着整个社会的网络化、信息化,企业的各种业务活动也都关系到信息技术,企业管理者和员工每天都必须和计算机打交道。越来越多的职业经理人面临着新时代所带来的竞争压力:技术的快速进步给企业带来的新的发展机会,同时也产生了新的工作方式,这使得他们感到了学习管理信息系统知识的迫切性和必要性。

管理信息系统并非是一门纯技术性的课程,它主要论述的是在管理领域如何有效地运用信息技术,从而给管理者们提供一种新的观察问题的视角和解决问题的途径。可以说管理信息系统就是一门如何运用信息技术来进行管理的学问。我们将在本书中系统地讨论有关管理信息系统的一些重要的观点和理论。作为本书的概论部分,本章将从宏观的角度,首先讨论信息社会的若干特征以及信息社会中的企业运营特点和信息技术在企业中的作用;然后介绍管理信息系统的概念和理论、它的发展历史以及与之紧密相关的一些重要研究课题等。从而使读者对管理信息系统这一学科领域有一个整体的认识。

1.1　信息社会的企业管理

从社会生产的基本形态来看，人类社会数百万年的发展进程经历了原始社会、农业社会和工业社会3种形态。原始社会中人类的生产方式是以狩猎为主；农业社会产生了新的生产方式，人们以土地为基本生产资料，农业社会持续了数千年；到了17世纪，欧洲工业革命的兴起使得传统的社会生产形态再次发生变化，机器和能源取代了农业社会中的农具和土地，大规模的、集中的、有组织的生产方式代替了家庭的、分散的、个体的农业生产方式，这一生产形态持续发展了三百余年。

在20世纪40年代出现的电子计算机使得这种社会形态又一次发生了巨大变化。除了基本的生产资料、物质资源、机械和能源等，另一种无形的生产资料——信息，已经成为现代企业必不可少的资源。早在20世纪60年代，一些高瞻远瞩的学者就已经从计算机的巨大威力中看到了一场即将发生的社会巨变。他们预言：随着信息的生产、处理、传递、存储等新技术的诞生和迅速发展，整个社会的生产方式将发生变化——传统的以物质为中心的生产方式将向以信息为中心的生产方式转变。美国社会学家阿尔文·托夫勒（Alvin Toffler）敏锐地观察到了这种变化，在他的名著《第三次浪潮》中指出："人类正面临着向前大跃进的年代。它面临着极其深刻的社会动乱和不断地创新和改组。尽管我们还没有清楚地认识它，但我们正在从头开始建设一个卓越的新文明。[①]"

新文明的重要特征之一是劳动人口结构的变化。图1.1是IBM公司对美国200年来的劳动人口变化的统计（包括对未来的预估），200年前90%的劳动人口从事农业生产，工业化社会到来后，随着生产力的提高，农业人口一直在减少而工业人口在增加。20世纪60年代以前近80%的劳动者在传统产业（工业、农业和流通业）工作，之后服务业的劳动人口不断增加。有研究发现在1960年到1980年这20年间，知识工作者占就业总劳动力的比例增加了14%，同时相对收入增加了6倍[②]。在20世纪70年代中期，白领人口首次超过了蓝领人口，其后在数量上的差别越来越明显。类似的变化趋势也出现在欧洲和一些新崛起的发展中国家。我国第三产业在30年间也增长到48%，这说明由于产业科技含量的提高和业务的复杂化，使得劳动人口中对知识工作者的需求比

---

① ［美］阿尔文·托夫勒.第三次浪潮.北京：生活·读书·新知三联书店,1982.
② ［美］詹姆斯·科塔达.知识工作者的兴起.北京：新华出版社,1999.

重在增加,更多的劳动人口转而从事知识性方面的工作,从而出现了大量如管理咨询公司、法律顾问和金融投资等现代服务业企业。

20世纪90年代以后,互联网开始用于商业活动并在全世界范围内迅速普及。它突破了几千年来人们难以逾越的时空障碍,在更大范围内将全世界的企业与企业、企业与政府管理机构以及消费者等都连结起来,构成了一个巨大的虚拟世界。这个无处不在的虚拟世界给全世界带来了一个崭新的竞争环境,固守传统的老企业纷纷衰落,它们必须洗心革面以一种新的方式发展。这就产生了一个新的企业生态系统,它被计算机学界的权威詹姆斯·马丁(James Martin)称之为"计算机化的企业生态系统"①。在这样的新环境下,一个企业如何跻身于成功之列,在很大程度上取决于它的高层管理者对于环境的认识和对于未来的预见。美国哈佛大学教授阿普盖特(L. M. Applegate)曾这样论述:"今天,每一个企业都在两个世界中竞争:一个是管理者可以看得到、摸得着的实体世界;另一个则是由信息所构成的虚拟世界。不想参与互联网、电子商务竞争的公司可能因为竞争对手引进了新技术而被迫参与竞争。②"

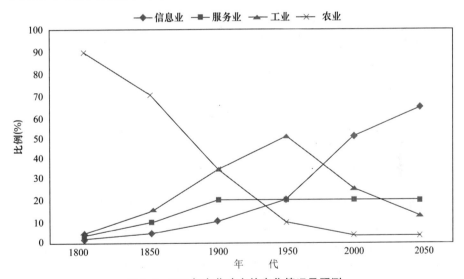

图1.1　200年中劳动力的变化情况及预测

---

①　[美]詹姆斯·马丁.生存之路——计算机技术引发的全新经营革命.北京:清华大学出版社,1997.

②　[美]琳达·M.阿普盖特,F.沃伦·麦克法伦,詹姆斯·L.麦肯尼等.公司信息系统管理:信息时代的管理挑战(第五版).李东,译.大连:东北财经大学出版社,2000.

信息技术的发展使得企业的运营方式以及企业家的思考方式随之发生变化。实际上，这种变化类似科学哲学家托马斯·库恩(Thoms Kuhn)所预言的科学基本模式的变化，他将这种模式命名为"科学基本范式"[①]，库恩论述说："一种范式(paradigm)之所以获得了它们的地位，是因为它们比竞争对手能更成功地解决一些问题。"类似地，一些领先的企业之所以成功，正是因为它们的领导者认识到时代的变化，从而创造性地运用新的经营方式，适应了信息社会的需要。工业社会和信息社会的企业管理的主要特征对比如表 1.1 所示。

表 1.1 工业社会和信息社会的企业管理的主要特征对比

	工业社会	信息社会
管理目标	大量生产，降低单件产品成本以获取利润	通过产品中的信息、技术和知识获取利润
管理对象	人、财、物等生产资源	以信息资源为核心管理其他生产资源
管理思想	标准、制度、服从	创新、改革、权力下放
组织特征	金字塔，等级制度，分工	扁平化，敏捷系统，协作
驱动方式	生产者驱动	市场需求驱动
管理者和工人的关系	单向的、命令与执行的关系	双向的、互动关系

1.2 历史的回顾

1.2.1 管理信息系统的出现

管理信息系统出现的历史甚至可以追溯到计算机出现之前的岁月。作为数据输入机，机械式打字机在 19 世纪得到了广泛的应用，19 世纪末时，人们就开始尝试信息处理的自动化。IBM(国际商业机器公司)曾经发明了一种穿孔卡片机，每分钟可以处理 200 张卡片。后来英国的巴贝基等人也研制过机械式计算机。

1946 年世界上第一台通用计算机诞生以后，人们首先注意到的是它在数据处理方面的巨大潜力，并开始使用计算机来进行企业中的数据处理。当时，随着企业生产自动化水平的不断提高，产品的生产量和物质的流通量与日俱

---

① ［美］托马斯·库恩.科学革命的结构.金吾伦,胡新和,译.北京:北京大学出版社,2003.

增,管理工作越来越复杂,企业对大量数据的处理成为难题。这样,管理信息系统的早期形态——电子数据处理系统(Electronic Data Processing System,EDPS)便出现了。20 世纪 50 年代末,美国的计算机有三分之二是用于电子数据处理的,它们主要在银行、保险公司、石油公司、铁路、航空公司、政府机关等大型企、事业组织中发挥作用。开始是在企业的某些部门中或个别业务中应用,继而普及到整个企业。

尽管当时数据处理还属于计算机科学的应用领域,但信息技术对于企业管理的影响却引起了管理学界的注意。20 世纪 60 年代,美国明尼苏达大学卡尔森管理学院率先设置了管理信息系统学科,并开始培养工商管理硕士(Master of Business Administration,MBA)。该大学的管理信息系统学科创始人戴维斯(G. B. Davis)在他撰写的教材中给出了如下定义:"管理信息系统是一个用来提供各种作业、管理和决策信息的、集成化的人-机系统,它包括计算机的硬件、软件、手工规程以及用于分析的模型等。"他还提出了该学科的一些基本观点和理论等,从此使该学科很快在全球普及。

1.2.2 管理信息系统的演变

20 世纪 70 年代,IBM 首先开发出了一个"面向通信的产品和信息控制系统"(Communication Oriented Production and Information Control System,COPICS),其中包括产品设计和生产数据管理子系统、用户订货子系统、预测子系统、主生产计划子系统、成本及会计子系统、库存管理子系统以及生产计划子系统等十多个子系统。它不仅能向管理者们报告生产状态信息,而且将计算机技术与企业各种管理活动紧密结合起来,使得整个企业形成了一个高度信息化的组织。这也可以说是对管理信息系统理论的第一个具体应用的实现。但是在管理信息系统概念得到实现的同时,其内在的问题也暴露出来。以 COPICS 为例,企业级的管理信息系统通常为满足企业各种业务的要求,就必须具有齐全的功能,但对计算机系统进行调整和改变却很困难。尽管企业管理人员常常需要根据经营环境的变化对业务流程进行调整,但是计算机系统却无法快速地适应这种调整,作为数据处理系统,它们仅适用于稳定的日常业务处理。另外,计算机系统的数据处理过于机械化,尽管可以向管理者提供许多报表,但管理者从大量的报表中难以快速发现有用的信息。以至于在一段时间内,"管理信息系统不过是海市蜃楼(MIS is a mirage)"的评价广为流传。

在这一时期,美国学者斯科特·莫顿(Scott Morton)提出了"管理决策系统"的概念,此后奥特尔(Alter)、斯帕莱格(R. H. Sprague)、米勒(Miller)等人都进行了更深入研究,并提出了决策支持系统(Decision Support Systems,DSS)的体系结构。他们所设想的 DSS 不仅具备丰富的数据处理和模型操作功能,还可以通过友好的用户界面与决策者进行有效的对话,能够向决策者提供相应的决策信息。与一般的数据处理系统相比,DSS 更适合具有特定需求的管理人员使用,或者面向某些管理部门特定的决策分析活动,如解决市场预测和推销结果分析等。20 世纪 80 年代还提出了面向组织中高层管理人员决策活动的高层主管信息系统(Executive Information Systems,EIS 或 Executive Support Systems,ESS)。这种系统具有友好的界面,能够帮助用户方便快捷地获取组织内部的各种概略性的、对决策有影响的信息,诸如对当前企业资金流的分析以及相关的数据,提示高管人员应注意的资金流倾向性事项以及对下属组织或人员的绩效评估数据等。另外,EIS 还注重向高管人员提供信息交换和通信功能,包括对组织中会议、日程安排的功能等。

  20 世纪 80 年代末和 90 年代初,随着计算机性价比的持续提高和计算机局域网的普及,采用计算机局域网的信息系统迅速发展,代替了传统的企业管理活动中使用的大型主机结构。信息系统渗透到企业的各个部门,改变了企业传统的工作方式,对企业的战略规划和长期发展产生了重要影响。怀斯曼(Wiseman)等人指出,信息系统的作用不仅是对企业内部的数据进行处理,它更重要的作用在于能够改变组织的竞争战略[①]。信息系统对企业战略的改变可以从企业内、外两方面来看。从内部角度来看,信息系统的作用主要在于提高企业的效率,改变企业传统做法中的不足,如提高企业中各车间的工作效率和协同效用;从外部来看,信息系统的主要作用是寻找商业机会和市场,并以此来获取竞争优势。因此,一个企业引进信息系统的目的实际上是通过信息技术从战略上来增强它的竞争力。例如:企业可以通过信息技术向用户提供新的服务,或者通过计算机网络与供应商建立更加紧密的联系,这些做法都是为了增强竞争力,改变企业在经营环境中的地位。

  同时,随着对管理信息系统的实践探索以及理论研究的不断深化,面向不同行业和不同组织层级的新的信息系统也陆续出现。如办公自动化(Office Automation,OA)系统提高了企业信息处理的质量和效率。在制造业企业中最早出现

---

① C. Wiseman. Strategy and Computers: Information Systems as Competitive Weapons. The Dow Jones-Irwin, 1985.

的物料需求计划(Material Requirement Planning,MRP)软件提高了库存物料管理以及采购或生产计划等活动的自动化水平,20世纪80年代便发展到制造业企业通用的制造业资源计划系统(Manufacturing Resources Planning,MRPII),在20世纪90年代以后又逐渐发展成为可以在许多行业通用的信息系统——企业资源计划系统(Enterprise Resource Planning Systems,ERP)。

从20世纪90年代中期开始,互联网逐渐演变成一种应用于商业活动的全球基础设施,这使得企业的经营环境发生了巨大的变化。学者们认识到信息技术对于企业的巨大影响,提出了一系列重要的企业管理新理念。如迈克尔·哈默(Michael Hammer)在1994年提出的企业流程再造(Business Process Reengineering,BPR)理论指出:"企业必须通过信息化和流程再造,对自己不适应现代社会发展趋势的传统运作方式进行改革。"另外,信息技术的广泛应用,使得企业与客户、企业与企业之间的关系发生了许多深刻的改变,从网络商业交易的电子数据交换(Electronic Data Interchange,EDI)开始,之后发展成为运用信息技术的供应链管理和由供应链结合起来的企业信息联盟;通过客户关系管理(Customer Relationship Management,CRM)系统,企业可以更好地了解客户和连接客户,从而向客户提供更优质的服务,形成企业与客户的紧密协作关系;通过电子商务(E-Commerce)和移动商务(Mobile-Business),企业可以在虚拟的网络空间开展商业活动。在这一时期,我国企业也在改革开放的进程中迅速跟上,积极引进先进的信息技术和推进企业信息化。联想、海尔等企业率先引进了ERP系统,而用友等公司也通过开发会计电算化软件迅速发展壮大起来。

进入21世纪,技术进步进一步推动了管理信息系统理论和实践的发展。其中最重要的技术如商业智能(Business Intelligence,BI)、移动互联网(Mobile Web)、云计算(Cloud Computing)、大数据(Big Data)、机器人(Robot)、物联网(Internet of Things)、人工智能(Artificial Intelligence)等。这些先进技术与企业特定业务相结合,极大地促进了相关应用软件的发展。这些应用软件可能运行在远程的云服务商处,也可能运行在外包商的智能手机里,以至于我们难以简单地用一种技术系统名称来为企业信息系统命名。虽然在企业的透明玻璃机房中大型计算机工作的情形越来越少了,但企业的生产和管理工作却越来越离不开信息系统了。中国的信息产业在这一时期也发生了巨变,在电子商务、网络社交、网上搜索等领域出现了阿里巴巴、腾讯、百度等优秀的互联网企业,为中国及世界各国网民提供了快捷方便的电商和信息服务,在用户服务及网络销售额等方面取得了令世人惊叹的业绩。同时,中国的百余家企业进入到世界500强,其中也有数家IT公司。这些现象标志着中国企业正在信息化的道路上大步向前。以上这些典型信息系统的应用实践和理论研究逐渐构成了这门学科的发展演进历史,如图1.2所示。

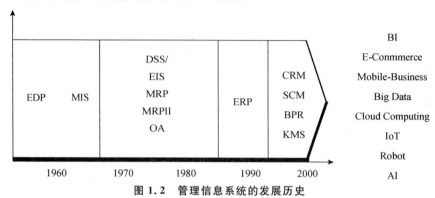

图1.2 管理信息系统的发展历史

数字孪生

在2018年德国汉诺威工业博览会上,软件厂商SAP的展台前人头攒动。这里正在举行一场运用"数字孪生(Digital Tuin)"技术定制生产的观摩体验活动,使观众能直观地感受到"德国工业4.0"计划的魅力。体验者在计算机前下一个水瓶订单,马上可以看到产品的图像,他可以根据自己的爱好来选择各种参数——如瓶盖与瓶身的颜色,输入自己的姓名等;然后他下达生产指令,很快一个刻着自己名字的定制水瓶就交到他手中了。

在这个定制生产系统中,SAP的信息系统是指挥生产的核心,它控制着每一个步骤——从利用计算机辅助设计(Computer Aided Design,CAD)画出的水瓶、瓶盖等虚拟化的产品原型开始,到后续的材料输入和生产制造过程以及最终产品的输出。这一技术被形象地称为"数字孪生"。

所谓"数字孪生",是指从产品设计、生产规划、生产工程、生产制造以及售后服务等各环节上,有一个一致的、无缝的数据平台,能够提供虚拟企业和现实企业的镜像。它具有模块化、可大可小、保真性和连接性的特点,可以从测试、开发、工艺及运维等各个方面打破现实与虚拟之间的藩篱,实现产品全生命周期内的生产、管理的数字化及模块化。在这个数据平台上,参与产品开发过程的员工可以随时互相交换信息,即使在产品设计的早期阶段也可以计算成本,并用3D打印机生成产品原型。产品在实际投产之前即能在虚拟环境中优化、仿真和测试,而在生产过程中也可同步优化整个企业流程,实现高效的柔性生产。当产品交付给客户后,"数字孪生"仍可继续发挥作用,它提供的虚拟产品模型可供企业和客户在共享的平台上交流,任何对产品改进的建议或新产品创意都可直接发送给产品开发团队,后者可在数据分析的基础上再提出新的产品创意。

实际上,在德国工业4.0提出的前后,世界上主要的工业国家几乎都提出了类似的发展计划。中国在2015年提出的国家发展计划称为"中国制造2025",也就是计划在2025年迈进世界制造业强国之列。

我国现在已经是一个制造业十分发达的大国,但还不是一个制造业强国,然而我国制造业企业已经具备了很好的发展条件,我国的轨道交通设备、通信设备、航天航空设备、电力设备、数控机床等等,近年来都发展迅速。在"中国制造2025"的引领下,我国制造业企业将成为数字化发展的重点对象。很多大企业在过去的20年已经打下了信息系统的基础,现在正在不断学习大数据、物联网、人工智能等新技术,向数字化引领的创新型企业转型。

在概念上,管理信息系统一词包括了多种含义,以至于在广泛的使用中经常被混淆。实际上,我们可以从狭义和广义两方面来理解管理信息系统一词。狭义的管理信息系统主要指企业用于基本业务活动的数据处理系统,这是管理信息系统的早期形态,其作用在于向企业经理人员提供各种定期的业务报告。我们前面提到的戴维斯的定义以及肯尼斯·劳顿(Kenneth C. Laudon)等人在20世纪90年代提出管理信息系统定义,都属于这一类。劳顿认为:"管理信息系统是一个基于计算机的信息系统,它通过收集、处理、存储和扩散信息,来支持组织的管理、决策、合作、控制、分析活动,并使之可视化。"而广义的管理信息系统,则是泛指各种形态的IT(信息技术)在管理活动中的应用方法以及相应的理论研究学科领域。管理信息系统领域的权威学术机构——国际信息系统协会[①](Association for Information Systems, AIS)在1995年曾提议:为区分两种不同的含义,用信息系统(Information Systems, IS)一词来指"广义的"管理信息系统。现在这种提法已经被学术界广泛采纳。

---

① AIS是一个国际性的信息系统学术组织,由世界各地的3 000多名信息系统学者组成,其中中国分支为信息系统协会中国分会(China Association for Information System, CNAIS)。

> **信息系统的名称**
>
> 在信息系统发展的历史进程中,随着技术的发展以及人们对于信息系统特征的认识和功能的开发,对信息系统赋予了许多不同的称呼。从前面的介绍可以看到:EDP,IDP,MIS,DSS,OA,MRP,ERP 等等,实际上都是在不同时期根据有关的信息系统的特色而赋予它们的名称。另一方面,出于对信息系统学术研究的需要,又需要有统一的学科名称。
>
> 实际上,在信息系统学术领域和大学的学科名目中,对于该学科的称呼也是多种多样的。例如:
> - 信息系统
> - 管理信息系统
> - 计算机信息系统
> - 信息管理
> - 信息技术资源管理
> - 信息资源管理
>
> 当然,根据研究的重点不同,取一些能够反映其特点的名字也是必要的。但是越来越多的称呼也带来了概念混淆和交流上的困难。1995 年,国际信息系统协会(AIS)提出:为避免多种提法所带来的混乱,用信息系统(IS)一词来称呼该学科领域是比较恰当的。AIS 提出的这一观点逐渐被学术界及业界所采纳,人们开始注意专业术语的规范性以及与国际学术界的接轨。

1.3　相关理论研究的概况

企业信息化是一个对企业的信息系统进行规划、开发、运行和管理的过程,是将信息技术和企业管理二者有机地结合起来的过程。从这个意义上来看,如何揭示企业信息化中许多内在的规律,指导企业信息化的实践,就是信息系统这个学科长期以来探索和正在形成的理论基础,本书中各章也将对此进行简要的介绍。

1957 年,著名学者赫伯特·西蒙(Herbert A. Simon)提出了决策管理学理论,这是从信息处理的角度对古典管理学作出的一个新发展。在他的名著《管理决策的新科学》中有这样一段论述:"在工业革命的初级阶段,由于对于能源的本质有比较深刻的理解,使得人们学会了对于能源的使用方法和物质的转换、即生产的方法。与此同时,由于我们对于信息的理解不断地加深,我们才懂得了组织是一个产生信息、转换信息的系统。也就是说,所谓组织是能够读、写信息,存储信息,处理信息,并经过自己的思考进行问题解决的一个系统。"[①]赫伯特·西蒙的这一论述揭示了信息对于企业的重要性,开创了从信息系统角度研究企业管理活动的先河。

对管理信息系统早期的研究更多的是集中在技术方面,因此被许多人误认为它是一门单纯的技术性学科。但在之后长期的发展中,管理信息系统领域的研究成果主要是体现在技术和管理两者结合的问题上。新的信息技术如计算机软硬件、网络技术等都在不断地进步和变化,但要使得这些技术更好地运用到管理活动中,还需要研究如何将技术和管理有机地结合起来。从这个角度来说,对于管理信息系统的研究也是更多地聚焦在如何结合两者的问题上。正因为如此,管理信息系统与其他一些学科也有着紧密的关系,包括管理科学、组织行为学、心理学、经济学等。正因为对管理信息系统的研究涉及多个学科,这个学科可以说一直是在激烈的争论之中发展起来的。从历史上来看有三个主要的学派,分别称为技术学派、行为科学学派和社会技术系统学派。这三个学派的主要特征如下:

(1) 技术学派:这一学派的学者提倡用基于数学的、形式化的方法来描述信息系统和管理、组织的问题,他们比较强调系统的观点以及严谨的形式化描述的方法。例如切克兰德(P. Checkland)提出的"软科学"方法,高原康彦(Y. Takahara)等人提倡的一般系统科学(General System Science)理论等都是采用这种研究方法。

(2) 行为科学学派:行为科学学派的学者认为:在企业信息化中的许多管理工作是无法用形式化的形式来描述的,他们主张从社会学、政治学和心理学的角度来解释在信息系统应用中出现的问题。例如,用社会学的研究成果来解释信息技术给组织和社会带来的影响,用政治学的观点来分析信息系统实施中出现的利益重分配的问题,从心理学的角度讨论个人对信息系统的反应和人的认知模型等。其中代表性的研究成果如亨利·明茨伯格(Henry Mintzberg)提

---

① Simon Herbert A.. The New Science of Management Decision. New York: Harper and Row, 1960.

出的管理者角色理论,他从人的信息处理行为中发现了对管理者分类的依据。库尔特·卢因(Kurt Lewin)和哈罗德·莱维特(Harold Leavitt)分别提出的组织变革模型说明了信息技术引进对组织产生的影响。

(3) 社会技术系统学派:该学派的学者把研究重点放在信息技术和组织两者之间的相互影响关系上。这一学派的主要观点是:必须将信息系统和企业管理作为一个整体来考虑,因此必须同时对技术和行为两者进行研究。一方面,技术必须要适合于组织或个人的需要;另一方面,组织和个人也必须通过学习技术来改变自己,使用新技术来促进自己的不断更新。如理查德·诺兰(Richard L. Nolan)提出的信息系统发展阶段理论,就是试图说明组织中信息技术吸收和扩散的一般规律。这一学派的研究成果致力于说明组织在应用信息技术中遇到的带有普遍性的问题,对推动组织的信息化进程发挥了重要的作用。

另外,在信息系统这个领域中,学术界和产业界的关系是十分密切的。由于信息技术的快速进步,信息产业对于理论研究的成果十分重视,一些好的理论研究成果被迅速地商业化。例如在商业性IT期刊中经常出现许多根据学术界研究成果所撰写的通俗化文章,决策支持系统等学术界的研究也很快被商品化。信息产业界的大企业也纷纷投资,不断开发在管理应用上领先的产品。这反过来对于管理信息系统的理论发展也产生了很大的影响。如ERP等都是从企业实践中涌现出的产品,之后又变为学术界的重要研究课题。表1.2是我们在2008年对我国200位首席信息经理(Chief Information Efficer,CIO)的一次调查结果,可以看出当时CIO最关注的是信息技术的安全性、基础设施建设和应用系统的建设等问题。而在同一时期,学术界关心的问题却集中在信息系统的价值、战略、信息经理、基于IT的业务创新、IT治理等方面。如此看来,产业界和学术界可说是一种既紧密关联又各有所长的相互促进关系,在发展的过程中双方所关注的问题重点虽有重叠但也并不完全相同。

表1.2 2008年对我国CIO关心课题的调查结果

技术课题	重要程度
企业信息系统的安全性保障	4.39
企业信息技术基础设施的建设	4.06
各种应用系统(ERP,CRM等)的建设和使用	4.05

续表

技术课题	重要程度
数据资源的获取和累积方法	3.91
企业信息化战略规划方法	3.85
业务流程管理(BPM)	3.68
信息系统的开发和引进方法	3.66
通信网络的建设和管理	3.64
企业绩效管理(EPM)	3.59
知识管理和文档管理方法	3.51

(注：采用李克特五点计分法，最低1分，最高5分。)

1.4 信息系统人才的知识结构

从社会需求来看，最典型的管理信息系统专业人才有两类：其一是具有丰富信息系统知识的综合型人才，他们可以在一个企业或组织中做信息管理工作，也经常成为公司中的信息化项目经理，或者是企业信息中心的系统开发主管人员。他们的主要职责是推进企业的信息化建设和管理工作。企业或组织中最高级别的IT负责人常被称为首席信息经理，做这类工作不仅需要全面的信息技术知识，而且还需要更多的有关业务流程分析和企业管理、人际沟通等方面的知识和技能。另一类是以信息系统的开发、应用、推广、管理维护等为职业的IT公司的管理者或员工，例如管理咨询公司的项目咨询师、ERP软件公司的项目经理等。这类工作需要深入理解本公司的信息技术特长以及如何将其应用于不同的业务环境，如何与管理领域中的各种活动相结合；同时他们也需要更多的系统开发和系统设计等方面的技术性知识。当然还可以进一步细分到更多的类型。表1.3是我们对企业信息化人才和他们的职责以及相应的知识和能力的一个分类。

表 1.3 信息化人才的类型、职责和知识

类型	在信息化过程中的职责	要求的知识、技术、能力
信息经理	具有站在全公司的高度进行信息系统规划能力的人员	有关信息系统和管理学的全面知识

续表

类型	在信息化过程中的职责	要求的知识、技术、能力
系统监理人员	对系统开发过程进行监理	具有系统规划、设计、开发、运行、维护的全面知识
项目管理人员	项目评估、日程计划、质量控制、工程管理、人力资源使用和管理	具有信息系统开发的知识,同时懂得项目计划、管理和质量控制方法等
技术专业人员	信息系统硬件、软件、数据库、通信设备等的维护和问题解决	对信息系统硬件、软件、数据库、通信设备等的全面知识
系统开发人员	信息系统的分析、设计、开发	软件开发工具、系统分析工具、CASE、计算机科学基础知识
系统管理人员	信息系统的日常管理、维护和运行	信息系统运用管理、性能评测、系统调整、安全性保障
教育工程师	策划和实施企业内外的信息化教育	教育训练的技术,教育效果的评测技术
研究开发人员	发掘信息系统应用开发的潜力,吸收和运用新技术	科学研究能力,计算机基础知识

  显然信息系统专业人才应当兼备管理和技术两方面的知识。因此一个自然被提及的问题是该专业的学生应当具有什么样的知识结构?一般来说,系统开发和系统管理工作需要技术性知识较多;而要想更好地运用信息系统,就需要懂得业务、组织和企业战略等更多的管理知识。技术性知识进步变化快,需要不断学习更新;而管理知识多属隐性知识,需要不断积累。信息系统学术界普遍认为:本专业的学生应当具有较强的知识吸收能力、对新技术应用的敏感性以及对企业经营管理问题的分析、理解和综合的能力,能够将以上两方面知识融会贯通,结合所在行业、企业的特定业务,形成自己独特的知识结构。

  国际计算机协会(Association for Computing Machinery,ACM)曾为 MIS 教育推荐了一套适合 MIS 专业研究生的预备课程,如表 1.4 所示,它分别由 3 个课程系列(分别见表中的 3 列)所组成:信息系统技术,信息系统方法和管理专业课程。该协会还和国际信息系统协会(Association for Information Systems,AIS)及数据处理管理学会(Data Processing Management Association,DPMA)联合编制了一个管理信息系统课程示范大纲,在这个大纲中,明确地提出管理信息系统专业学生应具有 4 个方面的知识:① 业务基础知识;② 分析技术和决策知识;③ 沟通能力和团队协作技能;④ 技术性知识。在掌握这些知识的基础上,学生应当重点发展自己具有运用信息技术来推动业务发展的能力,如图 1.3 所示。这一大纲提出后得到广泛采用,AIS 也根据全球的应用反馈信息不断补充和更新,但基本思路没有发生大的变化。

表 1.4　ACM 的专业课程编排

信息系统技术		信息系统方法	管理专业课程
计算机概念	程序设计和数据结构	系统概念	市场营销,生产管理和财务管理
数据管理		信息分析	经济、法律与政治
通信	决策支持系统	系统设计	会计学
		政策	项目管理	组织理论
			政策与分析

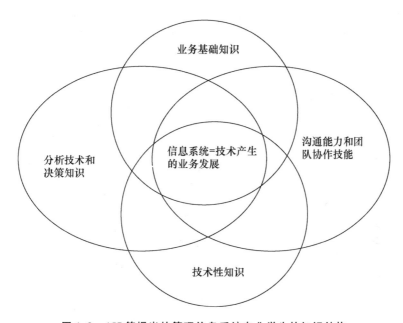

图 1.3　AIS 等提出的管理信息系统专业学生的知识结构

实际上,在向信息化社会转型的过程中,任何组织所需要的信息化人才大都应当是具有综合性知识的多面手。因此,管理信息系统现在已经成为经济管理学科的通选课程。不但是主修管理信息系统专业的学生需要学习,MBA 和其他专业的学生也都需要学习。因此,管理信息系统课程体系也应适合更宽泛领域的各种学习者的要求。

本书并非为专业的从事开发信息系统的技术人员所写，而是以大学经济管理学科的学生为主要对象，作为管理信息系统通识课程的一本入门性教材。本书提供了对该领域中以下一些基础知识领域的说明和讨论：

- 作为企业管理者所需要的信息系统基本概念；
- 构成管理信息系统的基本的技术知识；
- 信息系统与企业组织内、外部环境以及管理功能的关系；
- 各种信息系统的结构、形态和工作原理；
- 信息系统的基本开发过程；
- 对信息系统的运营和管理。

本书总结了面向以上各类读者所需要的信息系统知识基础。在掌握这些基础后，读者可以根据自己的需要学习一些专业性更强的书籍，并在自己的工作职务方面进行更为深入的钻研。

第1章重要概念

信息技术，信息社会，管理信息系统，管理科学原理，决策科学

第1章复习题

1. 信息社会的主要特征是什么？
2. 管理和信息是什么关系？
3. 什么是企业信息化？
4. 为什么企业需要信息化？
5. 以实际例子说明在信息社会中企业的变化趋势。
6. 简要说明管理信息系统的发展历史。
7. 信息系统与管理信息系统的区别是什么？
8. 说明管理信息系统的实践和理论是什么关系。

小组活动课题

讨论一下"中国制造2025"的意义与任务；各发达国家有哪些类似的计划以及各自的特点是什么？

第 2 章 系统与信息系统

本章学习目标
(1) 系统理论的基本概念
(2) 系统的类型
(3) 系统的分解和耦合
(4) 信息系统的成分与结构
(5) 信息系统中的主要子系统

一个管理信息系统的成分不外乎使用系统的人、网络、计算机硬件设备和软件、数据等。通过对这些构成成分的组织和连接,可以构成适合不同行业、不同业务的信息系统。但是,即使购买相同的硬件和软件,为什么有的系统就能够被用户所接受,而有的系统却被弃置不用呢?一个常见的问题在于用这些软硬件搭建起来的系统相互之间的系统性差。单纯的软硬件拼凑并不能构成一个符合企业要求的信息系统。那么,将这些成分或元素组织起来的基本思想是什么?这就是我们在本章中要重点讨论的系统论以及信息系统的整体结构和它的子系统的构成。

2.1 系 统

系统科学的研究领域十分广泛,包括系统哲学、系统工程以及抽象系统科学等。系统科学中重要的理论成果之一,是在 20 世纪 30 年代由奥地利生物学家贝塔朗菲(Von Beitalanffy)所奠定的一般系统论(General System Theory)。对于了解和掌握管理信息系统的理论体系,系统的基本原理和思想是十分重要的。系统论主要研究如何从整体观出发分析和解决问题,以达到最优的效果。

一般系统论出现后,对科学和人类社会的发展起到了巨大的推动作用,成为人们认识世界和改造世界的有力工具。20世纪60年代以后,以一般系统论为基础,一些新的系统学说如耗散结构论、协同学、超循环理论、基于主体的系统方法等也相继问世,使得系统科学知识体系日益丰富完善。

2.1.1 系统的概念

系统(System)是一个在现代社会中被广泛应用的概念。从宏观世界的天体、宇宙到微观世界的分子、原子,从现实的工程系统、社会系统到抽象的概念系统、事理系统、知识系统,系统可以说是无处不在。系统在现实世界中呈现出多样的具体形态,它也可以理解为体系、体制、制度、方式等的同义词。一个基本的定义是这样的:系统是为了实现某种目的,由一些元素,按照一定的法则或结构组织起来的一个集合体。

系统的一般模型如图2.1所示。系统是元素(Element)的集合,它总是存在于某种环境(Environment)之下,区分系统内、外部的是系统的边界(Boundary)。系统的环境可分为特定环境和一般环境。如果将企业看作是一个系统,那么直接影响到企业活动的外部因素如顾客、竞争对手、供应厂商等构成企业所在的特定环境。那些不直接影响到企业活动,但仍对企业活动有间接影响的环境因素如政治、法律、其他行业、关联技术等构成一般环境。

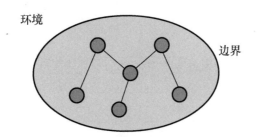

图2.1 系统的基本概念

系统是一个相对的概念,在一个系统的内、外部仍然有系统存在。我们把系统内部的系统称为子系统(Subsystem)。例如一个计算机系统可以看成是由硬件、软件两个子系统构成的系统,计算机的硬件系统可以看作是由输入子系统、输出子系统、存储子系统和处理子系统构成的系统。一般而言,一个系统相对其亲系统而言也是一个子系统。所以子系统往往具有系统的一些特性,如有它的目的、元素和边界等。子系统之间又存在相互连接和相互作用,我们把系统与环境的作用点以及子系统之间的连接点称为接口(Interface)。在许多情况下,如果我们对一个系统并不关心它的内部结构,而把注意力放在它的输入和输出上,这样的系统又称为黑箱(Black Box)。

2.1.2 系统的基本形式

系统的基本形式是输入输出系统(Input-Output System)。企业和信息系统都是输入输出系统。一个输入输出系统有以下基本成分:

(1) 输入:输入是从系统外部进入系统并被处理的元素。如原料、能源、人力资源等。

(2) 处理:处理是一个将输入转换为输出的过程。例如企业的生产过程,计算机的计算处理过程等。

(3) 输出:输出是经过系统转换的结果。例如企业的产品,数据处理的结果等。

(4) 反馈:反馈是反映一个系统性能的数据。例如反映一个企业营销部门的业绩数据送给营销部门经理是一个反馈过程。

(5) 控制:控制意味着监控系统的运行状况并且对反馈进行评价,从而决定对于系统的运行状况进行适当的调整。

一个有3个子系统的输入输出系统的示意如图2.2所示。表2.1给出了输入输出系统的5个例子。

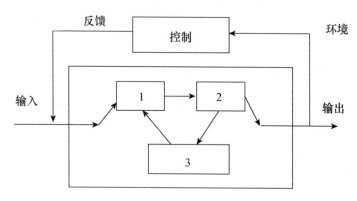

图 2.2 输入输出系统

表 2.1　输入输出系统的例子

系统	目的(功能)	元素	输入	输出
百货公司	商品流通	人员、建筑、商品	货币、商品	商品、服务信息
银行	借贷、信托等	人员、建筑、货币	货币、证券	货币、证券
咨询公司	提出合理建议	具有专业知识的人员	公司状况、问题	建议、报告
大学	产生和传播知识,培养人才	教师、学生、教室、服务人员	学生	人才
医院	提供保健服务	医生、病人、医疗设施、看护	病人、药品	健康人、药品

维纳的控制论与企业信息化

美国麻省理工学院的教授维纳是著名的《控制论》的作者。他将军舰的自动驾驶仪的系统理论用在动物实验中,结果发现,他可以预测动物的肌肉反应。这一发现以后变成了一种普遍的原则,他将这种原则定义为:"动物和机器中的控制和通信的科学。"

今天,维纳的控制论的应用范围有了进一步发展。信息化的企业正在运用维纳的思想,使自己成为一种"敏捷企业",能够对环境的变化、竞争对手的动态、消费者的需求等做出及时的反应。例如温州的一家服装厂通过互联网及时得到巴黎街头的时尚信息,而几百家加工厂则可以据此快速展开设计和生产。

2.2　系统的重要特性

系统具有哪些重要的特性?一般认为:系统应具有集合性、目的性、相关性、层次性、整体性和适应性。现分述如下:

1. 集合性

系统意味着它是一个以元素及其相互之间的关系构成的集合。虽然一个简单的系统可以由少数元素构成,但是在现实中的系统往往是由众多元素构成的。系统元素的例子如表 2.2 所示。

表 2.2　系统与元素

系统	元素的数目
电视机	10^3
飞机	10^5
火箭	10^6
阿波罗宇宙飞船	10^7
发达国家的道路交通系统	10^8

系统并非其元素的单纯集合,而是元素间的复杂关系所构成的有机结合。系统的元素之间的关系服从于某种规则。例如太阳系的元素服从万有引力定律,交通系统中的车辆和行人要遵守交通规则。系统的反义词是紊乱、混沌、无秩序。而系统工程的思想,就是让我们能够迅速地抓住问题和事物的本质,按照一定的方法和逻辑,有条不紊地解决矛盾。

2. 目的性

人工系统具有明确的目的,如企业要创造价值,信息系统用于数据处理。但有时一个系统并非仅有单一的目的,而是有一个综合性的目的。通过对系统的目的进行分解,可以更详细地表达出它的目的。有时系统的子目的可能是互相冲突的。例如,数据处理系统的性能优异和成本低廉是两个相互冲突的目的。这就需要系统的设计者进行某种折衷,即在两个相互矛盾的目的实现过程中寻求平衡,使得最终目的得以优化。

3. 相关性

系统的元素之间、子系统之间是相互关联的。系统的相关性可以看作是其中所有关系的集合。因为复杂的关系可以看作是二元关系的拓展,所以从理论上来说,系统中元素之间的关系也可以用简单的二元关系来描述。例如在企业信息需求的分析活动中,经常要确定不同的部门之间究竟在信息需求上有哪些关联以及信息的发送方和接收方的属性。

4. 层次性

层次性或层级性是一种普遍的规律,无论是自然界演化出来的自然系统,还是人工系统,都具有等级的层次结构。著名系统学家彼得·切克兰德(Peter Checkland)认为:层次性是系统理论的 4 个基础概念之一[①]。系统的层次性可

---

① Peter Checkland. Systems Thinking, Systems Practice. John Wiley & Sons, 1981.

以图形化地表示：位于上层的元素是支配元素，在其下方的元素是被支配元素。元素之间可能存在着物质的或信息的传递关系。

现实世界中的企业或者组织是一个层次系统。一个企业可能是由不同的部门所构成，但是从管理的角度来看，高层管理者或组织的决策者，中层管理者以及现场管理者的层次结构总是存在的。一个信息系统中的软件模块也是一个层次系统。对于复杂系统，层次化是一个很好思考和分析的框架。肯尼恩·艾瓦特·博尔丁(Kenneth Ewart Boulding)曾根据系统的复杂程度的不同，将各种系统分成一个9层结构[1]，如表2.3所示。

表 2.3 系统的9层结构

层次	特征	例子	关联领域
超越系统	无法避免的"不可理解"	神	
社会——文化系统	角色、通信 价值传递	家庭 酒店、国家	历史学、社会学 文化人类学
人	自我意识，智能 符号语言	人类	生物学、心理学
动物	管理所有行动的大脑 学习能力	鸟兽类动物	动物学
低等生物	具有功能 根据"蓝图"成长和再生产	植物	植物学
闭系统	结构的自我维持	生物细胞	新陈代谢
控制机构	闭环控制	身体中的自调节功能	自动控制理论
钟表机构	根据事先确定的运动或平衡状态动作	钟表、机械、太阳系	物理学 古典自然科学
结构框架	静态	结晶、桥梁	根据各种领域中常用的语言和图形来描述

5. 整体性

系统的整体性意味着在保证系统目的得以实现的前提下，系统会对其元素集合、关系集合和层次结构等进行调整，以取得最佳的效果。一个系统的整体效果并不等于其各个子系统的效果的简单加和。如果子系统配合得好，一个系统的整体效果应大于其各个子系统的效果之和，即所谓的"1+1>2"；反之，一

---

[1] Boulding, Kenneth E.. General Systems Theory — The Skeleton of Science. Management Science, vol. 2, no. 3, 1956.

个系统的各个子系统都达到了最优,未必一定能使整个系统的效果达到最优。对计算机软、硬件部件的选择,往往不是考虑局部最优而是整体效果最优,购买过多的计算能力并不一定带来理想的结果;一个企业信息系统也需要生产、营销、库存等子系统相互配合,才能达到最优的运行状态。

6. 适应性

系统总是在一定的环境中工作。系统是在与环境进行物质或信息交换中不断进行自我调节的,因此具有适应性。在现实世界中,诸如人、学校、企业等都是在与环境进行频繁的信息或物质交换的过程中,不断地进行自我调节,因此能够逐渐地适应环境的要求。信息系统也必须根据企业经营环境的变化不断调整和改变自身的功能。

系统有其生命周期,所有的系统都有发生、成长、衰败、灭亡的过程。系统失调、紊乱的一面可以用系统的熵(Entropy)来度量。系统如果从其外界得到对其秩序进行维护的能量,就可以减少系统的失调,这种外界的输入也称为负熵。比起一个相对封闭的系统,开放系统需要更多的负熵,才能够保证它的稳定运行。

企业信息系统从其诞生之日开始,它的熵就在不断增加。所有的信息系统都需要维护,企业信息中心技术人员的大部分时间都在从事对已有系统的维护工作。有人统计过,在信息系统运行的5年时间内,改错和功能改善所消耗的费用大约是系统初始开发费用的50%。因此讨论信息系统就不能不讨论对它的治理和更新。

2.3 系 统 分 类

可以从各种角度对系统进行分类,例如根据元素的动态状况可将系统分为动态系统和静态系统,根据系统运动的稳定性可分为概率性系统和确定性系统等。切克兰德提出的一个观点是用3个变量对系统进行分类:① 变化性:其中的两极是结构化的(静态的)和功能性的(动态的);② 目的性:有目的的系统和无目的的系统;③ 结合性:可分为机械的系统和有机体的系统。然后再对这三维的值进行排列组合,系统可分为 2^3 的8种类型。例如,一个钟表系统是"结构化的、有目的的、机械的系统",而一个生产工程系统是"功能性的、有目的的,机械的系统"等。

从学习信息系统的需要出发,我们可以从系统的① 开放性;② 抽象性;③ 目的性这样 3 个方面进行分类：

1. 开放性

科学家在进行热力学实验时，将化学物质放在隔绝空气的真空试管中，观察它们分子间的相互作用，结果发现了热力学的分子运动规律。这种实验是一个闭系统。在现实世界中，类似的闭系统几乎是不存在的，在很多情况下我们观察到的闭系统是相对封闭的。例如，一个存储设备如硬盘是一个相对封闭的系统。相对封闭的系统是受控制的系统，它的输入和输出是明确规定的，系统不受或很少受到其他外界因素的干扰和影响。

一个企业的信息系统是一个受控制的系统，但是与生物系统（细胞、植物、动物、人）等一样，企业是不能与环境相隔绝的，因此企业不是一个全封闭的闭系统。企业对于环境必须表现出适应能力，如图 2.3 所示。企业从环境中取得物质和信息等资源，例如新的雇员、原材料、机器设备、资金等，同时要向环境提供产品或服务。正因为其产品或服务对于环境中的其他组织或个人有益，所以企业才能不断从环境取得新资源，从而维持自身的生存。企业也必须根据环境的变化实时调整自身，使自己去适应环境。特别是在互联网时代，企业进一步开放了，企业要取得公众的信任和融资，其财务和运营信息必须在一定程度上公开，也必须接受媒体和舆论的监督。从这个意义上来说，企业必须是一个具有开放性的控制系统。

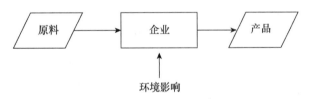

图 2.3　企业是一个适应系统

2. 抽象性

物理系统指系统是由物理的成分构成的。例如管理信息系统的物理构成中总有计算机、数据库和管理人员等。概念系统指系统是在概念元素以及建筑在这些概念之上的结构所构成的。例如从概念上，将企业描述成是一个投入产出系统：企业的生产过程可以用一个生产函数 $Q=f(x_1,x_2,\cdots,x_n)$ 来描述，其中 $x_1,x_2,\cdots,x_n$ 都是"生产因素"，诸如投入的资本和劳动，它们可以被相互代替；而 Q 是使用这些生产因素所获得的输出，诸如企业的产品或服务。

通常一个信息系统可能同时具有物理系统和概念系统的性质。信息系统中的计算机是由处理器、存储器、输入输出设备等构成的，同时计算机也是图灵提出的"有穷自动机(Finite Automation,FA)"这一概念系统的发展结果。

3. 目的性

自然生态构成自然系统,而企业、组织和信息系统都是人工系统。人工系统是人造的、有目的性的系统,系统的设计者用此系统来实现特定的目标。但是,无论自然系统还是人工系统都有生命周期,都遵循从发生、发展到衰亡的过程。

上面所讨论的这3种分类都是从某一特定的角度对现实世界的抽象,而一个现实世界中的实际系统,也是一个多种分类的混合体。例如,信息系统是一个人—机系统,既有开系统的一面,也有闭系统的一面。这意味着信息系统不应当是一个机械的闭系统。如果我们设计了一个自动化水平很高的控制系统,完全按照预定的节拍工作,就不能体现出人的主动性。尽管这样的系统工作效率很高,但并不是一个理想的系统。

2.4 系统的连接、分解和耦合

2.4.1 系统连接

系统连接的两种基本形式是串联和并联。企业从供应商处采购原材料,到工厂经过生产流水线上的加工组装成为产品,再从工厂将产品发送给销售商,经过批发、零售等销售渠道,最后送到消费者手中。在一个串联的系统中,这些子系统是按照时间顺序工作的。而在并联系统中,子系统可以同时工作。在一个分布式数据库系统中,数据同时在各个业务部门的本地数据库中处理,最后再送到总部汇总,这样既为各业务部门的管理者提供了信息,又提高了整体处理的效率。系统的不同连接方式如图2.4所示。

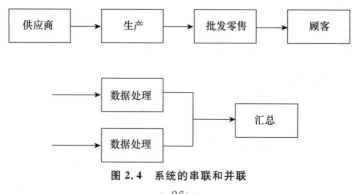

图 2.4 系统的串联和并联

2.4.2 系统分解

有时因为一个系统太复杂而无法把它的元素之间的关系表达清楚,这时可以将系统分解成子系统。对系统的分解可以从各种不同的角度来进行,例如从职能的角度可将企业分成生产、后勤、财会、市场等,从管理活动的角度又可以分为作业控制、管理计划和战略决策。当把一个系统分解成子系统时,通常要明确各个子系统之间的边界和相互的接口,这样才能将子系统有机地结合起来。

那么对子系统的划分有无一定的原则呢?换句话说,系统边界的界定有无一定的原则呢?一般来说经常要考虑两个原则:

1. 控制性

一个系统的内部元素通常是系统可控制的,而其外部的元素则不可控。系统外部的元素有时也构成对系统的约束。如一个企业中营销部门的数据库是该部门可以自己控制的,而外部的企业数据库则是该部门不可控制的环境元素。倘若该部门的数据库中部分数据必须从外部数据库获得,这个外部数据库就构成了对该系统的约束。

2. 功能性

在系统中通常按元素功能的聚集原则来进行子系统划分。这一原则也适用于信息系统。在软件结构上,一个应用系统通常由若干模块构成,而每一个模块具有各自独特的功能。例如一个 ERP 系统通常由财务模块、生产模块、库存模块、订单处理模块等组成,各个模块之间又有数据流入流出的关系。

接口也称为界面,是系统与环境的作用点,或是子系统之间的连接点。在信息系统中,接口的功能是十分重要的,因为接口常常要起到以下一些作用:

- 过滤:通过接口去掉不必要的元素。
- 编码/解码:将一种数据转换成另一种数据。
- 探测:发现错误和纠正错误。
- 缓冲:让两个子系统通过缓冲区耦合,取得同步。

在对子系统的设计中,一个常用的技巧是化简子系统之间的接口。根据排列组合的原理可知,如果一个系统有 n 个子系统,同时每一个子系统都与其他子系统相连,那么系统中将有 C_n^2 个接口。也就是说,随着 n 的增加,系统之间的接口数目将随之快速增加,这使得对系统的管理越发困难。化简的方法之一是将子系统分成有关的群,各个群共用一个接口,这样就有效地减少了子系统相互之间的交互和关联。例如在一个局域网中,如采用点对点连接方式,则一个6个结点的网络就需要有15个连接,而采用总线方式后,就可以将相互连接的数目大大减少。

2.4.3 系统耦合

一个系统中子系统之间的关系可能是紧密耦合的也可能是松散耦合的。紧密耦合的子系统效率高,但对于各子系统之间的协调却要求苛刻。有时候,各个子系统之间无法紧密耦合,但我们仍需要采用某种手段将它们连接起来。这时可以采用的办法有:

(1)设立缓冲区:例如对于生产子系统和采购子系统,可以设立仓库作为缓冲区,从而使两者分离。在信息系统中也常使用磁盘文件作为缓冲区来进行数据处理。

(2)使用弹性资源:弹性资源意味着系统的资源有一定的富裕,在需要时可动用这一类资源来应急。

(3)设立标准化接口:设立标准化接口有助于子系统之间的通信,减少不必要的信息交互。在管理信息系统中的局域网中采用的协议就是一种标准化接口。

用互联网改变农业

农信互联是一家服务于农业和养殖业的互联网大数据服务公司。目前公司有800多名员工,业务覆盖全国各地。2018年度,电商平台交易总额为575亿元。

我国是世界第一大猪肉生产国和第一大猪肉消费国,市场规模超过万亿。但是长期以来,中国养猪业存在管理水平落后、交易效率低下、金融资源匮乏等方面的问题。在科学养殖方面,尽管农业科研有大量成果,但是如何将科学养殖知识普及到农户也存在很多困难。

薛素文曾经在大北农集团担任CIO和CFO,后来又在北大光华管理学院读了MBA。2015年,他创办了一个以互联网农业应用为主要业务的农信互联公司。他着力打造的第一个项目,就是以生猪为核心,集管理、交易、金融为一体的"猪联网"。通过这个互联网应用,将猪场、贸易商、屠宰企业、饲料厂等生猪产业上下游企业连接起来，形成了一个以生猪养殖产业为核心的数据分析及信息服务平台。

薛素文介绍说："猪联网"的特色主要体现在3个方面。首先，猪联网帮助养殖户把生猪的生产过程进行科学管理。为了实现养殖场的科学养殖，农信互联公司的员工深入到养殖场安装智能设备，并给每一头生猪都打上射频识别（Radio Freguency Indentification，RFID）耳钉，通过各种设备实现智能检测，从而使养猪过程科学化、智能化。第二，"猪联网"作用也体现在销售和采购环节。通过这个平台，帮助养殖场把出栏生猪卖出去，把饲料等生产资料送进去。猪联网提供的服务涉及养猪业的上下游各个环节。例如，通过网上生猪市场、农信商城、猪病通、行情宝等信息服务，向养殖场提供生产资料交易、生猪买卖、猪病诊断、行情资讯等服务。买主只要在网上和养殖户联系，网上下单即可，大大提高了交易效率；养殖户与经销商在网上可以预订饲料和预付款，还可以线上核算，做到账目清晰透明；另外，"猪联网"也解决了饲料销售中各类数据的采集与处理问题，通过数据分析，帮助企业在实现销售额增长的基础上，不断完善客户分析、客户需求跟踪、新产品规划等问题。第三，"猪联网"对养殖场或者养殖户还提供金融服务。农信互联设计了农信险、农信贷等多样的金融产品，为企业或养殖户提供保险、贷款等金融支持。农信互联的首要目标就是通过建设"数据＋电商＋金融"三大核心业务平台，可以帮助相关的企业和养殖场用智能化、数字化的管理模式提高生产效率，降低生产成本，对接上下游，降低交易成本。再根据平台上的数据，对接各类金融机构，提供基于农业各应用场景的金融支持。经过几年的发展，农信互联的"猪联网"成功连接全国超过1万个养殖场、5 000万头生猪，成为中国较大的养猪互联网平台。

在"猪联网"成功的基础上，农信互联通过独资、合资、合作等各种形式的资源利用，将业务扩大到禽蛋、水产、大田、柑橘等各农业领域细分板块，为各领域提供产业互联网解决方案。

经过两轮融资，农信互联目前已成为行业平台，作为一家农业互联网高科技企业，2018年9月，农信互联完成B轮融资估值74亿元。2019年11月，中央电视台播放的有关农业养殖业的电视节目中，报道了农信互联的"猪联网"案例之后，日本、美国和印尼等外国农业科技专家相继访问了该企业，到现场参观交流。

2.5 信息系统的成分和结构

以上我们介绍了系统科学的一些基本概念。这些概念对于信息系统的学习者意味着什么？事实上，一般系统论可以用来指导我们理解和描述企业的信息系统应用，也可以用在信息系统的设计、开发和维护的整个生命周期过程中。信息系统的建设是一个涉及企业的业务、战略、组织结构、技术能力、企业文化等多方面因素的系统工程。信息系统虽然关系到许多复杂的技术和组织因素，但从物理上来看，它仍然是由一些基本部件所构成的。例如在构建或引进一个组织的信息系统时，一个基本的出发点就是从企业的信息化需求出发，首先考虑它的基础设施和基本功能模块。换言之，我们必须回答为解决企业的信息化需求，这个系统的基本子系统是什么？它是由哪些基本部件所构成的？它们之间的关系应当是什么样的？这样我们就可以从概念上将各种散乱的影响因素组织起来，有计划、有步骤地规划它的建设和发展。

一个信息系统可以看作是由6类基本的元素所组成：人员、硬件设备、计算机软件、网络设备、数据和工作规程，如表2.4所示，也可以认为它们是6个子系统。信息系统是为企业的人所使用的，同时也必须由人来控制。信息系统中的人员可以分为两大类：终端用户和专业技术人员。前者主要分为高层领导、管理人员和业务人员等，后者包括了系统分析师、系统工程师、数据分析人员、系统管理员等。硬件设备包括计算机硬件、服务器、输入输出设备、数据存储设备等。网络设备包括了各种网络传输设备和媒介。计算机软件主要分为操作系统、开发工具、应用软件和为特定业务编制的专用程序等。数据是数据和数据库管理系统的集合。工作规程包括了对系统的使用规则、安全保证措施、对系统控制的方法以及对系统中各种人员的职责和权限的规定等。读者亦可以此为纲来认识以下各章的关系。

表 2.4 信息系统基本的元素

系统成分	说明
人员	包括组织中各层级的终端用户和专业技术人员
硬件设备	包括计算机硬件、服务器、移动设备、外部存储设备、显示设备、打印机等
网络设备	包括通信线路、各种网络设备如路由器、集线器、无线设备等

续表

系统成分	说明
计算机软件	包括操作系统、软件包、开发工具、应用系统、功能模块等
数据	包括数据、数据库管理系统、数据仓库等
工作规程	有关系统运行的规定、权限、职责和操作指南等

系统科学亦可以帮助我们从不同的视角来认识现实中的企业信息系统。例如，用系统科学的黑箱观点，可以先不考虑信息系统内部复杂的构成，将其抽象为一个输入输出系统。任何信息系统都必须有数据的输入，经过系统的处理后输出有关的信息。用这样的观点，一个信息系统可以用图2.5这样一个简单的I/O模型来表示。

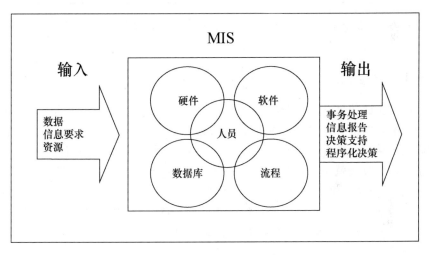

图2.5 基本的信息系统模型

根据信息系统在组织层级中应用特征，还可以将它分为个人信息系统、群体信息系统、企业信息系统及企业间的信息系统。个人信息系统的例子是我们熟悉的Microsoft Excel，Microsoft Word等面向个人的应用软件，可以为我们做文字工作提高效率或进行数据处理；群体信息系统如科室用的办公自动化系统，会议室中的电子会议系统等；企业信息系统则是整合了一个企业中各管理层次和各部门信息需求而建立的信息系统，企业资源计划（Enterprise Resource Planning，ERP）是一种企业信息系统；企业间的信息系统就是供应链的基础设施。表2.5整理了不同层级信息系统的一些例子。

表 2.5 组织不同层级的活动及信息系统

组织的层级	活动	信息系统的例子
个人	作业、任务	个人办公软件、客户数据库
小组	工程项目	知识共享、项目管理和团队作业
科室	主要的职能	会计账务处理、群决策支持系统、办公自动化
部门	主要的职能或服务	支持生产、市场、管理和人力资源的事务数据处理系统
组织(企业)	多种产品、服务和目标	集成化的财务和计划系统、企业资源计划系统
组织间	协同、合作、交换	供应商管理的库存系统、供应链系统

另外,从概念上,还可以用两个基本的观点来对信息系统分类,这就是职能子系统和层次子系统的观点。

2.5.1 职能子系统

按照功能的聚合来划分子系统是一种常用的方法。从这个思想出发,可以将一个组织的信息系统划分为若干个职能子系统。一个企业信息系统中常见的职能子系统包括:市场营销、会计财务、生产、库存、人事、物流等,一个自然的系统设计方法就是在每个职能部门建设相应的子系统,再将这些子系统结合在一起,构成企业级的信息系统。一个职能子系统可以进一步分解为更小的子系统。例如生产部门的子系统可以分为作业控制、工艺数据管理和质量控制等3个子系统。表2.6给出了一些典型的职能子系统以及它们所提供的主要信息处理功能。

表 2.6 职能子系统及其功能

职能子系统	功能
市场营销系统	订单处理 销售管理:数据的汇总并且和计划数据相对照 有关客户、市场、销售人员的数据资料管理
会计系统	应收账,应付账,总账等账务处理 成本控制 固定资产管理

续表

职能子系统	功能
生产系统	生产计划的制定 生产工艺数据管理：计算机自动设计(CAD)，图纸管理，工序管理等 作业控制：如：产品装配通知，工时记录
库存系统	出库、入库数据处理，库存量盘点、查询等 自动订货系统

2.5.2 层次子系统

从企业管理控制的层次出发，我们也可按照层次的观点来划分信息系统的子系统。如图 2.6 所示，管理的层次可以用安东尼(R. N. Anthony)模型[1]来描述。安东尼认为管理活动可分成为 3 个主要层次，分别称为：

(1) 战略计划层(简称战略层)；
(2) 管理控制和战术计划层(简称管理层)；
(3) 作业计划与控制层(简称作业层)。

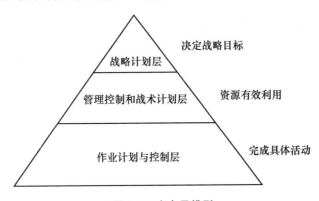

图 2.6 安东尼模型

这 3 个层次是根据它们的构成和担负任务的不同来划分的。战略层主要由组织的高层管理者构成，其任务在于确定组织的使命、目标以及实现企业目标的方针政策等。高层管理者需要制定长期规划，并按照企业战略监控整个企

---

[1] R. N. Anthony. Planning and Control Systems：A Framework for Analysis. Harvard University Press，Cambridge，1965.

业的运行情况。管理层主要由组织的部门经理一级的中层领导构成,负责组织目标的具体实现。管理层工作的任务是对组织内部的各种资源进行有效的利用,对组织中各部门的活动进行中期计划和控制。例如,制定企业的年度财政预算,对企业的成本进行核算,对实际成本超过预算过多的部门进行检查,发现成本超常的原因。作业层由企业中对日常业务活动进行管理的现场管理人员,他们需要申请和使用企业的资源,并做短期的工作计划,监督检查日常工作的完成情况,他们的任务就是保证具体的业务活动按照规定的做法和程序得以顺利地完成。

  从信息系统的角度来看,因为战略计划层的活动多涉及组织长远利益的考虑和决定,这个层次的信息系统包括经理信息系统(Executive Information Systems,EIS)、决策支持系统(Decision Support Systems,DSS)等。高层领导通常在做出企业经营产品的变更等问题上可以借助这些系统来更好地决策。管理控制和战术计划层涉及中期计划目标的实现,如对生产资料的计划和组织,人员的招聘和培训,做组织的预算等。在这个层次上使用信息系统包括企业资源计划等。作业计划与控制层是对短期或当前工作的管理和控制,如出入库材料的记录,生产加工的实时状况、销售记录等。在这一层次上的信息系统通常是数据处理模块或部门级的应用。

第 2 章重要概念

系统,元素,边界,环境,特定环境,一般环境,子系统,接口,黑箱,输入输出系统,封闭系统,开放系统,人-机系统,熵,个人信息系统,群体信息系统,企业信息系统

第 2 章复习题

1. 用一张图来说明一台计算机硬件系统中各子系统之间的关系。
2. 请举例说明系统的开放性、抽象性和目的性。
3. 说明几种典型的系统分类方法。
4. 说明子系统的分解和耦合的方法。
5. 说明如何对子系统的接口进行化简。
6. 计算一下你们班级同学之间有多少微信信道?
7. 举例说明一个系统的熵将如何变化。
8. 试用层次的观点和职能的观点分析一个具体的信息系统。
9. 说明在企业的不同层次上的信息需求特征是什么?
10. 举例说明在你单位中的正式的信息系统和非正式的信息系统。

小组活动课题

在现实中找一个你们较为熟悉的企业,用系统的观点,讨论如何简要描述该企业的主要功能和它的子系统。如何用人-机系统来描述它的运营情况。

第 3 章 信息与组织

本章学习目标
(1) 信息、信息资源、信息量等概念
(2) 信息与权力、义务和责任
(3) 业务处理中的信息技术运用
(4) 信息时代的组织应有的特性
(5) 信息系统和组织之间的双向关系

3.1 信息的特性

3.1.1 信息和数据

信息(Information)一词经常被应用在各种场合,具有多种含义。例如,我们日常使用的消息、数据、情报等都可以称为信息。如果严格一点来区分的话,可以说消息是一种非正式的信息。数据(Data)是另一种信息,数据可以反映现实事物的客观状况。情报则带有某种机密的含义,也是一种信息形式。以上各种形式的信息,也可以看作是对信息一词的一个广义的释义。

从企业管理的角度出发,我们重点讨论一下"信息"和"数据"这两个词的区别。我们可以把数据看作是未加工的信息原料,而信息是一种数据加工后的产物,同时对接收者有特定意义。但如果经过加工的数据没有给使用者带来特定的意义,那么我们依然不称它为信息。例如在一个例行的处理中,计算机对所有原始数据都进行了一次四舍五入处理,但其内容对使用者并没有特定意义,如此处理后的数据仍然是数据。

实际上在信息系统理论中,信息可以分为 3 个层次。位于最低层次的是数

据,它可以看作是尚未经过处理的信息。第 2 个层次是信息。有如下的定义:
"对现实世界对象进行记录的符号是原始数据,而经过某种加工处理后的数据是信息,它通常对使用者具有某种特定的意义"。正如诺贝尔奖获得者赫伯特·西蒙(Herbert Simon)所说"信息是影响人改变对于决策方案的期待或评价的外界刺激"[①]。更高层次的信息是知识。知识是一种体系化的信息。这样就可以把更广义的信息形式如企业中各种技术说明、标准、规范等都归于知识的范畴。

3.1.2 数据的类型和数据量

在信息系统中,一个重要的概念就是各种数据都是用二进制的 0 和 1 来表示的。将数据用二进制数来表示又称为数字化或者数码化(Digitalization)。这样,原本不同类型的数据就有不同的数字化表现形式,需要占用一定的存储空间,这就是我们常说的数据量。显然在存储和处理数据的过程中,数据量越大,所使用的空间和花费的处理时间越多。

数据有两种最基本和常用的类型:数值和字符。对于数值来说,整数的二进制表现形式和实数的二进制表现形式是不同的。十进制的整数和二进制的整数可以是 1∶1 的关系,所以只需把十进制整数转换为相应的二进制整数即可。如果用 2 字节来存储二进制数的话,可以表示大约正负 2^{15} 的整数,即 -32 768 至 32 767 之间的整数。如果实数,则用 $r = d * 10^n$ 的形式来进行数字化,这里 d 是小数而 n 是整数。在单精度表示形式中,实数用 32 位(4B)来表示,其中 n 用 1B,而 d 用 3B 来表示。而双精度表示形式则用 64 位(8B)来表示 1 个实数。对于符号的表示则使用编码。最常用的是 ASCII 码,在这种编码中,英文字符和符号用单字节就可以表示,而汉字则需要用专用的编码。最常用的一种汉字编码是国标码,即国家标准代码,其中常用的汉字有 6 768 个,加上常用符号、字母、日文假名等,共 7 445 个图形字符。GB2312 规定对一个图形字符用两个字节表示,每个字节均用七位编码。

除了上述这两种基本的数据类型以外,信息系统中还有声音、图像、影像等数据类型,在此也一并简单地说明一下。声音数据(如录音笔记录)是将模拟信号转换为数字信号,在时间轴上划分的越细,所用的数字信号越多,数据量就越

---

① Herbert A. Simon. The New Science of Management Decision. Harper and Brothers, New York, 1960.

大。例如一段 1 分钟的录音用 mp3 信号格式记录通常需要大约 1MB,也就是每秒需要数 10B。而图像和影像则需要记录更多的信息。例如通常的彩色照片图像,需要记录每一个像素。图像越精细,需要的像素就越多,数字化以后的数据量就越大。除了像素需要记录之外,还有色彩信息。所以一幅 1024×768 像素的彩色照片数字化记录需要数 MB 至数 10MB。而影像则是将时间轴上的图像连续记录下来,其数据量是同样像素的静态图像的数 10 倍以上。例如监控设备所记录下来的就是影像数据,因为存储的数据量太大,通常只记录低像素和黑白的图像,以节约存储空间和提高处理效率。由此可见数据量也是在存储数据时需要考虑的重要因素。

数据量

字节(Byte)为最常用的数据计量单位。8 个二进制位(Bit)为一个字节(B),数据量大小或存储单位用字节的倍数来表示,其名称如 KB,MB,GB,TB,PB,EB 等,它们的含义与相互之间的关系是:

1KB(Kilobyte 千字节)=1024B,其中 $1024=2^{10}$

1MB(Megabyte,兆字节,简称"兆")=1024KB

1GB(Gigabyte,吉字节,简称"千兆")=1024MB

1TB(Trillionbyte,万亿字节,太字节)=1024GB

1PB(Petabyte,千万亿字节,拍字节)=1024TB

1EB(Exabyte,百亿亿字节,艾字节)=1024PB

1ZB(Zettabyte,十万亿亿字节,泽字节)=1024EB

1YB(Yottabyte,一亿亿亿字节,尧字节)=1024ZB

1BB(Brontobyte 一千亿亿亿字节)=1024YB

3.1.3 信息资源

传统的管理学理论中将企业的基本资源归结为 3 类:人力资源、财力资源和物力资源,企业管理可以看作是围绕着这 3 种资源展开的各种活动,也就是对人、财、物的管理。进入到信息时代,人们逐渐认识到信息是企业管理中不可或缺的"第 4 种资源"。运用信息技术,对信息资源的收集、存储、传送和使用的手段日益丰富,这使得信息资源可以在企业的众多活动中可以发挥出越来越大的作用,可以进一步节约和替代前3种资源。

信息资源紧密关联着实体的人、财、物资源,同时自身又有一些独特的性质。例如,信息不但可以容易地被加工、存储和传送,还可以以很低的成本无限地复制。在技术设备的支持下,人们可以跨越时空障碍,迅速地获取信息、传送信息和使用信息。利用信息的这一性质,可以帮助企业节省大量的人力物力。另外,信息具有共享性,信息资源可以由使用者共享。这是其他资源所不具备的一个重要特性。如果将信息作为商品进行交易,当交易完成后,信息的拥有者仍然具有该商品。信息资源还可以反复使用,不会因多次使用而减少价值。这些特殊的性质决定了信息不但是一种资源,而且还可以加工成为一种独特的商品。以信息商品为对象的商业活动,诸如定价、交易方式等,也有其特殊的规律。

理论上,信息的成本是可以进行计算的。在经济学中,所谓边际成本(Marginal Cost,MC)是指每增加生产一个产品所发生的总成本(Total Cost)增加量。信息产品的重要特性之一是容易复制,故其单位产品的边际成本几乎可以忽略。从生产者角度来看,信息产品的固定成本(Fixed Cost)通常比较昂贵,且在生产前预付,其绝大部分表现为沉没成本(Sunk Cost)。例如开发一个软件产品要投入许多人工,但如果开发出来以后无人使用,则无法回收其开发期间的投入。但由于信息产品的边际成本极低,如果当信息产品受到欢迎而需要增加产量时,其生产成本却并不上升。相反其平均成本(Average Cost,AC)却随着生产规模的扩大而下降。这种性质的表现如图 3.1 所示。这也就是为什么一个企业的信息系统被用户使用得越多,其经济效益就越能够体现出来的原因所在。

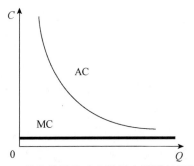

图 3.1 信息的平均成本随用户量增长而下降

我们知道一则信息在系统中涉及两个实体:信息的发送者和接收者。信息之所以能够影响人的行为,是因为信息可消除接收者对于问题的不确定性认识。

信息论的创始人克劳德·香农(Claude Shannon)就是从消除不确定性的角度给信息的度量下了这样一个定义：信息量是为了能从所有可能的消息组合中识别出特定的一则消息所必须传送的二进制编码数的平均位数。在这里，一个假定的前提是要传送的可能的消息数量是有限的，而且能设计出识别每一则消息的不同的编码形式。最简单的编码就是使用二进制的0，1来编码。例如，如果有8则要传送的可能的消息，表达所有的消息就需要3位二进制编码。000表示消息1，001表示消息2，…，111表示消息7。而如果只有2则可能的消息，那么只要1位二进制编码就可以表达了。在这个意义上可以定义信息量：

$$I = \log_2 n$$

如果被传送的消息不是以相等的概率出现时（例如英文字母出现的概率是不同的，元音字母出现的概率远远大于其他字母），可以用下面的公式来表示编码的平均信息量：

$$I = -\sum p_i \log_2 p_i$$

这里 p_i 是第 i 则消息的出现概率。

例如，有4则出现概率不同的消息，其计算过程如表3.1所示。

表 3.1　信息量的计算

消息序号	消息出现概率	$\log_2 p_i$	$p_i \log_2 p_i$
1	0.5	−1.00	−0.50
2	0.25	−2.00	−0.50
3	0.25	−2.74	−0.41
4	0.10	−3.32	−0.83
			$I = 1.74$

由于香农的定义所要求的前提，使得它只能应用在特定的场合。然而在现实中由于实际环境的复杂性，我们往往并不能从获得的信息消除不确定性，相反却因为未知的情况产生了新的不确定性。海量的信息也给我们的处理能力带来了极大的困难。我们每天都能容易地获得大量信息，然而天下没有免费的午餐，商家免费提供的信息只是一种特定的商品，用以交换消费者的注意力。对于企业的经营管理者来说却很难从中获得有价值的信息，他们仍然要为获得有用的信息付出相应的成本和代价。那么什么才是有价值的信息？答案是它们应具有以下性质：

（1）相关性。有用的信息与使用者所面临的问题紧密相关。由于在现实世界中无关信息的大量出现，所有人都面临着信息超载的问题。如何防止无关信息的干扰，已经成为一个新的理论和实践问题。

（2）准确性。人们得到的信息很少是一手信息，大多数经过了加工和处理。信息经过处理（如记忆、简化和口头传递）后很容易产生失真。而失真的信息有可能带来难以预料的后果。

（3）及时性。及时的信息犹如雪中送炭，而事后诸葛亮却无人喝彩。如果一则信息送到我们眼前时已经广为人知，它的价值也就荡然无存了。

（4）完整性。碎片化的信息不足以对决策产生决定性的影响，甚至导致决策失误。

综上可知，企业要得到有价值的信息并不是一件容易的事情。原始的信息犹如矿石，还需要经过有计划的处理，对信息进行收集、积累、整理和分析，才能对企业决策产生作用。这也就是为什么企业要投入很大的人力、财力和物力去引进和实施信息系统的原因所在。而信息资源管理则是指对组织中数据、模型等信息资源进行控制和管理的方法。信息资源管理涉及如何使用技术来收集、整理和开发组织内外的信息资源，如何有效地使用信息资源，挖掘出现有信息资源的价值，如何实现组织内信息资源的标准化、规范化，如何提高其安全性等问题。

3.2 组织和信息

企业、公司、事业机构都可以统称为组织。抽象来看，组织也是一个系统。一个企业中的采购、生产、营销等业务部门是它的子系统，业务信息是在子系统内以及子系统之间进行流动。那么信息和组织是什么样的关系呢？组织中信息处理又是如何进行的呢？

3.2.1 组织结构

从系统论的观点来看，组织是一个由各种元素（如人、财、物等个体）组成的集合。我们为什么要创办公司？是因为个体的能力有限，不足以完成某项工作，这时才需要组织。在组织中的每个个体担任着特定的工作职责或扮演着特定的角色，而组织则通过特定的结构和规章制度等，将其成员有机地整合起来，从而构成了一个比松散的个体集合更为有效的系统。也就是集合论中所说的一加一大于二的原理。

组织结构是组织中的工作分工和相互关系规则的一种表示形式。组织的结构使劳动力得以分工,职能部门的分割使得员工受到专业训练并完成特定的工作。组织的层次化使得组织中主要成员的决策和意志能够得到贯彻执行,下属的部门能够协同工作。一种最典型的企业组织结构,是德国社会学家马克思·韦伯(Max Weber)首先提出的金字塔型或层级型(Bureaucracy)组织。组织的高层人员从事决策和对外联络的工作,中层人员主要从事管理和专业性强的工作,低层人员从事作业性的工作。层级型组织具有以下一些特点:

(1) 命令关系。层级型组织中命令关系是垂直方向的,组织中的领导者对直接下属有指导的义务,有特定的控制幅度。

(2) 劳动是明确分工的。通常根据工作的性质,将组织分解为职能部门,各职能部门再分解为不同的科室、小组。

(3) 有公开而明确的规则和手续,组织中的成员依据这些规则进行竞争。

(4) 公平地对待组织中的成员,基于组织成员对于专业的精通程度进行提升。

(5) 以取得组织的整体效率为目的。

从信息处理的角度来看,信息是在发送者和接收者之间的有向传递。在一个组织中,信息经过组织成员的连续传递形成信息流。由于层级型组织结构具有明确的上下级关系,故组织中的命令形成自上而下的信息流,而下级向上级的报告则形成自下而上的信息流。组织中自上而下的信息流如果运行流畅,业务可以层层分解,各职能部门分工合作,高层的战略意图可以得到快速执行;而自下而上的信息流如果真实可靠,则工作进展和问题机遇等快速抵达高层,整个组织容易得到控制和协调。

根据层级型组织的规模和业务特点,还有一些它的变种,包括以下几种常见的形式:

(1) 小业主型组织:仅由创业者或管理者一人控制的层级型组织。其特点是结构简单,层次很少。在这样的组织结构中,信息传递迅速,管理者命令被迅速执行。

(2) 专业化组织:是由专业化人员构成的层级型组织,诸如法律事务所、学校、会计师事务所和医院等。在这类组织中,高层领导的决策力稍弱,而中下层的专业型成员(诸如律师、教授、医生等)的决策力较强。

(3) 事业部层级型组织:是大公司的组织结构,它是若干层级型子组织的结合,每一个子组织都有自己独立的产品或服务,但共有一个中央领导总部。

集团化企业、跨国公司等可以归于这一类。其子公司很多是单独核算的,有的公司的信息部门在充分成长后也可能成为子公司,为母公司提供有偿的信息技术服务。

尽管层级型组织有许多优点,但也存在一些固有的问题。首先,层级型组织的权力集中,对组织的高层可能缺乏制约。因此,一旦高层决策错误就会扩大到整个组织,进而产生严重的后果。其次,由于人类的信息处理和控制的自然能力有限,当业务顺利发展、业务规模不断扩大时,组织的层次常常迅速增加。而在层次增加的情况下,不仅容易在多次传递中产生信息失真,而且组织整体的工作效率也可能会大大降低。因为在层级型组织中,许多职位都是为了监督下层工作情况才增设的,这些职位往往并不产生实际价值。另外,由于信息处理者是人,传递中的信息如果涉及有关利益,往往会产生信息失真。信息从下至上传递时容易"报喜不报忧",使得高层最终得到的是失真的信息。反之,信息从上至下传递时也容易被阻碍或截断,使得执行速度减慢。有些大企业甚至是跨国企业因为类似的原因对于市场和客户的变化反应迟钝,在市场急剧变化时更容易"轰然倒塌"。

3.2.2 权力、责任与信息属性

组织行为学的研究认为,组织是权力、义务和责任的一个集合,是对这些元素在时间轴上产生的冲突和解决的微妙的平衡。组织层级即意味着权力的分配。有效的组织结构可以将权力、义务和责任很好地对应起来,使得职位越高,权力越大,责任越大。值得注意的是:权力、义务和责任都和信息有紧密的关系。例如,有关公司前途命运的重大信息一般只有少数高层管理者掌握。

从信息资源管理的角度来看,信息最重要的一个属性是它的所有者及其所拥有的处理权限。在信息系统中,信息通常有其创建者属性。但是信息的创建者却并不一定就是其所有者,信息的所有者是对信息具有相应的处理权力的人。信息所有者可以对信息进行修改、更新或删除等操作,也可以对信息的传播范围进行控制。如前所述,信息在某种情形下是可以共享的。因此一个信息便可以有多位所有者;否则该信息被所有者独占。除此以外,信息还可能具有其他一些属性,如它的来源、它的传播范围、概括性、时间性、精度、频度、结构化程度等。根据这些特征,我们将管理者的信息需求进行整理分类后,就可以根据企业中的业务活动特点,从不同的角度来认识我们所拥有的各种信息了。

在一个企业或组织的战略层、管理层、作业层3个层次中,其管理者的信息

需求具有哪些不同的属性呢？根据研究可知：战略层所需要的信息一般具有概括性，而作业层所需要的信息却具有具体性。战略层和作业层的信息处理表现出相反的特性，而管理层则介乎二者之间。表3.2列出了各管理层次的信息需求特性，读者们可结合具体的管理活动来考虑这些特性的实际意义。

表3.2 管理活动各层次中信息的特征

信息的特征	作业层	管理层	战略层
来源	主要是来自内部	<—>	主要是来自外部
范围	规定明确的、范围窄的	<—>	范围较宽的
概括性	具体、详细的	<—>	概括的
时间性	历史性的	<—>	预测性的
流通性	流通、更新快	<—>	陈旧的
精度	精度高	<—>	模糊的
频度	经常发生的	<—>	不经常发生的
期待性	可预期的	<—>	偶发的
结构化	结构化的	<—>	松散的

高水平的信息资源管理意味着信息能够恰当地传递到具有权力和责任的信息接收者眼前。例如企业高层需要了解企业整体的运营情况时就可以按时期、按部门调看相应的绩效报表；而基层员工也需要有畅通的信息传递和分享渠道，了解自己和他人为企业做出的贡献。"信息公开"意味着应当将信息知晓的权力下放和分散，而"黑箱操作"则是说信息不透明，本应让更多人所知晓的信息却被封锁起来。如果一个组织不能解决好权力、义务和责任与信息的对应关系，就可能导致本应在一定范围公开的信息被少数人所垄断，从而变为企业中的"信息孤岛"；或者本应保密的信息被泄露，使得组织的信息资源被不当利用造成重大损失。

3.2.3 业务流程

由于组织的业务可以分解为更基本的业务活动，这些业务活动的执行中的重要内容是对信息的处理，包括在不同业务活动之间的信息传递。信息技术的重要作用就是帮助我们在这些业务活动中进行信息处理。一个连续的一系列业务活动可以看作是一个业务流程（Process）。例如，医院的医疗服务是一些业务流程,又可以分解为挂号、发病历、受诊、开方、划价、收款、发药等活动。在这些活动中的每一个医务人员都在产生、交换和处理信息,医生要了解病人的症状才能做出判断,化验员要得到医生的化验项目指示才能进行化验,医生再根据化验的结果开出处方,药房人员根据处方发放药品。他们每个人不仅自己要处理信息,而且还要得到相应的其他活动的信息后才能进行自己的工作。在企业、公司或事业单位,尽管是不同的组织从事不同类型的业务活动,但是从业务活动与信息的关系来说,和医院的例子并没有什么不同。

一个组织的业务流程设计得是否合理,对组织的运作是否流畅、能否保证其工作效率是至关重要的。例如在一个政府管理部门中,过去的做法是设置几个服务窗口,每一个窗口都提供该部门所有的服务。这样每一个工作人员都必须根据顾客的要求在多种服务中进行选择,服务速度很慢。后来该部门进行了改进,多设置窗口,而在每一个窗口提供几套不同类型的服务。这样顾客在选择窗口的时候就将服务确定好了,结果使得服务速度大为提高。由于新的信息技术的出现和发展,基于传统方法的业务流程很多都需要改造。这将在后面的章节专门论述。

由于组织中各成员位于不同的层级和职能部门,各自有不同的利益和立场,因此组织中必然存在其成员之间的矛盾和利益冲突。而这种矛盾的解决,又往往需要某种折衷和平衡。这也是管理者工作的重要内容。组织行为学的学者们认为:组织是一个具有特定意图和目标的社会存在,是协调了组织内部成员的才能和利益的活动系统。例如从组织成员的作用可以发现:当各成员的目标与组织目标一致时,他们的工作将是有绩效的和自发的,否则将出现绩效下降、产生抵触情绪甚至离职。这一点也符合集合论的结论。热力学第二定律指出,孤立的系统熵增为正,即孤立的系统只会自发向均匀无序、组织解体方向演化。为了保持组织的有序性,组织的各级管理者必须在利益平衡方面做大量工作,而缺乏有效的信息处理手段,往往难以掌握各组织成员绩效的准确记录,也得不到真实的利益诉求,从而无法做好这方面的工作。

3.3 信息技术和组织变革

3.3.1 组织结构为何变化

一些研究表明,传统的层级型组织中那些不适合现代信息社会的部分正在发生改变。现在通过办公自动化系统,高层领导可以一目了然地看到基层的业务工作情况,许多需要大量人力的报表工作都可以由信息系统自动进行,因此对中层管理人员的需求量会减少,而高层领导的管理幅度将扩大,从而使得整个组织结构呈扁平状。另外,一些新的组织结构如矩阵型组织(以职能和业务为轴构成的组织)、工作组型组织(以业务为中心构成工作组,适合于比较灵活多变的组织结构)以及平面型的、客户/服务器型的、动态型的组织结构等,正在理论上和实践上发展,今后可能逐渐取代传统的层级型组织结构。

联想公司的组织结构改造

1990年,我国取消了高科技产品进口许可证制度。在短短的几年中,外国计算机厂商大量进入中国市场,使得联想过去在微机市场上的优势受到了威胁,市场份额大跌。公司一度处于非常艰难的境地。公司领导人从一些数字上看到了他们和国外厂商的差距:联想一年的库存周转只有1.7次,欠款的回款期高达6个月,非材料成本费用率高达20%以上,积压损失为5%。

联想的高层经过讨论,认为企业最大的问题在于整个组织还是计划经济时代的遗留产物,习惯于按上级的部署执行,而对市场的反应却很慢。于是他们决定对企业进行一次彻底的改造。首先从组织结构上进行调整,将过去的金字塔型组织改变为产、供、销一条龙的事业部机制,事业部领导人从只对上级负责改为同时也要对客户负责,从而转变为以市场为导向的管理方式。同时,引进管理信息系统,对所有的业务活动都实现流程化处理,从根本上改变传统的经营方式。通过几年的努力,联想实现了企业信息化目标,提高了管理水平,增强了自己的竞争力。到20世纪90年代末,重新夺回了国内微机市场第一的地位。

传统上,大公司给人的印象就是资金、技术、人才等实力雄厚,公司通常遍布一个国家甚至全球。但在信息时代,一些大公司却在短短数年间就陷入经营困境,而另外一些创业型小企业却异军突起,快速成长为大企业。其背后的原因是什么呢?通用电器公司原总裁杰克·韦尔奇曾经这样论述过:"在20世纪90年代初期,我就看到了在我们前面的两种挑战,一个来自组织外部,另一个来自内部。我们面临着世界经济增长速度减慢的外部环境,日益强大的全球竞争者追逐着越来越少的利润。而来自内部的挑战更为严峻。我们必须找到一条途径,把大公司的权力、资源和作用范围与小公司的渴望、活力、精神及热情结合起来。"①原来,传统大公司对环境变化的反应迟缓,决策者因循守旧是这类公司衰退的重要原因。那么组织怎样实现杰克·韦尔奇所提出的设想呢?美国哈佛大学的琳达·M.阿普盖特等学者提出了一个"信息时代组织模型(见图3.2)"②。信息时代的组织结构强调新的权力结构,能够快速地应变和决策,具有灵活性,即以信息为基础,将人、任务和技术有机地结合起来,根据需要来动态地构成对完成任务最有利的机构。比起传统的层级形组织,信息时代的组织结构强调权力要合理地分布到组织的各个层面,减少中层管理者,扩大一线经理和员工的责任范围,创造出一个"自我管理"的管理者团队。阿普盖特认为:"我们希望创建的组织应当是一个真正的混合型组织,它应当使我们同时得到中心化和非中心化结构所具有的双重利益。最后,提供信息来支持非中心化决策和中心化决策是基础性的工作。"可见,拥抱互联网,采用信息技术,是信息时代任何组织必然的选择。

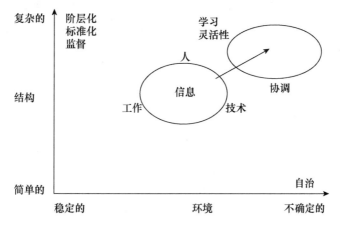

图 3.2 信息时代的组织模型

根据近年来的有关理论研究,我们总结出信息时代组织的一些特性及其发展趋势,如表 3.3 所示。

---

① J. Welch. Managing in the 90s. GE Report to Shareholders,1988.
② [美]琳达·M.阿普盖特,F.沃伦·麦克法伦,詹姆斯·L.麦肯尼等. 公司信息系统管理:信息时代的管理挑战(第五版). 李东,译. 大连:东北财经大学出版社,2000.

表 3.3　信息时代组织的特性和发展趋势

特性	说明
权力结构	控制幅度拓宽而管理层级减少,公司总部规模缩减;管理者走向第一线,战略伙伴和联盟使得组织能够集中力量于核心竞争力
决策方式	采用共同决策而不是层级型权力决策,高层管理者参与第一线监控并更加理解企业业务,中层管理者负责跨越职能部门的作业单元
激励和报酬	共享的激励体制,个人的责任和义务的担当,为取得组织目标所付出的努力由员工自己来控制
角色/技能和专业知识	角色包含在个人和团队努力的过程中,以定义在新的结构和激励系统下的工作。增加分析性职能性的工作内容,期望员工具有多样化的技能以及在各个层级上的信息能力
职业生涯发展	取代层级制变化的是更加多样化的工作和新型的工作内容

3.3.2　信息技术的采纳

信息时代的组织并不是简单地引进信息系统就能够建成的,它需要有一个吸收变化的过程。理查德·诺兰(Richard Nolan)最早研究了组织对信息技术的采纳问题,并提出了组织中信息系统的发展阶段理论[①]。诺兰认为:一个组织中的信息系统的发展通常要经过初始、普及、控制和整合这样 4 个阶段,如表 3.4 所示。

表 3.4　组织中的信息系统的发展阶段

阶段	特点
初始	组织中只有少数人使用计算机,计算机是分散控制的、没有统一的计划
普及	越来越多的员工学会了计算机使用方法,应用面迅速扩大,以至于在对信息系统的管理和费用方面都产生了问题
控制	组织开始制定管理方法,控制对计算机的随意使用,使得计算机使用正规化、制度化,推行成本-效益分析方法,尽管这种控制可能会影响到一些潜在效益的实现
整合	对各种应用加以整合,建立良好的控制方法,使得信息系统的工作与组织的目标一致,信息系统的应用逐渐成熟

诺兰的观点得到了许多管理者和信息技术人员的认同,成为当时一个被广泛引用的理论。在此之后,诺兰又将这个 4 个阶段理论模型扩展为 6 个阶段理论模型。如图 3.3 所示,这 6 个阶段分别称为:初始期、普及期、控制期、整合

---

① Cyrus F. Gibson, Richard L. Nolan. Managing the Four Stages of EDP Growth. Harvard Business Review, January-February 1974, pp. 76-88.

期、数据管理期和成熟期。在组织引进信息系统后,前3个阶段人们注意的大多是对计算机的管理,然而在后3个阶段中,人们会更多地注意组织的数据资源管理。在此之间,通常会出现新旧技术的替换,即技术不连续点。

诺兰的理论模型至今仍然有现实意义,是因为技术一直在迅猛地更新发展。例如,移动计算、云计算、大数据这样的新技术出现,都使得组织需要考虑引进新的技术。而一种新技术的引进必然伴随着诸多管理上的变革。如何使得新技术顺利地在组织中得到应用,也是我们必须深入思考的问题。

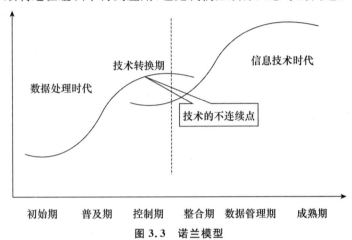

图 3.3 诺兰模型

另外,诺兰的研究成果说明信息技术和组织之间是一种相互作用关系。如图 3.4 所示,信息技术的引进和应用是由组织来决定的,反之信息技术又会对组织的结构、制度和文化等产生影响。一方面组织中的人要学习新的信息技术,采用新的工作方式,另一方面信息系统的应用又必然使得组织的权力、责任和义务等发生变化。这种双向关系可以通过组织的许多方面表现出来,例如组织所在的环境、组织结构、标准作业流程、组织文化、管理决策方式等。下一节我们就重点讨论一下技术对组织的影响。

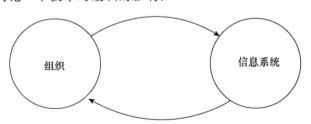

图 3.4 组织和信息系统的相互作用

3.3.3 组织变革和 CIO

哈罗德·莱维特(Harold Levitt)曾提出一个组织变革模型：用人、结构、技术和任务 4 个变量来描述技术对于组织的影响，如图 3.5 所示[①]。莱维特认为这些变量之间有紧密的依存关系。例如，引进一项新技术时对于组织中的人员将产生影响，可能会因此削减人员的数目，也需要现有的人员学习掌握新技术。新技术使得组织中可完成的任务大大增加，因此它也会对现行的组织机构发生影响。而结构和任务的变化又会影响到组织中的人的技能、权力等。

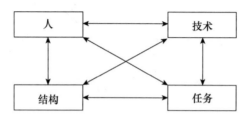

图 3.5 莱维特组织变革模型

作为莱维特组织变革模型的一个实际应用，让我们来回顾一下首席信息经理(Chief Information Officer，CIO)的职位是如何出现的。从 20 世纪 80 年代起，随着信息技术被引进到各种组织，越来越多的信息资源管理工作使得组织需要设立一个专门的管理部门，在一些组织(如金融机构)中常常将其设为高管团队的直属机构。这种信息管理部门的负责人在国外被称为 CIO。在我国也曾有人提议将 CIO 一词翻译为总信息师，其地位类似于我国许多企业中设置的总会计师或总工程师。

由于企业的规模、结构和业务特征等具有多样性，CIO 在企业中常常扮演着各种不同的角色，有的企业甚至是由组织的首席执行官(Chief Executive Officer，CEO)担任 CIO，而在许多企业中，CIO 常常由公司的副总经理或高管团队成员来兼任。这就说明 CIO 已经不是中层的业务管理人员，也不是只负责 IT 部门的技术型领导。因为 IT 部门的工作责任主要是负责信息系统的正常运行和维护，向组织中的各部门提供信息技术服务等技术性工作，而 CIO 除了要对技术性工作负责以外，更重要的是对于企业的发展战略有深入的理解，并

---

① H. J. Leavitt. Applied Organizational Change in Industry: Structural, Technological and Humanistic Approaches, Handbook of Organizations, Rand McNally, Chicago, 1965.

能够使信息系统与企业的战略相匹配。为达到这样的目的，CIO首先要有经常与企业高管沟通的渠道，了解企业的经营现状和问题所在，同时能够将高管的经营管理理念和工作目标转化为信息技术人员工作的内容。美国的 *CIO* 专业期刊对于CIO的职责做了如下的定义："CIO是负责一个企业（或组织）中信息技术和信息系统的所有问题的高层经理。CIO通过指导企业对信息技术的使用来支持公司战略目标的实现。他们应同时具备信息技术和业务流程两方面的知识，有多种职能部门工作的经验，是将组织的技术配置、战略与业务紧密结合在一起的最佳人选。CIO负责信息技术的引进、信息系统的实施以及IT部门提供的各种相关服务。在许多领导潮流的组织中，CIO将大量的战术问题和事务性工作授权给值得信任的副职，以便使自己更多的注意力集中在战略方面。"

CIO 的角色

20世纪80年代，CIO概念的创始人之一威廉斯 R. 辛诺特（William R. Synnott）曾提出：CIO应当"首先是业务人员、然后是管理人员和技术人员"。值得注意的是，辛诺特认为CIO并不是对IT有深入研究的专业技术人员，而是懂得业务、管理和技术的混合型人才，他们应当是高层管理者和技术专家之间的桥梁。

在辛诺特提出CIO概念以后，在一些企业中IT部门负责人也被称为CIO。但有学者研究了CIO与IT部门负责人的工作内容，发现主要的区别在于：CIO不仅仅负责企业的IT部门，而更重要的是他们必须具有战略眼光并能在组织内担负全局性的职责。通常CIO直接向CEO汇报，并把很大部分的精力投向企业战略目标的实现和对企业外部经营环境的了解。

我国企业CIO群体是随着20世纪90年代的企业信息化的发展而发展起来的。但是从真正发挥领导力作用来看却仍需提高，很多人工作的内容仅仅是停留在管理IT部门并为企业提供IT服务。但也有一些企业的信息技术部门负责人从基层做起，在充分发挥信息系统功能的基础上，使企业发生了根本性的变革，从传统组织变为了"信息时代组织"，而他们也在此过程中成长为企业的高层管理者。

3.3.4 组织对环境的适应

从系统论的观点来看,组织具有学习功能,它要在适应环境的过程中才能生存。企业的经营环境包括客户、供货商、政府、社会公共事业部门、信息媒体、金融市场等要素。组织要想实现自己的发展目标,就必须和这些要素打交道,并适应自己所在的环境。

在信息时代,组织的经营环境是动态的,快速变化的,而对环境变化的学习能力和适应能力强的组织就有更强的竞争力。这就要求组织对环境的变化具有更高的感知力。如果组织对于这种变化反应过于迟缓,或者不能够很好地适应环境变化,就很容易成为其衰败的起因。美国的 IBM 公司曾被称为"蓝色巨人",是一家非常有竞争力的计算机公司,该公司早期的主要产品是大型计算机,在金融、航空、制造业等都占有绝对的优势。但是在计算机趋向小型化的环境变化中,该公司没有及时地转变策略,结果随着微机的迅速普及和价格降低,该公司的经营业绩很快恶化。最后 IBH 更换了 CEO 并实施新的经营战略,不仅保持了大型机的硬件优势,而且成为 IT 服务业的领先企业。

有时,企业对外部环境的适应也是"被动的",是环境的变动使其不得已而为之。例如,企业的供应商(上游)或是客户(下游)采用了新技术,那么企业就不得不考虑在信息系统上采取相应的措施。特别是在供应链中,如果其中的主要公司做出了采用某种信息技术的决定,那么与它合作的企业也必须采取相应的技术,没有什么讨价还价的余地。例如海尔公司决定将所有的零部件采购都通过互联网来进行,它的物料供应商就不得不尽快地实现信息化。另外,如果公司的竞争对手在业务中采用了某些信息技术,那么本企业如果不采用这项技术,很快就会丧失竞争力,从而退出本行业的竞争。

信息系统对于组织产生的影响是广泛而深远的。许多行业最佳实践的发展历史都说明:信息技术不仅仅是一种应用性技术,而是与组织的发展变化紧密相关的,需要企业领导高度关注。对这些影响的总结如表 3.5 所示。

表 3.5 信息系统对组织产生的影响

要点	对组织的影响
扁平化	减少信息传递层次,加快反应速度
专业化	信息化减少了对专业化的需求,增加对多样化能力的需求
供应链	通过与外部合作减少成本,扩大组织的能力

续表

要点	对组织的影响
虚拟化	通过虚拟化的信息处理以减少实体组织的成本和费用
集中化	通过数据处理的集中以减少非整合性问题
组织文化	信息技术促进合作、共享、双赢等新型组织文化的形成
组织权力	信息流通减少组织权力过分集中
组织的生长周期	关注组织的信息化各阶段中的目标和问题
组织目标	通过明确组织发展的目标,使得组织能够有目的地成长
组织学习	通过增强组织的学习能力,使之成为学习型组织

在组织变革的过程中,组织自身文化的变革也是一个重要的课题。组织文化是一个被组织成员广泛认可的一些概念、价值观和工作方法的集合。每个组织都有它们独自的文化。一般认为,西方的组织文化提倡权责明确。强调个人的权利、义务和个人才能的发挥。东方的组织文化则更强调集体主义精神。传统的儒家思想如"己所不欲,勿施于人""和为贵""忠诚笃信"等,都是我们企业文化中的重要内容。

企业引进信息系统对于现有的组织文化产生什么样的影响,是一个重要的研究课题。信息技术可以用来改变传统的组织文化,让组织文化向我们希望的新方向发生变化。例如在改革开放初期,我国企业基本是粗放式管理。工作人员缺乏责任心,业务记录不准确、不详细,管理人员拍脑袋决策,类似的情况比比皆是。通过引进信息系统,首先改变的就是粗放式工作方式。由于工作流程被固定下来,所有的步骤都需要计算机录入,这就为精细化、流程化、规范化管理打下了基础。我国北方某省有一个木材生产企业长期以来亏损严重。在推进企业信息化的过程中,该企业引进了信息系统,重新设计了业务流程,让业务人员权责对等,严格按照流程进行业务处理。现在出入库木材原料的测量必须录入计算机,所有过程都一一记录在案,这样就改变了以往的做法,每天的业务活动一目了然,到月底结算后按劳分配,浑水摸鱼者、偷懒耍滑者没有了市场,企业很快扭亏为盈,同时也促进了一种新的企业文化的产生。但是另一些企业在引进信息技术时也发生过与传统的组织文化相抵触的情况。有时可能是因为信息系统触动了传统方法的既得利益者,也可能是信息系统设计不够精细,不能处理复杂的业务,这样就难以发挥信息系统应有的作用。一些企业的经验表明,组织文化的改变比技术引进更需要时间。

信息社会中组织的外部环境变化迅速,了解并应用新思想、新技术、新动向等对于组织来说是重要的事情。美国学者彼得·圣吉因此提出了学习型组织(Learning Organization)的概念。他定义学习型组织是一个"促进组织成员不断拓展自身能力、创造真正期望的成果、鼓励创新、开拓的思维方式、不约束整体愿望、督促成员不断学习如何协作的组织"。学习型组织在对企业自己关键业务深刻理解的基础上,通过吸取知识,使用知识不断对自身进行改造,从而获得企业的健康成长。学习型组织的主要特点是根据组织的日常活动或组织的制度、文化等固定下来的群体活动。组织的管理者们不仅仅需要研究生产作业流程,仔细地定义或使得它们结构化、规范化,还需要不断地整合和持续地改进它们,从观念上形成自觉学习、不断进取、相互促进、共同进步的新型企业文化。显然,信息系统提供了一个很好的学习平台。组织成员可以在这个平台上及时沟通交流,学习的组织者也可以在平台上发布各种学习材料,从而极大地提高学习效率,并促进学习成果的转化。

第 3 章重要概念

信息,数据,信息资源,信息成本,信息质量,数据量,信息量,组织,组织结构,业务流程,信息技术采纳,技术的不连续点,莱维特组织模型,首席信息经理(CIO),组织文化,学习型组织

第 3 章复习题

1. 举出信息资源的几种主要特性。并说明信息资源与物质资源最大的不同点是什么?
2. 说明文件的数据量应当如何估算。
3. 马克思·韦伯提出的层级型组织结构的特点是什么?
4. 在层级型组织中的典型的信息流是什么样的?
5. 简述信息系统对于组织层级和组织中管理者控制幅度的关系。
6. 举例说明信息技术对于组织结构可能产生什么样的影响?
7. 说明诺兰的信息技术采纳的主要观点。
8. 举例说明组织和信息技术之间的相互影响关系。
9. 讨论一个组织的 CIO 和 IT 部门经理有什么区别?
10. 讨论信息系统在组织学习上可以发挥的作用。

小组活动课题

分析一个企业,说明它所在的环境,它的经营战略,它的组织结构以及组织文化,并分析该组织中典型的信息流。

第 4 章　信息系统与企业战略

本章学习目标
(1) 波特的企业竞争力分析方法
(2) 懂得信息系统为何对企业具有战略意义
(3) 战略性信息系统
(4) 如何使信息技术与企业战略对应
(5) 企业信息技术战略规划方法

信息系统对于企业具有战略性影响。首先,信息系统的基础设施是"全局性"的设施,被所有部门和管理层所使用;其次,信息系统的使用与企业的日常业务息息相关,并直接影响企业的工作效率和运营方式;最后,信息技术是一种快速发展和不断更新的能量,会在很长一个时期影响企业的发展战略。企业管理者应当从企业发展全局的角度出发,用系统论的观点来指导和规划企业信息系统的更新和改善。

4.1　企　业　战　略

在第 2 章中已经讨论过,企业是一个和环境相互作用的系统。在一般意义上的市场经济环境下,对企业运营影响最大的外部因素是客户、供应商和竞争对手。由此企业所在的行业可被认为是一个对企业直接产生影响的环境。而外部的经济情况、政府的政策性规制、国际环境的变动、技术的发展等可看作是对企业间接产生影响的环境。由于竞争是普遍存在的,企业既要了解其外部环境的变化和威胁因素,又要根据所在地域、行业等不同范围的特点与外界进行合作。因此分析企业所在的环境,根据外部环境的变化动态对自身的战略、战术做出及时的调整,就是企业管理中不可或缺的内容。

在企业竞争力分析中一个经常被引用的理论是迈克尔·波特提出的五力分析模型①,如图4.1所示。波特认为:在一个竞争环境中,公司面对着5种来自外部势力的威胁:① 试图进入它现在市场的新加入的竞争者;② 可以取代公司产品的其他产品或服务;③ 它的客户对它的压价或脱离;④ 它的供应商对它的压价或脱离;⑤ 它所在的行业中的直接竞争对手对公司的威胁。波特认为:如果一个企业成功地制定了某种战略来对抗它面临的5种威胁,那么这个企业就有可能长期立于不败之地。那么,企业如何对抗这些威胁,在竞争中获得有利的地位呢? 有3种基本战略是经常采用的:

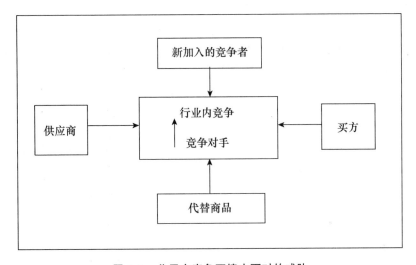

图 4.1　公司在竞争环境中面对的威胁

(1) 成本领先(Cost Leadership)战略:企业以降低成本为主要竞争方式,取得领先地位,并且按照这一基本目标制定一系列方针,如建立高效率的、大规模的生产设施,严格控制成本和管理费用,最大限度地减少开发、服务、推销、广告方面的费用等。

(2) 差别化(Differentiation)战略:企业创造出它独特的产品或服务,使得消费者能够容易地将该企业的产品与其竞争对手的产品相区别。企业将其产品或服务置于特定的市场或市场的最佳位置,使得竞争对手和市场的新加入者

---

① Porter Michael. Competitive Advantage. Free Press,New York,1998.

难以模仿。

(3) 专一化(Focus)战略：企业专门针对某一特殊的客户群体提供服务，或发现别人尚未注意的新市场，或发现特殊的产品或服务，使得在某个发展领域中，它的产品或服务优于它的竞争对手和新加入者。专一化战略也意味着企业对于其战略实施对象具有低成本的优势，或者具有高差别优势，或者两者兼而有之。以上的战略的关系如图4.2所示。

波特认为，企业无论实施以上何种战略，都必须要与自己的客户和供应商建立起紧密的合作关系。例如低成本战略，如果能够与供应商、客户等进行更紧密的合作，使公司的客户或供应商对于企业有强烈的需求，则说明公司有较强的竞争力。企业如果能够通过发展与顾客、供应商的商业关系来降低他们议价能力，就可以通过提高转换成本(顾客、供应商在转向其他企业时的成本与不便)来巩固这种合作关系，从而将竞争者排除在外。例如，沃尔玛通过与其供应商建立长期的合作关系，它一直坚持在进行大宗采购后及时付款，从而使供应商对它产生了高度的依赖性，很难轻易中止与它的合作。因为如果它们改变了合作对象，就很难再获得如此大量的采购订单和稳定的资金回笼。

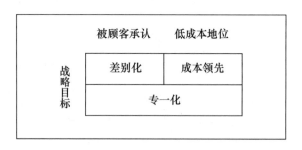

图4.2 公司的竞争战略

遵循波特的思路，我们可以进一步深入思考：在信息时代，企业运营环境发生了和正在发生什么样的变化？在信息技术快速进步和普及的前提下，企业与其客户、供应商的合作关系将会发生哪些深刻的变化？我们认为必须注意的是以下3个方面：

(1) 随着信息产业的崛起和互联网应用的普及，整个社会的产业结构正在发生变化。一些传统产业趋于成熟和衰退，而现代服务业如物流和管理咨询类公司却发展迅速。传统的制造企业为增强自己的竞争力，不但要利用以往积累的知识,同时还要高度重视计算机和通信等新技术,制定出自己新的发展目标和发展战略。可以观察到很多IT企业现在成了各行各业的合作伙伴;一些大企业过去只是设置一个IT部门,后来却将其改制为子公司,它不但负责本公司的所有IT业务,而且还对外承接相关业务。之所以会发生这样的变化,是因为传统公司都在纷纷发展自己的线上业务。

(2) 竞争的对象从单个企业扩大到企业联盟。现代社会,开发商品所需要的技术力量往往是多方面的,而仅仅一个企业又很难掌握多领域、广范围的技术知识和竞争资源,所以有必要通过与其他企业的联盟来强化自己的竞争力。例如近年来在国际航空业界已经形成了多个航空联盟,国航、南航、东方等航空公司也都分别参加了国际航空联盟,国际航空联盟通过全球航线的优化扩大了企业的经营范围,降低了运营成本,从而增强了企业的竞争力。

(3) 竞争的范围不再局限于本公司的产品或服务。以传统的制造业为例,过去企业之间的竞争多半是在工业产品的性能、质量、成本等方面的竞争,现在由于社会的信息化、网络化连接,跨国经济的发展,企业之间的竞争发展到品牌、信息服务、文化等新业务领域以及知识、创意、体验等多方面。许多竞争是在虚拟世界上进行的,可能突破地域、国界和时空的限制。例如对一个企业的夜间安全监控可能外包给远在国外的另一家企业来做,既利用了时差,又能够发挥国外企业的成本优势。

在这种情况下,为了适应环境的变化,企业必然要通过信息系统应用来提高自己的竞争能力,或者加强与合作伙伴的协同合作能力。这就要求企业具有自己相应的信息技术战略。

信息联盟

现在航空公司和银行普遍开展了一种合作,旨在给它们的共同客户提供更好的服务。这种合作最早来源于美国航空公司和花旗银行的信息联盟。美国航空公司发现许多公司的营销人员都是经常坐飞机出差的。为了争取更多的顾客,美国航空公司提出了所谓的"常旅客"优惠制度:对于使用自己公司服务达到一定公里数的顾客给予免费飞行一次等优惠。美国航空公司要求申请"常旅客"的顾客要办理一张花旗银行的信用卡来买票。这样花旗银行也就获得了很多有价值的顾客。进入 21 世纪以后,这种方法也被国内航空公司所普遍采用了。

在电子商务等领域,信息联盟也是现在被广泛采用的一种企业联盟方式。腾讯公司开发出微信软件后,获得了很大的客户群。京东和腾讯合作,在腾讯的微信中设置了一个客户直接进入京东购物的入口,这样京东可以得到更多的微信客户,而腾讯的微信也给客户提供了直接购物的方便。在旅游业,过去飞机、火车、公路交通彼此间是竞争关系,现在携程通过网络将它们关联起来,顾客可以通过购买空铁联运等方式,找到更便宜、更方便的旅行线路。携程还和世界各地许多酒店、出租车公司合作,旅客通过在携程订票,就可以很方便地预订酒店和出租车,同时也给合作的双方带来了更多稳定的客户流。

4.2 企业信息技术战略

4.2.1 信息技术对企业战略的影响

应当指出,信息技术对于企业在战术层面的影响可谓是有目共睹的,而人们却较少关注其在战略层面的影响。我们仍以波特的五力分析模型为基础来分析这个问题。如表 4.1 所示[1],表中第 1 列是 5 种竞争力,第 2 列是与该竞争力相对应的一些可能的影响要素。例如,当一个新竞争对手进入到某个传统行业时,通常会给行业带来新的能量(如资金、技术或劳动)。因为只有当它具有实质性资源的情况下,才可能在该行业占有一席之地。因此,新进入者通常会使得该行业的传统产品价格下降或成本上升。表中第 3 列则列举了信息技术可能产生的影响。例如,企业引进信息技术可以提高进入壁垒,或者促进其扩大经营规模,或者增加客户的转换成本,使得产品或服务差别化趋势更加显著,或者形成对关键市场和分布渠道的进入障碍。

---

[1] Kenneth Laudon, Jane P. laudon. Management Information Systems: New Approaches to Organization and Technology. Prentice Hall, 1999.

表 4.1 信息技术对于竞争优势的影响

竞争力	要点	IT 对于竞争力的潜在影响
新进入者	新的能量 实质性的资源 价格降低或成本上升	企业运用 IT 可以对新进入的竞争者构成技术壁垒,或者通过形成规模经济占有市场空间,或者通过 IT 加强客户关联性,提高客户的转换成本,使得产品或服务的差别化趋势更加明显
客户讨价还价的能力	价格被迫下降 高质量 更多的服务 鼓励竞争	IT 有助于企业在客户群中识别有价值的客户,亦能够对大量客户进行识别,采取正确的对待措施。例如航空公司对于不遵守纪律规则、在飞机上打架斗殴、不讲卫生或不尊重乘务员的顾客可以准确记录,使得这类顾客今后不能再次购票乘坐,从而提高整体服务水平
供应商讨价还价的能力	价格升高 降低质量和服务	IT 有助于企业改变过去对供应商不加选择的合作方式,记录与供应商的合作轨迹,和供应商形成长期战略合作伙伴
替代产品或服务	限制潜在的回报 价格	IT 有助于改善产品或服务的性能/价格比,让顾客更加容易接受。另外,IT 提供了对产品和服务的再定义能力。例如从商店里的实物销售改为网络销售,既可以解决时空障碍,又能够为客户提供详细的产品介绍信息,甚至送货上门
当前行业内部的竞争对手	竞争 价格 产品 分布和销售	IT 有助于降低成本,提高效益,或者开辟新的市场,或者提高产品或服务的差别化,形成新的企业竞争力。例如航空公司通过加入国际航空联盟,将国内航线与国际航线对接,从而在同样资源投入的情况下提高了航运能力,增加了营运利润

4.2.2 价值链分析

在进行企业战略分析时,波特的价值链(Value Chain)模型是另一个常用的工具。信息技术对企业运作的各个环节都可以产生价值,而把这些环节连接起来就构成了企业的价值链模型。如图 4.3 所示,企业的业务活动可以分为主要活动(Primary Activities)和辅助活动(Support Activities)两大类,这里主要活动就是产生一个企业价值的一些活动,例如物流、生产、销售和服务等;而企业的业务管理活动、人力资源保障活动等可以看作是辅助活动。运用价值链模型分析的目的在于找出企业业务中的某些特定活动,在这些特定的活动上,企业战略可以最有效地得以实现;同时,如果能够发现这样一些对企业战略产生影响的活动,又在这些活动中有效地使用信息技术,那么,信息系统就必然能为企业增值——例如使用更少的人力完成更多的工作,或者用现有人力服务于更大规模的客户群,从而使得公司总成本得以降低,这就实现了企业的低成本战略。

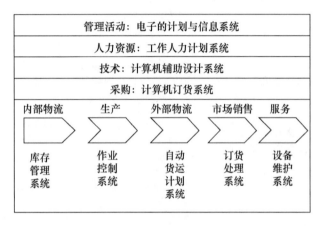

图 4.3　价值链模型

按照价值链的观点,企业产品的价值并不是由企业自己决定的,而是由它的客户决定的。而这种价值又是由企业的基本活动积累起来得到的。每一个活动之所以必要,是因为在价值链上有需要它的客户存在。注意这里的客户也可能是企业内部的客户,例如对于库存部门来说,生产部门就是它的客户。在每一个企业中,还有一些业务活动是和企业的核心能力紧密相关的。这是企业最重要的价值链,或者称为"战略价值链"。企业应当首先保证这些业务的顺利运行。例如丰田汽车公司的竞争优势来自其企业系统的子系统之间的紧密耦合。由于企业内各部门之间的关系一般是松散连接的,仓库通常作为一种子系统之间连接的缓冲区,存储着原材料、半成品和最终产品等。在这种情况下,仓库中多余物资的资金占用往往不为人们所注意,因此造成了资源的浪费。如果企业的生产是需求拉动的,那么仓库中的物资就必须因需求而产生,生产出来的产品直接作为物流部门的输入,就可以大大减少成本并产生效益。这里核心的问题是企业如何才能发现哪些资源闲置不用而产生了浪费?解决该问题的思路是设计业务活动中的标准作业程序(Standard Operating Procedure,

SOP),通过与标准作业程序比较,精确地按时生产和送货,从而产生子系统之间的最佳协调作用。

日本汽车工业的准时制

准时制(Just in Time,JIT)是由日本丰田汽车公司首先创立并且推行的先进生产方式,也叫"丰田生产方式"。JIT 的目标是按照用户的订货要求,用必要的原料、在必要的时间和地点生产出必要的产品。为实现这一目标,必须要将生产中所需要零件的供应商严格地组织起来,在供应商和制造商之间建立起准确的信息交换渠道,彼此相互协作,从而实现库存成本的最小化。

丰田公司经过分析,发现在一辆汽车中的主要零部件有 3 000 个,加上各种附件达到 1 万个,而丰田公司自己制造的零部件仅有 1/3。按照过去的生产方式,必须事先大量采购这些零部件并存放在仓库中,否则自己的生产很难平稳地进行。但是这种采购使得仓库中总有大量的库存品。于是丰田公司便通过制定精密的生产计划,并与自己的零部件供应商签订准时供货的合同,让供应商在自己需要时才将物料送来。但这种做法必须要提前半年将生产计划具体化,提前三个月制定中间计划,同时保证计划与实际生产量的差别不超过 30%。在执行生产计划的前两个月,再次调整计划,调整幅度不超过 15%,在生产前一个月形成最终的调整计划。

这种新的供货方式给丰田带来了一系列的成效,包括减少批量、压缩提前期,保持采购物料的高质量等,使丰田汽车的竞争力大为增加,而且带动了企业其他方面的改革。之后日本汽车行业普遍采用了 JIT,汽车的制造成本大为降低,同档次的汽车比美国产的便宜 2 000 美元,使日本在当时的日美经济竞争上处于非常有利的地位。

借助信息技术来实现产品/服务的差异化,也是一种主要的信息战略。一些企业已经用信息系统创造了过去所没有的新产品或企业特有的服务,使得自己与竞争者有明显的不同,从而得到消费者的青睐。下面的现实案例有助于读者理解这个观点。

京东商城的物流配送系统

2007年以前,京东还在发展的起步阶段,其主要业务是在网上提供IT商品。后来把经营品种慢慢扩大到图书和日用百货,这时面临着和亚马逊、天猫等同类电子商务公司的竞争。当时,亚马逊有自己的仓储业务,但它把快递配送业务交给UPS等专业物流公司。就在这一年,京东做了一个大胆的决定:要建立自己独特的物流配送系统。

要建立自己的物流配送系统,在仓储和配送方面都必须有大量投入,初步计算需要投入10亿美元。而此时京东的年销售额仅仅为2 000万美元。而且,京东当时的规模还很小,如果订货量少的话,即使建立了配送队伍也不可能赚钱,很可能是做亏本买卖,送一单亏一单。

但是,为什么京东依然要坚持自建物流仓储配送队伍?京东的高层认为:中国当时的物流公司正在发展过程中,大多是地方性的物流公司,运营管理也不是很成熟。如果要把自己物流配送业务交给这些不成熟的物流公司的话,只能解决一时的燃眉之急,服务质量难以得到保证。如果出现暴力卸货、监守自盗等情形,京东的网络营销必然受到影响,京东也无法区别于其他电子商务公司,更不用说与亚马逊等巨头竞争。

京东开始在几个大城市中招聘配送员。此时许多农村青年也到城市寻找工作,可以说是一拍即合。京东制定了合理的绩效评价体系,保证按时发放工资。这些政策调动了配送员的积极性,保证了配送的效率和质量,受到消费者的好评。这一年8月,京东在北京部分地区试行配送。几个月后,北京的配送站点就扩张到5个。一年后就进一步扩张,到2010年,京东的配送区域覆盖了全北京五环以内所有地区。

京东的物流配送系统中,几个重要的实体要素分别是仓库、分拣中心、配送站、配送员、客户,为此建立起可靠的物流信息系统也是必不可少的一环。客户下订单后,仓库根据订单的订货信息和客户地址来安排货物出库,包括单据打印、拣货、发票、打包等业务流程,最终生成一个订单包裹。仓库出货完成后,分拣中心根据收到的包裹进行分拣、装箱、发货、发车,最终将包裹送往相应的配送站。配送站交接后,将包裹分配给配送员。最后再由配送员送到客户手中。

2012年12月,经过一年多的开发,一个覆盖全国各地的物流配送系统终于建成了。该系统是在原有的物流配送系统基础上升级的。系统包括了预分拣、货物交接、分拣理货、发货、验货、司机配送、站点收货、验货、配送员收货、送货等标准业务以及上门取件、换新、订单入站、退货装箱等逆向物流的业务,实现了配送业务全流程的信息化支持,为京东提供了强大的精细化管理能力。

2013年,京东的交易额突破了千亿元,有5万家供应商与其合作,服务的对象超过了1亿客户。2014年,京东的配送站覆盖了全国1 880个区县,京东的员工人数达到了7万人。2014年5月21日,京东在美国纳斯达克上市。

4.3 战略性信息系统

4.3.1 战略性信息系统的定义

战略性信息系统(Strategic Information Systems,SIS)是旨在使用信息技术,实现企业的战略目标的信息系统。战略性信息系统改变企业的目标、业务流程、产品、服务或企业与环境的关系,使得企业获得某种竞争优势,这样的系统甚至会改变企业传统的常规业务。

为了引进新的信息技术来增强企业的竞争力,信息系统的规划必然会涉及企业高层决策者的竞争战略制定、确定企业战略目标、编制企业长期规划等管理活动。战略性信息系统通常是大规模的信息系统,涉及企业各层级的管理经营活动。通常这种系统并不局限于使用企业内部的局域网,而是将企业的内部网络与公用信息服务设施连接起来,构成逻辑上更大的网络。战略性信息系统不但指企业使用信息系统来支持自己的经营战略;同时也将企业的发展战略融合到信息系统中,以构成新的企业战略目标。

怀斯曼是最早提出战略性信息系统观点的学者。他给出的定义如下:"战略性信息系统是指能支持和改变企业竞争战略的信息系统。"[①]他认为有两种

---

① C. Wiseman. Strategy and Computers: Information Systems as Competitive Weapons. The Dow Jones-Irwin, 1985.

战略性信息系统最为典型：一是专门用来处理关系到企业战略的事务性数据，按计划日程产生某种特定输出的系统；二是能够及时解决企业某些战略性问题的系统。战略性信息系统主要用于获得或维持企业竞争优势，使得企业高层领导能够从系统中对自己关心的竞争战略问题获得有关信息，或帮助他们形成企业的战略。岛田达已等提出："战略性信息系统是用于支持或促进组织的战略行为，使得组织具有竞争力的系统。它是在组织内部或在组织之间综合地、有机地运用信息处理技术和信息流的、能获得战略性机会的信息系统。"[1]

实际上，企业信息系统虽然也经常用来帮助高管获取重要的战略信息，但主要还是通过新产品、新技术来改变企业的运作方式，从而获得竞争力。企业引进信息系统就是一种组织变革，是对新的运作方式的引进。一些企业通过使用信息技术创造新产品或服务的例子，如表4.2所示。

表4.2　基于信息技术创造独特产品与服务

新产品或服务	使用信息技术
网上银行、手机银行	光纤入户、微机、智能手机
企业账户管理	企业会计系统外包
金融投资	商业投资网站、股市分析智能系统
预定旅行航班和旅馆	网上机票销售、旅馆预定系统
包裹速递	基于条码的追踪系统
网上零售	网店平台、微商
家庭监护养老	视频会话系统、智能监控追踪
银行自助服务	自动柜员机、客户账户管理系统
服装大规模定制	计算机辅助设计和生产（CAD/CAM）

引进战略性信息系统的目的是创造企业的核心竞争力。核心竞争力（Core Competency）指企业的某种活动，依靠这种活动使得企业获得了相应的市场和客户，同时它还必须是其他企业难以模仿的。核心竞争力的产生固然需要一个创意思维或一种好工具，但仅有此还远远不够，它必须是组织所具有的独特的

---

[1] 岛田达已，海老泽荣一.战略的信息系统——构筑和展开.日科技连出版社（日），1989.

知识、技能、文化等。例如生产某产品的关键技术,获得某种关键资源的独特途径等。通常核心竞争力的形成需要通过长期的学习,或者某个研究团队持续的开发研究,或者具有创新精神的高层领导的推动和不懈努力。培养组织的核心竞争能力往往是创新型组织的重要目标之一。核心竞争能力使得企业在创造价值和降低成本方面比竞争对手更为有利,因此一定会受到竞争对手的关注。但是它又是一种竞争对手难以模仿的能力。腾讯公司在互联网社交软件的竞争中,先开发出了QQ聊天软件,接着又在此基础上开发出了微信。在同一时期尽管也有许多软件公司在开发类似的应用,但是无法和微信竞争。微信投入市场之后当年就获得了1亿客户,继而又成为手机社交软件的事实标准。正因为腾讯在前期的QQ开发中积累了许多经验并有了大量客户,其开发团队的这些经验和功能设计等都是其他软件公司难以模仿的,所以微信才能够很快地在竞争中一枝独秀。

　　分析近十几年来国际上成功的企业就可以发现,许多成功企业的发展战略无一例外地考虑到新技术的应用。例如嘀嘀打车通过通信和互联网让传统的呼叫出租车服务发生了根本性变化,从而短短几年间就占据了中国的出租车市场。IBM从硬件制造业转型之后,在管理咨询业界迅速崛起。他们重要的方法之一就是通过信息系统实现了跨部门的知识共享,所有的管理咨询顾问都将自己多年积累的成果放在知识库中,对其他项目产生了巨大的促进作用。这也是其竞争对手难以企及的。这些企业通过巧妙地运用IT并与自身的特点相结合,形成了公司独特的核心竞争力。但是,单纯由新技术所产生的竞争优势并不能长时间地保持下去。因为企业的竞争对手可以很快地了解到技术的奥秘,也可能在这种技术的基础上,再开发出一个更好的系统。如联邦快递刚进入中国时,因有邮件跟踪系统而独占鳌头,但之后中国的快递企业也开发出了类似的系统,而且具有成本优势,于是联邦快递就难以持续领先。应当懂得新技术所产生的竞争优势还不是企业的核心竞争力,只有将技术与组织内在的能力相融合,通过不断地改进和创新来巩固已有的成果,才能形成核心竞争力,在较长的时期内保持自己的领先优势。

　　因此,发掘信息系统的战略性作用,不但要求企业的高层领导具有战略眼光,知道新技术可能带来的变革,而且要在试错过程中不断了解企业的变化,发现在运用信息技术方面需要做些什么改进以及如何去改进。战略性信息系统很可能会改变组织传统的运作方式,如竞争方式、和顾客或其他组织进行交易的方式等,而所谓新的运作方式并没有一个简单统一的模式。以上几种不同的企业战略性信息系统的要点以及所应用的 IT 技术的总结如表 4.3 所示。

表 4.3　战略性信息系统的总结

涉及范围	实现战略	主要信息技术
行业联盟	合作与竞争 标准化	信息联盟 电子交易 跨组织的信息系统
企业内部协作	最佳协调作用 核心竞争力	企业信息系统 知识管理系统
特定的业务	低成本 差别化 专一化	价值链分析,降低成本 用数据挖掘发现特定市场 基于 IT 的新产品/新服务 敏捷企业

4.4　IT 战略规划

4.4.1　IT 战略规划

信息系统对企业的战略影响深远,它的建设和完善也并非一日之功,而是一个长期的实现过程。通常一个企业的信息系统并非是单一的系统,需要分解为不同的项目来逐步实现。在大型企业的 IT 战略规划中可能有几十个项目。但是对企业信息化的实际情况调查却发现:许多企业缺乏系统的 IT 战略规划,也缺乏从组织角度出发的总体架构的规划和设计。通常的做法往往是由业务部门提出需求,IT 部门用不同的服务器、软件平台和数据库去满足业务需求,而企业的信息系统逐渐变为一个个条块化的孤立子系统,IT 对企业业务发展的支持越来越困难。为防止这样的情况出现,需要做好企业的长期 IT 规划,但如何做这项工作也是一个重要的研究课题。学术界提出了多种方法来指导企业的 IT 战略规划实践,如业务系统规划法、信息工程法和关键成功要素法等。一般来说,企业 IT 战略规划应当包括以下一些主要的步骤。

1. 建立 IT 战略规划的组织

企业 IT 战略规划需要高层领导者的参与。在企业信息化指导委员会(参与信息系统开发一章的有关内容)领导下,建立以 CIO 为首的 IT 战略规划组。IT 战略规划组应有熟悉业务和 IT 技术的人员,如果可能也可聘请外部咨询公司或专家参加。可以根据需要将 IT 战略规划小组进一步分为规划工作组、规划咨询组等。

2. 确定 IT 战略规划

为了弄清 IT 战略规划的目的、范围和具体内容,需要明确规划涉及的组织机构、业务范围和所需解决的业务问题。IT 战略规划应当与企业战略相匹配或对应。企业根据自己的特定的发展战略,总体考虑经营的目标、组织和业务,确定各业务部门的信息化需求,然后制定全局性的信息技术战略,统一规划,分步实施。即企业战略决定了信息系统战略,这是目前企业 IT 战略规划时普遍采用的一种思考方式。

在企业 IT 战略制定实施的过程中,有三个重要的因素是企业 CIO 必须清楚掌握的:企业战略、业务流程与组织、信息系统架构,而信息化战略是连接这三个因素的重要工具和方法。只有通过科学、有效的方法论来指导信息化战略的制定和实施,才能够有效克服"企业战略""业务流程与组织"和"信息系统架构"不匹配的现象,这正是 IT 战略规划所要重点关注的问题。

3. 环境和企业战略分析

在此阶段,应首先分析企业外部的经营环境以及有关的行业政策和法律环境等。通常采用的企业战略分析方法如波特的五力模型、波士顿矩阵等,对企业的直接竞争者、供应商、客户等进行分析,了解企业的强项、弱项、机会和面临的威胁等问题以及企业未来的发展目标和发展计划,深入理解企业的发展战略。

4. 企业关键业务分析

了解企业的基本业务以及在这些业务中产生价值的关键业务。可以采用价值链分析的方法,对现有业务的合理性以及所需要的资源、成本等进行研究。

5. 评估当前信息系统的状况

描述和评估当前的信息系统状况,包括企业信息基础设施的基本状况,计算机和网络设备、数据库和应用软件等,并且从各方面审视信息系统在企业业务中所发挥的作用,评估它们是否得到用户的肯定,有哪些性能还不足以完成企业的需求,特别是发现那些不能为企业未来的发展目标做出贡献的技术系统,考虑对它们的更新。

在组织方面,应当分析和评估信息部门的组织结构和人力资源情况,包括系统的管理维护,对用户的支持,新项目开发的可能性,对 IT 人员和最终用户的培训等。

除了对技术和组织的情况进行描述评价以外,通常也要对当前系统的收支情况进行评价。一般包括:信息技术设备支出、服务支出、人力资源支出等。

6. 提出信息技术战略目标和内涵

企业IT战略规划包括3个方面的发展规划:① 信息系统体系架构规划,包括计算机硬件、网络、操作系统、开发工具、数据库等;② 应用软件项目规划;③ 系统维护和管理方案规划,包括组织、标准、知识与技能等。

7. 对行动项目的评价和选择

在企业IT战略规划中一般也包括对一些企业下阶段重点项目的规划,包括实施计划、人员培训计划等,确定各种规划项目的预算、价格、供应商;并根据某种原则对规划中的项目进行选择和评价。评价要素包括:项目方案对于企业战略的重要性评价;所需经费是否合理;实现时间和其他资源是否具备;项目风险是否能够承受。

8. IT战略规划的实施和修订

最后,将IT战略规划通过企业信息化指导委员会的审批,付诸执行。在执行的过程中,应记录和掌握执行中的具体过程和进度,根据外界环境的变化和内部反馈及时地调整修订。

4.4.2 战略调准和企业架构

建设信息系统通常需要大量的资金投入,或者与软件开发商进行较为长期的合作。在开发中常见的一个问题是:一些企业开始在引进信息系统方面投入很大,后来的结果却事与愿违,因此感到很失望。下面就是一个现实案例。

某网络药业公司的发展历程

该公司是在改革开放初期通过改制成立的一家民营企业,在一些传统中药方面做了产品创新,在20世纪90年代迅速成长起来。到1995年时,公司已经取得了国内成品中药很大的市场份额,并雄心勃勃地准备发展网上业务。

2000年4月公司制定的电子商务发展的战略目标提出,要在建立中国最大的医药健康网的同时,建立一个全球连锁的中医诊所。到2005年,公司要在国内开1万家连锁药店,在美国开1000家中医诊所。在电子商务的

> 滚滚热潮中,公司的战略目标受到了资本市场的热捧,公司得到了风险投资后,便开始收购一些不太知名的电子商务网站。到2003年,其名下共有13个服务网站和29个企业网站。然而,公司的高层对电子商务知之甚少,收购的电子商务网站质量不高,又没有吸引到很多用户,其收入也是乏善可陈。
>
> 　　随着电子商务网站规模的扩大,公司的资金很快被消耗掉了。在美国打广告更是烧钱,知名地段的一块广告牌8年下来就支付了1 000多万美元。到2003年,公司资产负债率已高达到92%,同时债台高筑,贷款额达98亿人民币。由于公司成本控制不利,又没有很大的市场收入,很快便陷入了困境,最终于2005年宣布破产。

　　我们前面已经说过,企业的IT战略与企业战略之间应当是一种匹配或对应的关系,在理论上称这种对应为调准(Alignment)。韦伯大辞典定义调准是"一种协调一致的形成或彼此相关的群体或力量的排列"。在信息系统理论中,IT-企业战略调准意味着"信息服务组织利用其所控制的资源和影响(人、技术、外部资源等)提供的IT服务和能力符合其所支持的业务需要和优先权(Kavin W. Moody,2003)"。

　　一个被广泛应用的IT-企业战略调准模型(Strategic Alignment Model,SAM)是由亨德森(J. C. Henderson)和文卡特拉曼(N. Venkatraman)提出的,其中共有12个重要的要素,根据外部性和内部性、业务和IT分解为4个块,它们分别是:① 企业战略;② 组织基础架构及流程;③ IT战略;④ IT基础设施及流程。其外部要素和内部要素的对应称为战略整合,而业务和IT的对应称为功能整合,如图4.4所示。该模型有助于检查企业信息技术和战略匹配时应当考虑的主要因素和相互关系。

　　美国IT专家约翰·扎克曼(John Zachman)很早就提出"信息系统架构框架"的概念,他认为使用一个逻辑上的企业构造蓝图(即一个架构)来定义和控制企业系统和其组件的集成是非常有用的。扎克曼提出:可以从信息、流程、网络、人员、时间、基本原理等6个视角来分析企业,而与每一个视角相对应的有6个模型,即语义、概念、逻辑、物理、组件和功能模型。他的框架主体就是这样一个6×6的模型矩阵。扎克曼的框架尽管在形式上显得很完整,但是对其中的大量模型并没有提供进一步的细化方法。于是在他提出该框架之后,许多组织和学者都在此基础上提出新的框架。

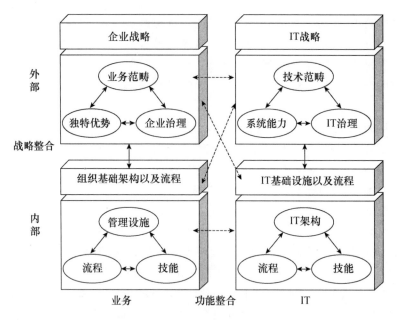

图 4.4 IT-企业战略一致性模型

一个引起广泛关注的企业架构框架称为开放团体架构框架(The Open Group Architecture Framework,TOGAF)。从 20 世纪 90 年代中期开始,一些世界领先的 IT 客户和厂商一直在持续开发和完善这个框架。当前最新的版本 TOGAF 9 是由几个部分组成的:架构开发方法(Architecture Development Method,ADM)、架构能力框架、架构内容框架、企业连续体及参考模型等。其中,ADM 是其核心内容,详细说明了构建企业架构所需要执行的各个步骤。

第4章重要概念

企业战略,波特的企业竞争力模型,企业竞争环境,进入壁垒,转换成本,规模经济,IT战略,价值链,主要活动,辅助活动,信息联盟,最佳协调作用,核心竞争力,JIT,调准,业务范围,技术范围,系统能力,IT架构,IT治理

第4章复习题

1. 对迈克尔·波特提出的3种典型的竞争战略各举出一个例子。
2. 举例说明企业如何使用信息系统来创造新的产品和服务。
3. 举例说明信息系统如何帮助企业在市场上巩固它的地位。
4. 举例说明信息系统如何帮助企业与顾客紧密相连。
5. 举例说明如何运用信息系统形成企业的核心竞争力。
6. 什么是价值链分析?
7. 说明IT与企业战略的调准中需要注意的4个方面。
8. 举例说明SAM模型的应用。
9. 说明企业IT战略规划的组织结构。
10. 说明企业IT战略规划的基本步骤及其内容。

小组活动课题

讨论本章中的案例,说明信息系统为什么对企业具有战略性意义。

第5章 信息化基础设施

本章学习目标

(1) 掌握信息系统中各种计算机的功能特征
(2) 懂得系统软件的功能和作用
(3) 计算机硬、软件选型的基本原则
(4) 了解信息系统的体系架构
(5) 云计算的有关知识

当我们建设一个城市时,首先要给城市建设道路、水电等基础设施。企业信息系统的建设与此类似,首先要从其基础设施——计算机网络和系统软、硬件的建设开始。本章从信息系统的物理成分开始讨论,首先讨论信息系统的底层平台——计算机硬件,然后对基础的系统软件——操作系统做简要说明,最后,我们介绍信息系统体系架构的有关知识。

5.1 信息系统基础设施

信息系统基础设施是企业信息化的基础。信息系统基础设施需要大量投资,也需要持续地更新和发展。按照系统的层次观点,一个信息系统的基础设施如图5.1所示:它可以看作是一个6层的技术平台,自下而上分别是由硬件设备、系统软件、网络设备、数据管理、开发平台和应用软件所构成。

```
┌─────────────────┐
│    应用软件层    │
├─────────────────┤
│    开发平台层    │
├─────────────────┤
│    数据管理层    │
├─────────────────┤
│     网络层      │
├─────────────────┤
│    系统软件层    │
├─────────────────┤
│     硬件层      │
└─────────────────┘
```

图 5.1　信息基础设施

5.1.1　计算机硬件层

计算机是信息系统重要的组成部分。现在企业中的信息系统经常建立在用微机和服务器所组成的局域网上，但在大型企业、民航和银行等需要处理大量数据的组织中以及以信息处理为主要工作内容的政府信息处理机构中，大型机也得到广泛应用。本章中我们首先对各种计算机和系统架构的特点作一简要介绍。

5.1.2　微型计算机和服务器

微型计算机在信息系统中得到最广泛的应用。根据形状，微型计算机可以分为台式机和便携机（笔记本和Pad）；根据功能配置可分为商用机和多媒体机。商用机主要作用是数据的输入、输出和数据处理等。多媒体机具有声音和影像等功能，主要用于教育培训等。

服务器（Server）泛指在客户机/服务器架构中提供资源的计算机，其作用是存放大量共享数据或公用程序。目前，服务器一般都是指专用的微机服务器。从外形上可分为塔式服务器、机架式服务器和刀片服务器。根据性能可分为工作组级服务器、部门级服务器和企业级服务器。服务器使用高档微处理器，采用并行处理技术，可根据需要配置多个处理器协同工作，因此具有较强大的数据处理能力。服务器通常还设有大容量的内存，有较强的输入输出通道处理能力和极大的外存容量（如用专用多通道控制器控制数百TB以上的硬盘），在网卡和软件的支持下可以方便地构成局域网。

5.1.3 移动设备

便携机(笔记本型和平板型)在商务活动中得到广泛应用,多用于企业人员的市场营销和非办公地点的数据处理等。比笔记本更小的掌上型微机包括个人数字助理(Personal Digital Assistant,PDA)和智能手机等移动设备,既可用于个人信息处理,又具有移动通信功能和计算能力,通过移动设备可以与台式计算机或网络服务器进行各种信息交换。我们将笔记本电脑、智能手机、平板电脑、联网的车载导航等可用移动网络的计算设备统称为移动设备。移动设备具有方便随身携带,容易进行信息操作等特点。苹果公司最早开发出触摸屏,用液晶屏幕取代了传统的机械键盘,同时它的多点触控功能让用户不必使用电容笔依次打开层级菜单,而是可以通过手指的滑动、点击、书写笔画等动作,更加直观地完成对设备的操作。

但移动设备在尺寸、硬件资源和电源续航能力等方面都受到限制。移动设备的微处理器处理能力较弱,特别是移动设备没有固定电源供应,在节约能耗方面有较高的要求。

5.1.4 大型机

大型机又称主机(Main Frame),具有很强的信息处理能力。在超级计算中心中的大型机的运算速度可达数百万亿次,这种计算机又称为高性能超级计算机。

大型机的优势在于其强大的计算能力,采用企业系统连接类通道、专用磁盘控制器和通信控制器,可连接数百至数千个终端同时工作。大型机采用专用操作系统,例如 IBM 大型机的操作系统有 MVS、VSE、VM 等。这类操作系统一般人接触不到,因此保密性较好。基于这样的优势,大型机常用于 WWW 服务器、分布式计算的后台服务器、通信服务等许多大规模系统的主机,对组织的大量数据集中进行快速处理。在大规模科研计算、银行和航空公司、国民经济管理部门中,很多都采用大型机做后台服务处理。

现在大型机在企业信息系统中仍保留着一席之地。例如,对于银行、证券交易所等每天都需要进行大规模数据处理的企业来说,它们已经有许多重要的数据储存在大型机中,要转移到客户机/服务器系统上并非一件简单的工作。另外,大型机有很强的可扩充性,可以对应互联网上日益增长的通信流量以及快速处理企业中越来越多的数据。从数据存储和处理的角度来看,大型机上的集中式数据库比使用服务器集群更为安全和可靠。因此,大型机将会在那些具有大量客户、需要进行大量数据处理和复杂运算的企业和组织中继续得到应用。

5.1.5 工作站

工作站(Work Station)型计算机的处理能力通常高于微机,配有高清晰度大屏幕,图形显示功能好,可以快速进行计算和描绘复杂图形,对一些需要高性能快速图形显示的应用比较适合。以擅长图形处理的硅图(Sillicon Graphics,SGI)工作站为例,其内部有专用于图形处理的大规模集成电路,同时配有图形设计专用软件,可以快速、方便地进行制图、色彩处理等,适合于作为CAD(计算机辅助设计)的设备,也广泛用在图形实时仿真、动画处理、多媒体处理、模拟管理等需要高速计算和高速图形显示的应用中。工作站机在工程设计、科学研究等领域十分流行。

5.1.6 小型机

一般小型机(Minicomputer)上的操作系统多为专用系统,常采用多中央处理器(Central Processing Unit,CPU),在一台机器上可以配备较大容量的内存和多台大容量硬盘,具有很强大的数据处理功能,可供数百名用户终端连接使用。同时,小型机一般可以配置多台外部设备,例如硬盘、打印机、绘图仪、传真机等。小型机还可以同时连接多个局域网,或同时连接数十条通信线路。

小型机具有高可靠性、高可用性、高服务性的特性,适合作为联机事务处理系统的服务器,或作为有较大数据流量的局域网服务器。在信息系统中,企业中的数据资源可以集中在小型机服务器上进行处理和管理,由此加强信息的集成度。随着计算机技术的发展,小型机已经逐渐被微机服务器所代替。

5.2 系 统 软 件

操作系统是管理信息系统的基础平台。操作系统的作用是给最终用户提供方便使用的人机交互界面,同时,操作系统也是各种应用软件的基础平台。操作系统的另一项主要功能是管理计算机系统中的硬件资源。为此操作系统中有监控程序,其核心部分在计算机启动时就被读入内存,称为常驻程序。常驻程序根据作业的需要调用外存中其他程序。操作系统还能够进行高效率的作业管理,通过其作业管理程序,对需要进行处理的作业进行计划和调度,使得计算机资源的处理效率提高。另外,操作系统还需要管理计算机外围设备以及在主存和其他设备之间的数据传递,这些功能是通过输入输出(I/O)管理程序来完成的。

由于 CPU 和 I/O 设备的速度差距很大,CPU 可以在等待一个 I/O 作业的同时进行其他作业的处理,这样就可以同时运行多个程序。这种功能称为多道程序。这也是操作系统的一项重要功能。如果计算机有多个处理器,操作系统还可以将任务分解,使每个处理器都并行地处理一部分任务,最后再综合起来得到结果。这类处理方式又称为并行处理。

目前常见的操作系统大体可以分为 4 类:以 Windows 为代表的微机客户端操作系统;以 UNIX 为代表的工作站操作系统;局域网服务器上使用的网络操作系统;大型机上的专用操作系统。

5.2.1 微机操作系统

微软(Microsoft)公司在 20 世纪 80 年代为 IBM 的微机开发了磁盘操作系统(Disk Operating System,DOS),之后升级到具备图形使用界面的 Windows 操作系统,在其后,微软不断更新其 Windows 版本。21 世纪后,微软还推出了该操作系统的商用机版本、家用机版本、服务器版本等,使之适合不同用户的需要。

在微机上常用的操作系统还有苹果公司 Macintosh 机器上的 MacOS,开放源代码的共享软件 Linux 等。MacOS 面向个人用户,有较强的图像、视频、多媒体处理能力,图形界面友好,近年来得到广泛应用。特别是苹果公司开发的 iTunes 软件,可以将用户引导至 Apple Store 网上商店,并下载全球大量软件公司开发的应用软件,从而极大地扩大了它的功能。在苹果公司 iPhone 推出后,更是带来了大量的手机用户。它的操作系统也在移动商务领域得到更加广泛的应用。

Linux 的发展

1991 年,芬兰赫尔辛基大学的学生林纳斯·本纳第克特·托瓦兹(Linus Benedict Torvalds)学习了安德鲁·塔南鲍姆(Andrew Tanenbaum)教授的著作《操作系统:设计与实现》后,他尝试编写了一个自己的操作系统。林纳斯将操作系统上传至 FTP,并公布了全部源代码。这就是最早的 Linux 操作系统。

林纳斯希望软件程序员来共同修改和完善 Linux 操作系统，他的这一想法得到了许多人的积极回应。1992 年，就有 100 位在 Linux Kernel 平台上工作的开发者，当时平台中的核心代码还只有几万行。10 年后，在平台上工作的开发者已经不计其数，他们的背景分散在很多行业，平台中的核心代码则已经超过千万行。

21 世纪后，Linux 成为通用的服务器操作系统，其全球用户达到数千万之多。2003 年时 Linux 服务器的销售总额就已占据全球服务器市场销售额的大约四分之一，对微软的 Windows NT 操作系统的统治地位形成了威胁。

许多著名的企业都采用了 Linux 作为他们的操作系统，大到航天科技，小到 IC 卡芯片，无不存在 Linux 操作系统的影子。梦工厂、迪斯尼、皮克斯等公司的电影制作平台也都是基于 Linux 操作系统，用它制作了《哈利·波特》《指环王》《阿凡达》等精彩的影片。许多电子商务公司也都选择 Linux 作为其商业服务器。今天在全球前 500 台超级计算机中，有 400 多台选用 Linux 操作系统。这些计算机遍布在世界各地的多个行业。这样的发展是当初开发 Linux 操作系统的芬兰少年完全没有想到的。

5.2.2 UNIX 操作系统

UNIX 操作系统是 20 世纪 60 年代末由美国的贝尔实验室开发，在教育科研领域推广，以后又由美国加州大学伯克利分校、SUN Microsystem 公司等开发了一些新版本。UNIX 是一个多用户、多任务的操作系统，它可以让一个用户在一台机器上同时运行多个作业，也可以让多个用户通过多个终端同时使用一台主机。UNIX 既可以作为单机操作系统，也可以作为服务器操作系统，让网络用户共享。由于 UNIX 系统的功能十分强大，因而被广泛地应用在工作站和小型机上，成为工作站型计算机的标准配置。

UNIX 的特点是命令集比较精简、功能十分完备。一条命令通常有许多参数，可以简捷迅速地完成许多复杂的操作。但另一方面，由于其命令系统指令参数过多，对一般用户来说使用起来不够直观，比较适合于有经验的专业工作者使用。之后由于图形化用户界面（Graphical User Inferface，GUI）的出现，使得 UNIX 的这一缺点得到改善。Xwindow 是由麻省理工学院（Massachusetts Institute of Technology，MIT）、IBM 及数字设备公司（Digital Equipment Corporation,DEC)共同开发并运行在 UNIX 操作系统上的一个 GUI 系统,它使得 UNIX 可以更加方便地被使用。由于 UNIX 含有 TCP/IP 协议,用它可以方便地构成计算机局域网,也可以和远程计算机方便地连接,它尤其适合于分布式异构环境。在这种环境下,它可以使不同厂家的工作站型计算机和其他类型的微机及小型机等连接起来,运行相关的应用程序。

5.2.3 局域网操作系统

目前在企业、事业单位最广泛应用的是基于微机局域网的信息系统,这类平台上大多使用微机服务器,其上运行网络操作系统(Network Operating System,NOS)。Windows 系列是目前在微机局域网中使用最广泛的网络操作系统。

网络操作系统应当适合用于高配置的计算机硬件环境,使得计算机资源得到有效利用。一般的专用服务器往往设计为多 CPU、多通道的结构,如果没有相应的操作系统支持,就难以充分发挥这些硬件设备的作用。通常,网络操作系统可以支持多 CPU 工作。例如 Windows XP 可支持具有 16 个微处理器的服务器,同时在服务器上可配置更大容量的内存。配有网络操作系统的服务器可以同时运行多个程序,当计算机在某一时刻运行一个应用程序时,其他程序可以在后台运行。网络操作系统还提供以下功能:

(1) 多用户。一台计算机可供多个用户使用,他们彼此并不影响,各自有自己的工作环境,同时又可以共享资源。网络操作系统将网络中的计算机资源分成若干个域,在一个域中的所有成员可以共享这个域中的资源。同时,有关各用户的信息记录在一个安全数据库中,这样,系统可以给每个用户分配适当的权限,保证用户个人的信息不会被别人所使用。

(2) 容错功能。网络操作系统经常需要采用一些措施来保证数据的安全,防止在意外情况下系统的数据丢失。经常采用的措施包括镜像处理和磁盘条带化。所谓镜像(Mirroring)处理就是用两个磁盘,在读写时进行完全一样的处理,这样在万一一个磁盘出错时,另一个磁盘的信息仍可保持不丢失;磁盘条带化(Disks Striping)是指将若干个物理磁盘作为一个逻辑磁盘,在读写数据时,将它们分散到各个物理磁盘上。一旦一个磁盘出了问题,用其他磁盘的数据仍可以恢复数据。

(3) 远程服务。Windows XP 提供远程访问服务(Remote Access Server,RAS)功能。应用此功能,用户可以在远程通过一台笔记本计算机经由网线连接到服务器,使用服务器上的资源,或者在远程控制服务器。

(4) WEB 服务器功能。为了让服务器作为 WEB 服务器使用,网络操作系统还需要提供 WEB 功能。例如在 Windows XP 上有互联网信息服务(Internet Information Service,IIS)功能,一台安装了 Windows XP 操作系统的服务器就可以作为 WWW 服务器使用。

5.2.4 大型机操作系统

大型机上的操作系统以 IBM 的大型机上操作系统为典型代表。这种操作系统的发展经过了几代更新。最早的操作系统是 S/360 机器上开发的 OS/360,到 20 世纪 80 年代发展为 S/370 机器上的多虚存/企业系统体系结构操作系统(MVS/ESA)。到 1990 年,IBM 发布了它的新版本 ESA/390 操作系统,其后,又不断推出它的新版本,使得它可以与 UNIX 兼容,成为一个开放式的操作系统。

传统上,大型机上的操作系统不能与基于 UNIX 的系统相互操作,是一个封闭性的系统。但是 ESA/390 操作系统上可以具有互操作性,可移植性。不同厂商的软件产品可以同时在这种操作系统上工作,用户可以将他们所熟悉的环境移植到大型机系统上,因此熟悉 UNIX,MVS 和 VM 的语言环境的用户都可以方便地使用大型机上的操作系统。

5.2.5 移动设备操作系统

早期的移动设备是掌上电脑(Personae Digitat Assistant,PDA),代表性的操作系统是微软推出的 Windows Mobile 系统。Windows Mobile 与计算机的 Windows 操作系统有着高度的相似性。Windows Mobile 上的软件开发,不仅使用与桌面 Windows 操作系统一样的软件编程语言(如 Visual Basic,Visual C++等),甚至连底层 API 也有许多接口高度一致。后来微软还推出了 Windows Phone 操作系统。曾经有着较高流行度的系统还有塞班(Symbian)、WebOS 和根据 Linux 修改而来的一些系统(如 MeeGo)。

目前智能手机操作系统主要是 iOS(苹果)和安卓(Android)两种。iOS 是苹果公司开发的移动设备专用操作系统,最初是为 iPhone 专门定制的系统,后来将其移植到其他移动设备上,如 iPad 和 iPod touch 等,并将其命名为 iOS。与 iOS 不同,安卓(Android)则是一个开放平台的操作系统。Android 公司成立于 2003 年,后被谷歌收购。谷歌联合了许多硬件制造商、软件开发商及电信营运商成立了开放手持设备联盟(Open Handset Alliance，OHA)来共同开发和改良安卓，并以免费开放源代码许可证的授权方式，发布了安卓的源代码。这两项措施大大加快了安卓的发展，2010年年末，推出仅两年的安卓在市场占有率上已超过了诺基亚的Symbian系统，成为全球第一大智能手机操作系统。2017年时安卓的市场占有率达到移动设备操作系统的70%以上。安卓系统不仅用于智能手机，也被广泛用于可穿戴式设备、智能电视以及智能汽车上。

5.3 计算机设备选型

5.3.1 计算机选型时的考虑因素

在计算机选型时，需要从整体的角度来考虑系统的效益。一个企业的信息系统一般由若干台服务器作为主机，用大量微机作为用户终端。尽管用户们都希望个人使用的微机功能越先进越好，但由于计算机技术发展得很快，当时先进的微机也很快会过时。所以应在企业整体的IT发展规划下考虑和选择具有合理性能/价格比的机型。另外，企业的信息基础架构正在转向云计算时代，需要更多地从网络和企业云的角度来考虑。在选择微机时对部件参数应考虑的事项如表5.1所示。

表5.1 对微机的选型

部件	考虑因素
处理器和主板	处理器型号和主频率，是否具备并行处理功能，最大处理器数量
内部存储器	内存容量，可扩充的最大容量
硬磁盘	硬盘容量，硬盘数，数据接口类型
显示器	屏幕尺寸，分辨率，精细度，扫描方式
扩张插槽	数目，网络接口卡速率
多媒体	光驱速度，读写格式，声卡，图像解压方式
安全功能	防病毒软件，电源锁，指纹识别或其他安全防范设施

从信息系统整体性能来看，决定系统性能的重要因素是服务器，而服务器的信息处理需求是各个客户端的微机提交的，也受到所处理具体业务的复杂性的影响，所以应根据实际的业务部门的信息处理需求，来估计客户端提交的数据处理量以及所需要的主机处理能力。下面是一些应当考虑到的问题：

（1）客户端的数量。随着客户端数量的增加，对主机的作业处理能力的要求必然增加。如果用户数目不超过25人，选用工作组服务器就可以了，当用户数目在30～100人之间时，可采用部门级服务器。如果用户超过数百人时，应采用企业级服务器，或者考虑采用大型机作为主机。

（2）服务器所执行的任务性质。例如，仅仅用于办公事务处理，服务器主要的任务是提供文件存储和打印文件，这对服务器来说负荷较轻。如果是电子商务应用，则从网络流入的作业请求量就可能很大。在以图像、音频和视频为主的业务中，数据传送量会远远大于以文档为主的业务。这时，CPU速度是次要因素，但必须优先考虑磁盘子系统和网络输入输出接口的性能。

（3）对于处理应答时间的要求。一般来说，处理时间当然越快越好。但是，限于各方面条件的限制，服务器的处理能力还是以满足需求为标准。在考虑作为WWW服务器时，应答时间往往是一个重要的指标。

（4）如果作为应用服务器（如ERP服务器），对主机处理能力的要求就会大大提高。因为在这类系统中，各个部门的应用程序大部分都是在服务器中运行，通常要运行大量频繁访问磁盘的数据库应用程序，能够对大量用户的并发操作做出快速响应而不会崩溃。对这类应用可考虑采用多CPU或采用集群技术来提高处理能力，还可以考虑采用更大的内存和更高性能的磁盘，以加速用户程序的运行处理速度。

（5）对于数据安全性的考虑。如果服务器中存储的是重要的数据，或者其应用程序是关键性或重要的应用，那么必须将保证安全性的措施考虑在内。容错、冗余以及维护都应当列入优先考虑的范围。现在一些专用服务器是为减少故障而设计的，并且具有固有的容错特性，用户可以根据需求来选择合适的产品。这部分在整个服务器费用中占有相当的比例。

5.3.2 操作系统的选择

操作系统的选择影响到信息系统的整体性能和用户的使用效率。目前软件产业界尚无统一的标准，各种操作系统都在竞争中发展。虽然微软的操作系统一枝独秀，但苹果和Linux系统也有后来居上的趋势。在规划企业信息系统的软件平台时，究竟应当如何选用操作系统？用户往往感到困惑。这里提出几条应当考虑的基本决策原则：

（1）考虑操作系统不断升级的特点。从微软的操作系统发展历史可以看出，近20年来，大约每两年微软就会推出一个新的操作系统升级版本。最终用户必须充分考虑这种不断升级的性质,适时地选用新的操作系统。一般来说,升级后的操作系统应当保证以往版本的应用软件正常工作。但是由于员工对新系统不熟悉,或者其中功能的改变等,对于其上的应用系统还是有影响的。另外,一个企业的信息系统通常包括大量微机,这些机器上所有操作系统的升级费用,对企业来说也是不可轻视的一项支出。

(2) 根据应用的需要决定操作系统。尽管 Windows 的图形用户界面是对用户友好的,但有时仍需要保持老版本的用户界面。这种情况有时是考虑资源,因为字符界面不需要大量的内存用作图形显示,浪费资源较少;有时则是出于历史的原因,需要保持以往的数据资源或者用户的使用习惯;还有的是出于业务的考虑,例如在某些银行业务中仍保持字符界面,以保证业务与普通用户相隔离。

(3) 根据用户决定操作系统。面向最终用户的业务往往要求配有良好的中文界面,而合资企业所使用的操作系统就需要至少能够在两国语言上切换。

(4) 考虑整体性能。在金融业、商业等行业通常需要进行大量数据的实时处理,在信息系统规划和设计时就应当考虑到选用适当的操作系统。选择适当的操作系统可以充分发挥出硬件资源的性能。例如在异构系统中,如采用 UNIX,就可以较容易地进行开放系统互联。

智能手机操作系统的比较

在选择移动设备时,对智能手机操作系统的选择也需要考虑很多事项。下面就以 iOS(苹果)和安卓(Android)两种操作系统为例来分析一下。

iOS 是苹果公司自行开发的操作系统。iOS 上的应用使用 Objective-C 开发,这是一种 C 语言的衍生语言,但它同时又有着面向对象程序语言的优点。这种语言开发的程序在 iOS 上运行效率相对而言比较高,它只需要一个运行库,而不像其他面向对象语言(比如 Java)那样需要再运行在一个虚拟机上。由于 iOS 系统只能用于苹果公司的设备,其硬件兼容性是一个必须考虑的问题。

iOS 上自带许多创新的应用,如智能语音助理 Siri。Siri 支持广泛的用户命令,包括给联系簿上的人打电话、安排活动与提醒、处理设备的设置、在互联网上搜索,并且能够使用 iOS 的内置应用进行区域导航等。这些都是可以为企业信息系统所用的功能。

iOS 的安全性较好,其上的 APP 有独立存储空间,APP 之间不能相互通信。另外,在密码验证上,除了传统的密码和九宫格验证,它还率先支持了指纹验证和面部识别验证,大大方便了用户的权限验证。

但是 iOS 只能在苹果公司的设备上运行,文件传输需要通过 iTunes 管理软件,App 只能通过苹果公司的 App Store 进行下载,App Store 对所有 App 进行审核且有下架某款应用的权力,且会从软件收益抽成。

安卓的主要特点在于其开源性。安卓系统具有更为广泛的兼容性。厂家可以通过修改安卓系统的源代码,以定制更为个性化的系统,赋予全新的功能,或是特别定制的界面。比如小米的 MIUI,华为的 EMUI,便是厂家对安卓进行二次开发的产品。安卓上的应用一般使用 Java 开发,并且支持 C++,Kotlin,Python 等开发语言。这使得 Java 的开发人员可以快速上手开发安卓应用,其他语言的开发者也可以找到适合自己的开发语言。

安卓有着类似于 Linux 目录结构的文件系统。App 可以相互调用,也可以读取和写入文件系统中的任何文件。这使得文件在 App 之间可以相互共享,也更符合计算机操作系统用户的使用习惯。

安卓上的 App 安装更加自由,用户不仅可以从 Google Play 上下载 App,也可以从手机厂家的商店,甚至从网上下载的 apk 安装包下载应用。内购付费一般不需要额外抽成给 Google,所以其价格一般比 iOS 更为便宜。

但是安卓有开放平台固有的缺点,如权限管理宽松,安全隐患较多。Java 对硬件资源的要求较高,不同版本对不同硬件可能存在性能问题或兼容性问题以及付费软件容易被盗版等。

5.3.3 选型方法

常用的计算机选型方法有:通过征集计算机方案、通过招标、通过基准程序测试等。一种常用的方法是通过征集计算机方案选择。这种方法首先选择一些计算机厂商或系统集成商作为候补,要求他们根据本组织的需求说明书提出系统方案,然后对各方案进行综合评价,选出少数方案,最后经过技术谈判决定。

计分法(Scoring Model)是一种快速、实用的决策方法。这种方法先确定若干选型时必须考虑的要素,并且分别赋予它们不同的权重。在此基础上,对各方案的每个要素进行评分,最后进行总计,得到每个方案的综合分。在此基础上做最后决策。例如在表 5.2 中,考虑 AS400,UNIX,Windows XP 3 种方案,决策者提出了 5 个主要考虑因素(这些因素可以进一步分解为若干更细的量化因素),并赋予不同的权重。

表 5.2 对系统软件的评价比较

评分因素	权重	AS400	UNIX	Windows XP
符合用户需求	0.4	2	3	4
初期投资成本	0.2	1	3	4
长期花销	0.1	1	3	4
维护方便性	0.1	2	3	4
成功概率	0.2	3	4	4
总计得分	1.0	1.9	3.2	4.0

5.4 计算机系统架构

计算机系统架构不仅包括对计算机、输入输出设备、辅助存储器和通信设备等的选型,也关系到如何配置这些设备,选用何种系统软件和应用软件,以求得与业务流程最佳匹配。合理的系统架构可以保证用户以较低的成本获得较高的整体信息处理效率,更适合企业特定的业务需求。

5.4.1 主机中心架构

主机中心架构通常用主机作为服务器,再接上许多终端,构成一个树形结构。在主机中心架构中,所有的程序,包括用户自制的应用软件、数据库管理系统、通信软件等都在主机上运行,所有的数据也都存储在主机上。用户通过本地或远程终端来访问和使用主机上的资源。由于主机的工作负荷量很大,因此必须给它配上大容量的磁盘以及作为备份用的磁带机和高速打印机等,如图 5.2 所示。

从数据存储的角度来看,主机中心架构将企业各处发生的数据全部集中在一处,即中央数据库中,根据不同用户发来的请求进行加工处理。由于数据集中,提高了计算机设备的利用效率。主机中心架构的另一个优点是可以对数据存储设备集中管理,对信息系统的整体控制和管理比较容易,容易保证数据的安全性和一致性。一般来说这种架构适合数据处理量比较大的大型企业。

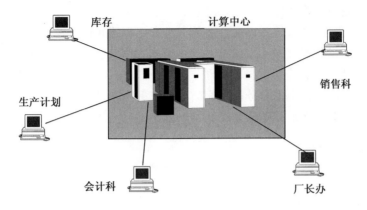

图 5.2　主机中心架构

主机中心架构的主要问题在于：
(1) 系统的灵活性差，系统的变更、改进比较麻烦。
(2) 对主机依赖过强，一旦主机有故障就会影响全体用户。
(3) 用户缺乏自主性，例如用户个人文件的存取等不方便。
(4) 信息系统的成本和维护费用较高。对计算中心机房的条件要求苛刻，专业人员的培训和人工费用也比较昂贵。

有些大型企业需要集中式控制方式，有的企业需要强有力的联机实时处理，这些都需要采用主机作为主要处理工具，来保证实际的处理需要。从成本来看，虽然主机自身成本较高，但使用成本是否高却取决于实际情况。一些例子说明，对于数据处理十分集中的企业、单位（如银行、航空公司订票处）来说，主机中心架构的成本反而是比较低的。

5.4.2　客户机/服务器架构

在使用微机局域网构成的信息系统中，一种普遍被采用的架构是客户机/服务器(Client/Server,C/S)架构。在 C/S 架构中，网络中的计算机被分成两个部分：客户机和服务器。客户机是由功能一般的微机来担任，它可以使用服务器中的资源；服务器可以是微机服务器或工作站型计算机，也可以是一台小型机或主机。将两个部分连接起来的是计算机的软件：客户机中有应用软件提供的用户界面、本地数据库、电子表格等。一般的用户只和客户机打交道，而不必考虑对服务器的操作。对于用户的请求，如果客户机能够满足就直接给出结果,反之则交给服务器去处理,如图 5.3 所示。例如,客户机可以调用存放在服务器上的公用数据,服务器对这些数据进行相应的处理后返还给客户机。

客户机/服务器模式不仅仅是硬件的分布,同时也是软件的分布。采用客户机/服务器模式的信息系统软件也分成两个部分:客户机只执行本地前端应用,对数据库的操作交由服务器方完成。这种工作方式可以合理均衡事务数据的处理量,更好地保证数据的完整性和一致性。

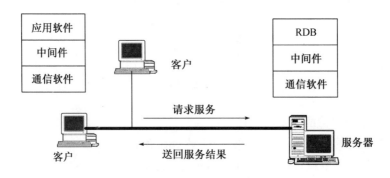

图 5.3 客户机/服务器架构

在一个信息系统中,可以根据特定的需要使用多台服务器,并分别将它们用于不同的目的。从服务器的作用上来区分,服务器可分为应用服务器、打印服务器、数据库服务器、WEB 服务器、网络管理服务器和专用服务器(如电子邮件服务器、数据采集服务器)等。

客户机与服务器的连接部分是客户机/服务器架构的一个重要部分,连接部分包括硬件和软件。硬件包括网络的通信设备、电缆、网卡、通信接口等,软件则包括网络协议和应用软件之间的接口。对于一个客户机/服务器应用系统来说,客户机与服务器的连接需要底层通信过程软件的支持,这种软件被称为连接件或中间件(Middle Ware)。对于应用软件开发人员来说,客户机与服务器之间的中间件还包括所选择的软件工具和编程函数。以前,大多数客户机应用程序都是为服务器上的某种数据库专门编写的,需要各种服务器都安装已定义好的一套连接机构,这样的系统不能支持其他各种服务器软件。后来出现了专门连接各种客户机与服务器的标准接口软件,例如微软公司的开放数据库连接(Open Database Connectivity,ODBC)就是一种被广泛采用的数据访问中间件标准。

客户机/服务器模式减少了对硬件的要求,既保留了计算机系统的现有投资,又能较为容易地转换为更新的系统。客户机/服务器还集中了大型主机系统和文件服务器网络系统的许多优点,具有较好的系统开放性和易扩展性,同时发挥了计算机和网络的功能。

5.4.3 浏览器/服务器架构

随着互联网应用的普及,许多企业级的客户机/服务器软件包升级到浏览器/服务器(Browser/Server,B/S)架构。在 B/S 架构中,用户工作界面使用 WWW 浏览器,极少部分业务处理在前端(Browser)完成,而主要的业务处理都是在服务器端(Server)处理,形成所谓三层架构。这样就减轻了客户端的处理负荷,减少了系统维护与升级的成本和工作量,降低了系统的总体成本(Total Cost Owership,TCO)。由于浏览器有便于使用、界面统一的优势,这种架构的软件很快普及,成为企业级信息系统软件的主流。

在微机局域网的 C/S 架构升级到 B/S 架构也是经常采用的一种策略。这样可以使用户更加方便地使用信息系统,并且能够以不同的接入方式(如 LAN,WAN,Internet/Intranet 等)访问和操作公用数据库;它还能有效地保护数据平台和管理访问权限,服务器数据库也很安全。特别是在 Java 这样的跨平台语言出现之后,B/S 架构管理软件更为普及。随着浏览器与服务器模式安全性的提高和网络带宽的不断提升,这种架构代表了信息系统的发展方向。三层基本架构的一个多维度的总结对比,如表 5.3 所示。

表 5.3 信息基础设施架构的对比

主导技术	以大型机为主的主机中心架构	以微型计算机和服务器为主的 C/S 架构	以浏览器和 WEB 服务器为主的 B/S 架构
IT 特征	集中化	小型化	网络化
IT 的主要作用	手工工作的自动化	提高个人的工作效率	创造组织的竞争能力
典型的用户	IT 部门	组织中熟悉信息技术的员工	所有员工
使用地点	计算中心	办公桌上	无处不在的计算
评估标准	节省的人力	多方面的内部价值	跨组织的协作价值

5.5 云 计 算

5.5.1 虚拟化技术

"云"的概念最早可追溯到20世纪80年代IT界流行的"网络就是计算机"(The Network is the computer),经过多年的发展成为今日的云计算。在计算机网络化之后,企业不仅需要处理持续产生的数量庞大而且实时性要求高的数据,而且还必须满足日益增长的用户对计算能力的需求。随着信息化的进展,早期购置的计算机即使是当时很先进的大型机都已经无法满足日益增长的计算需求。企业在遇到计算能力或存储空间不足的问题时,往往通过购置新的服务器等设备来解决,这也使得企业的服务器不断增加,系统架构向分布式的方向发展。然而从系统运维和管理的角度来看,添置更多的设备往往意味着更高的维护成本和管理效率的降低。虚拟化技术的出现就是对应这种矛盾的解决方案。虚拟化使得企业的软硬件分离成为可能。虚拟化技术将以往集中的计算资源和存储资源进行硬件层面的切分,为企业提供了一种更为灵活的计算环境。

所谓虚拟化,是指把一台或若干台物理机(组)分割成多个逻辑单元,分割后的每个逻辑单元在相应的软件系统支持下,可以在其上运行单独的操作系统和应用软件,有些还有着单独的域名、IP地址,可以作为完整的互联网服务器使用。这种用虚拟化技术分割的逻辑单元称为虚拟主机(Virtual Hosting)。虚拟化技术的关键在于,尽管在物理资源层面,虚拟主机共享相同的硬件资源,但是在操作系统层面,它们却是独立的。从用户的角度来看就像有若干独立的服务器,在其上运行的应用之间互不干扰。

如图5.4所示,虚拟化技术是在传统的硬件和操作系统(OS)之间添加了虚拟机(Virtual Machine, VM)这一环境。虚拟机通过软件模拟底层的硬件指令,为安装在其上的操作系统提供硬件支持。它往往可以提供灵活的开启、关闭、快照等硬件功能,在使用上比传统方式更为灵活。运行在其上的操作系统有时还可以被保存为文件备份(常称镜像),可以被拷贝到其他硬件环境上使用。

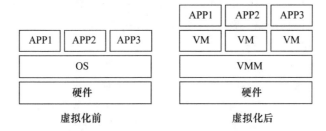

图 5.4　应用虚拟化技术前后的对比

需要注意的是，广义的虚拟机的概念不仅包括这种通过分割硬件资源以供多个独立的操作系统使用的、可以运行完整操作系统的系统平台，也包括运行在某个操作系统上，转换某种程序或进程指令集的模拟环境（如 Java 虚拟机）。

另外，运用先进的虚拟化技术，还可以将多个虚拟机交由一个统一的虚拟机监控器（Virtual Machine Monitor，VMM）来进行管理，并使用它来统一创建和监控虚拟机。VMM 不仅可以获知虚拟机的当前运行状态，确保虚拟机工作的正常和可靠，还可以动态地分配和分割硬件资源，通过硬件资源的优化配置，更为有效地提高资源的利用率。这样，通过虚拟机监控器，就可以对多台物理机的硬件资源进行整合合并，实现跨虚拟机的计算性能提供和资源优化。

5.5.2　云计算

在互联网发展的早期，人们常使用一个云的图标来指代一个企业网络系统或互联网。以后人们就借鉴自然界中的云和水滴之间的循环关系，将单机看作一粒水滴，而将连接单机的网络系统看作是一个计算环境的整体，即由"水滴"组成的"云"。随着互联网技术的发展，网络速度不断提升，各种支撑云计算的新技术如虚拟化、热备份冗余、负载均衡等都得到不断完善，云计算也逐渐从理想走向了现实，逐渐发展为网络系统所能提供给客户端的各种资源和服务的代名词。如果"云"提供的是计算能力，我们便将这种"云"称为"云计算（Cloud Computing）"，如果"云"提供的是存储资源，我们便将这种"云"称为"云存储（Cloud Storage）"，如果"云"提供的是一种或多种服务，我们便将这种"云"称为"云服务（Cloud Service）"。

美国国家标准与技术研究院（National Institute of Standards and Technology，NIST）曾给出这样一个定义：云计算是一种按使用量付费的模式，这种模式可按照用户需求提供随时可用的、便捷的网络访问,进入可配置的计算资源共享池(资源包括网络、服务器、存储、应用软件、服务等),这些资源只需投入很少的管理工作,或与服务供应商进行很少的交互,就可以快速地提供给用户。

根据这一定义可知,云计算一般具有如下特性:

(1) 高扩展性。"云"具有相当的规模,即使是一个企业的私有云,一般也包含了成百上千台服务器;而如果是面向社会公共需求的公有云,其底层服务器数可达数十万台。因此对于服务的使用方来说,"云"带来的基本上是近乎无限的扩展潜力。当服务的使用量上升时,并不会面临资源不足而带来的扩容瓶颈。

(2) 高便利性和高可靠性。"云"的存在,为使用者提供了高便利和高可靠的基础设施。用户无须自己维护各类底层硬件,也无须了解其中的技术细节,更无须在乎云所在的地理位置,便可通过终端使用"云"提供的资源和服务。"云"往往被看作是十分可靠的计算环境,能够提供稳定的资源和服务。云存储中保存的数据不会出错,也不会丢失。

(3) 按需购买、性价比高。对于"云"的用户来说,"云"提供了一种高效使用资源和服务的方式。用户可以根据实际情况调节自己的应用或服务所需的配额。"云"的规模化管理大大减少了其管理和维护的费用,用户的开销也大大降低。

(4) 外部性。需要注意的是,云计算的底层硬件资源和软件环境都是由云计算服务商,也就是某家公司提供的,这也就意味着运行在这些"云"上的应用和服务对服务商而言是开放的。而这可能会带来意想不到的风险,如客户隐私或数据的泄露。同时,也存在着如底层服务故障、用户和服务商产生商业纠纷、"云"的提供商倒闭或无法继续提供服务等风险。

在应用上,云计算有如下几种常见类型:

(1) 从服务模式维度可分为:

① 软件即服务(Software as a Service,SaaS)。云服务商提供的是某种软件应用程序的服务。用户并不需要有独立的操作系统、硬件或运行的网络基础架构。软件供应商以租赁而不是一次性购买的方式向用户提供各种服务。比较常见的使用形式是提供一组账号密码,用户只要在线登录就可以使用远程服务。例如我们在后面章节中介绍的客户关系管理软件,现在许多厂商如 Salesforce 主要通过互联网给企业用户提供相应的应用服务。

② 平台即服务(Platform as a Service,PaaS)。云服务商提供的是运行某

一类软件应用的平台,即运行该类程序需要用到的环境和基础架构。用户只使用该平台(也拥有主机的部分掌控权),但并不掌控操作系统、硬件或运作的网络基础架构。例如谷歌的云计算平台(Google App Engine)属于这一类。

③ 基础设施即服务(Infrastructure as a Service,IaaS)。云服务商提供的是基础资源或能力,如处理能力、存储空间、网络组件或中间件。用户能掌控操作系统、存储空间、已部署的应用程序及网络组件(如防火墙、负载平衡器等),但并不掌控云的底层硬件。一些大的云服务商如阿里云、亚马逊的 AWS 等都提供这类服务。

(2) 从云的部署可以分为:

① 公有云。公有云(Public Cloud)一般是指通过互联网开放给用户使用的云服务。公有云往往根据用户的付费,为用户提供对应的服务能力,并且使用权限控制机制保证每个用户只能操作属于自己的云资源。

② 私有云。私有云(Private Cloud)指的是底层硬件、应用程序和相关数据都留在组织内部管理的云,一般由用户或其组织内部关系者自行搭建。与开放式的公有云相比,私有云一般具有排他性,可以完全地利用云内的所有资源。此外,私有云服务让用户能够选择更加适合应用的云基础架构,并在网络带宽、数据保密性方面具有优势。

③ 社区云。社区云(Community Cloud)由一些利益相关的组织来掌控及使用,例如它们有特定的安全要求、共同的应用需求等。由社区成员共同来使用云计算所提供的服务和资源。

④ 混合云。混合云(Hybrid Cloud)是公有云和私有云的结合。用户往往会将需要迁移到云上的应用和数据,按照关键程度进行分级,将重要程度比较低的边缘服务放在公有云上处理,在私有云上存储企业的关键服务及数据。

由于云计算具有的特殊优势,加上互联网通信能力不断提升,人们普遍认为:计算机的"算力"将像电力的发展一样,成为一种随处可得、随时可用的能源。云计算的发展需要有社会的资源投入,得到政府的大力支持和推广。现在,云计算的应用已经在政务、工业、金融、交通等许多行业得到广泛应用,许多中小企业纷纷把它们的企业管理软件移植到云计算服务商的公有云上,而大企业也将自己企业中的大量服务器整合为企业私有云。据研究,近年来我国公有云市场保持 50% 以上的增速,私有云市场也保持着稳定增长。以阿里云、腾讯云、百度、华为等为代表的厂商也正在大力拓展国内和海外市场,并与亚马逊的 AWS、微软云等国际厂商展开竞争。

第5章重要概念

摩尔定律,微型计算机,服务器,工作站,主机,主机中心架构,操作系统,网络操作系统,iOS,安卓,客户机/服务器架构,浏览器/服务器架构,虚拟主机,云计算,公有云,私有云,社区云,混合云

第5章复习题

1. 说明表示一台微型计算机性能的主要参数及其意义。
2. 服务器和微机主要有什么区别?
3. 大型机适合用来做哪一类信息处理工作?
4. 微机、工作站上的操作系统有几种主要的类型?
5. 使用 Linux 这样的开放源代码的共享软件的利弊是什么?可参照 Linux 网站 www.linux.org 获得更多信息。
6. 说明网络操作系统中资源共享和保证个人数据安全性是如何实现的。
7. 智能手机操作系统的特点是什么?
8. 什么是客户机/服务器架构?
9. 什么是虚拟化技术?
10. 云计算有哪些典型的应用模式?分别适用于什么样的环境?

小组活动课题

调查一个企业信息系统的计算机设备,说明它的系统架构,并讨论为什么该企业采用这样的系统架构。

第 6 章　计算机网络

本章学习目标
(1) 计算机网络的基本类型和工作原理
(2) 计算机网络中主要设备的功能
(3) 局域网协议以及 TCP/IP 协议的概念
(4) 开放系统互连模型
(5) 国际互联网及 WWW 的基本工作原理

计算机网络是企业信息系统的基础设施,现在大多数管理信息系统都是运行在计算机局域网或互联网的平台上,采用客户机/服务器模式或浏览器/服务器模式。本章中首先介绍局域网通信的一些基本概念以及局域网网络工作的原理和基本的构建知识,然后介绍局域网和互联网协议的概念。

6.1　计算机网络的类型

对计算机网络有许多分类法。根据网络覆盖的范围可分为局域网、校园网、企业网、城域网、广域网等。根据应用的方式可分为专用网、通用网、内联网、外联网、国际互联网等。

局域网(Local Area Network,LAN)通常是指数十米至数公里之内的计算机连成的高速(目前为 100～1 000M bps)通信网络。局域网可以是一个办公室内的连接几台至几十台微机网络,也可能是连接一个大楼内数百台微机的网络,甚至是一个企业或一个校园中的通信网络。一个局域网中的计算机可以共享网络中的软、硬件资源,各个用户还可以彼此通信,互相交换信息。

广域网(Wide Area Network,WAN)是指覆盖较大地域范围的网络。一般广域网使用公共通信系统如电话线等设施,覆盖地域可能是一个省、一个国家或跨国。根据通信线路不同,广域网可分为交换线路的和非交换线路的两种。交换线路的广域网是指信息传输时并非只有一条可能的路径,使用哪一条路径是通过报文地址和网络协议动态确定的。非交换线路是指线路是保证用户随时使用的,例如租用线路或专线。前者价格比较便宜,适用于数据传输量不是很大的场合,而后者则正相反。

互联网(Internet)又称因特网,它最早是美国国防部高级研究局(Advanced Research Projects Agency,ARPA)在1969年启动的一个网络科研项目,以后逐渐普及到教育界。20世纪90年代初,互联网在企业界和全社会普及,目前已经成为最广泛使用的大众网络。

6.2 通信的基本概念

6.2.1 信号表现方式

在网络中所传输的信号是如何表示的?常用的信号表现方式有两种:用一定速率的高、低电压来表示的0,1符号串数据称为数字信号(Digital Signal);而用连续变化的电压波幅、频率或相位来表示的信号称为模拟信号(Analog Signal)。数字信号传输速率快,传输设备简单,误码率低,设备维护容易。通常对于自然界的信息(如一张图片)要用某种编码技术将它们转换为数字信号才能传输。数字信号的波形在传送中易变形,根据所用的设备、线路的不同,传输距离一般限制在几十米到数公里以内。为延长传输距离,可以用硬件设备将波形进行整形后再将各段线路连接起来。

模拟信号比较适合于中速和远程的数据传输,通常利用公共线路(如电话线)传送。传输模拟信号时,通过调制解调器(Modem)将数字信号转化为模拟信号后进行传输,在接收端再对模拟信号进行复原处理。将数字信号转化为模拟信号的过程称为调制(Modulation),反之称为解调(Demodulation)。基本的调制方式有三种:调幅、调频和调相。调幅(Amplitude Modulation,AM)是将数字信号调制成正弦载波的振幅,使之成为不同波幅的正弦载波模拟信号。调频(Frequency Modulation,FM)、调相(Phase Modulation,PM)的原理与之相仿,只不过是将数字信号变为不同频率或不同相位的载波模拟信号。

根据信息传输通道中数据的组合方式,可以将数据传输分为并行传输和串行传输两种方式。并行传输一般只用在近距离的数据传输中，每次传输一组数据（例如一个字符或 8 位）。串行传输是在一条线路上传输所有的数据，每一时点仅传输一位，因此必须使发送方和接收方取得同步才能保证正确接收。根据双方的同步关系，串行传输可以分为异步传输和同步传输两种。在每一个字符数据的前面加上起始位"0"，在后面加上校验位和结束位标志"1"，以通知接收方的传输方法称为异步传输（Asynchronous Transmission）。这里异步是指接收方是根据接收到的信号被动地判断所收到的数据是否是一个字符。采用这种方式传送数据，每个字符都要附加起止位，故效率较低，但比较容易实现，成本低。同步传输（Synchronous Transmission）是指发送方先送出一组预设的同步码，对接收方的时钟进行同步，然后以连续方式送出一组数据，最后再以同步码结束。用同步方式传输的数据，先要经过处理，将原始数据分割成一定长度的数据块后再传输。

6.2.2 传输速率和带宽

在计算机局域网中，传输速率和带宽是标志传输介质性能的主要指标。传输速率（Bits Per Second，BPS）以每秒钟可传输的信息量或比特数来衡量。传输介质所能容纳的频率范围称为通信频带宽度，简称带宽（Band Width）。带宽是一个信道可容忍频率的上下限之差，频率范围越大，带宽就越大，其传输容量就越大。

如果传输时使用数字信号，在线路上只传输一路信号，称为基带（Base Band）传输。但是一般通信设备的信息发送速率远比线路的带宽低，不能充分使用线路的容量。宽带（Broad Band）是能够支持宽范围通信频率的传输媒介。它将媒介的总传输能力划分为多个相互独立的带宽信道，每个信道只工作在特定的频率范围，因而宽带可传输多路信号。多路信号传输可以在一条电缆中同时传输图像、语音等信息，现在广泛用在需要传输多媒体信息的网络及互联网信息传送中。

6.3 局域网的物理结构

6.3.1 传输介质

计算机局域网中的物理设备还包括传输介质和网络专用设备。常见的计算机局域网传输介质包括双绞线、同轴电缆和光缆等。

双绞线(Twisted Pair)是两根相互绝缘的塑封铜导线。有屏蔽的双绞线在导线外部覆盖了一层金属丝编制的屏蔽层,无屏蔽双绞线类似通常的电话线。双绞线常用于连接计算机到网络设备端口。过去双绞线支持的传输速率一般在 10Mbps 以下,随着技术的进步,现在已经可以支持数百兆以上的速率。使用双绞线进行数据传输的距离一般在数十米内,由于抵抗外界环境干扰的能力稍差,通常只用于室内短距离间的信号传输。

同轴电缆(Coaxial Cable)类似有线电视用的天线电缆,有较大的通信容量和较强的抗干扰能力,可以方便地连接起数百个节点。同轴电缆的带宽性能可达 100Mbps,此性能与电缆的长度有关,当传输距离超过 1km 时带宽就相应降低。同轴电缆分为粗缆和细缆两种,粗缆的传输速率高于细缆,安装比细缆麻烦,一般用在室外等环境较差的地方。一般的局域网多采用细缆,特别是在总线结构的局域网中,只需要购置若干端接器和网卡设备,就可以将计算机连接成总线结构的局域网。

光缆(Fiber Optic Cable)是一种性能优异的通信媒介,适合传输大量信息。光缆由光导纤维或光纤构成。在一根光缆中有几千根极细的光导纤维,在光缆的两端接有光电转换设备,通常是用发光二极管(Light Emitting Diode, LED)将要传输的数据信号转换为光信号,然后以高速发出。由于光的传输速度极快,光缆的传输速度可达 500~1 000Mbps。光缆重量较同轴电缆轻,抗电磁干扰能力强,同时传输损耗小,一般可以不用中继器整形放大便可传输 10km 以上。如果用大功率激光二极管驱动,可以不用中继器整形传输 100km。但光缆的成本较高。目前光缆一般是作为局域网中的高速主干线,而用同轴电缆或双绞线连接到终端节点。例如在一个校园网中,可以用光缆作为各大楼之间和大楼内部的连接主干线,而在办公室内则用双绞线连接到各台计算机。三种基本的传输介质——双绞线、同轴电缆和光缆的对比如表 6.1 所示。

表 6.1 传输介质对比

特征/介质	传输方式	传输率/Mbps	传输范围/km	可连接节点数
双绞线	数字、模拟	10	<0.1	数十
基带同轴电缆	数字	10~100	<10	数百
宽带同轴电缆	数字	300	<1	数十
	模拟(多通道)	20	<100	数千
	模拟(单通道)	50	<1	数十
光缆	数字	>1 000	>10	数百

无线电波也可以作为传输信号的媒介,典型的应用包括蓝牙、无线相容性认证(Wi-Fi),无线局域网等。

蓝牙(Blue Tooth):这种技术的有效范围只有 10m 左右,并且传输速率只有 1Mbps,用于低速设备的信号传送,如室内音频信号。再一个缺点就是比较容易受干扰。它工作在 2.45GHz 频率上,在这个范围内存在大量电磁干扰,比如显示器辐射、警用无线电等。

Wi-Fi(Wireless Fidelity):Wi-Fi 全称为无线相容性认证,与蓝牙同属于在办公室和家庭中使用的短距离无线技术。Wi-Fi 可以为最多 15 个用户提供长达 50~100m 的无线连接能力。Wi-Fi 也称为热点接入(Hotspot Access)技术,很多酒店、机场以及大型商场都提供这种连接服务,让顾客可以方便地通信。Wi-Fi 技术也是目前最常用的无线通信技术,Wi-Fi 技术特点是使用 2.4G UHF 或 5G SHF ISM 射频频段,用于 IEEE 802.11 标准(基于 CSMA/CD 方式的无线局域网标准)的无线设备之间的通信。应用蓝牙技术的国际组织称为 Wi-Fi 联盟(Wi-Fi Alliance)。

另外,还有一些无线通信服务如 GPRS,Zigbee 等等。GPRS 即通用无线分组服务,它属于 2.5GHz 的产物。GPRS 网络可以提供 64~144kbps 的速率,用户可以用手机、PDA 或者带 GPRS 卡的笔记本计算机接入 GPRS 网络。Zigbee 是基于 IEEE802.15.4 标准的低频无线网络,其具有近距离、低速率、低成本、高容量的特征,常用于楼宇自动化中。

6.3.2 网络连接设备

局域网的连接设备包括网络适配器、调制解调器、集线器以及交换机等,在构建企业局域网时,要根据业务的性质、数据处理的要求和网络的规模等来选用。

网卡(Network Interface Card,NIC)是最常见的网络适配器。计算机通过网卡来监测网络的状态,接收网络的信号。网卡还负责计算机和网络之间的信号转换。常见的网卡包括适合于台式机使用的印刷电路板式的网卡以及适合于笔记本计算机使用的卡片型网卡。网卡上一般有微处理器、控制设备、编码和解码电路、只读存储器(Read Only Memory,ROM)、随机存取存储器(Random Access Memory,RAM)以及用来设定各种接口参数的手工开关等。在网卡上还有生产厂商按照以太网协议设置的 48 位物理地址(MAC 地址)。

调制解调器(Modem)常用于计算机与公用通信电路的连接,使得计算机与远程的计算机网络相连接。调制解调器的原理是将计算机的数字信号转换为模拟信号,利用公共电话线将信号传送到服务器上,或者将从公共电话线上得到的模拟信号转换为相应的数字信号。过去在使用调制解调器时,先要拨号进入使用公共电话通信电路的联机状态,然后才能传输数据。先进的调制解调器可以自动连接和处理信号传送,即在对方接到信号或发完信号后自动切断电路,在线路忙时自动重拨等功能。

集线器(Hub)是一个具有多个连接端口的连接设备,每个端口可接一个节点(即计算机或其他终端设备)。当集线器工作时,从任何一个节点发出的信息送到集线器的一个端口后便发送到所有其他端口,这就使得所有网络上的节点都可以检测到通信介质上出现的信息,但只有符合数据包地址的节点才会真正接收该信息。智能化集线器是指该集线器上配有网络管理软件,可以给管理人员提供网络管理的信息,例如通过集线器的各个端口的数据包数目、类型和错误状况等,从而可以决定对各个端口进行的接通、配置、断开等操作。

交换机(Switch)是用来连接多网段和中等规模以上的局域网的一种网络连接设备。交换机可以建立端口和计算机 MAC 地址之间的对应关系,因此可以同时进行多路数据包的传送,减少各端口之间的相互影响以及地址冲突,隔离广播风暴,增加网络的数据吞吐量。交换机也可以用于不同速率的局域网网段,可以根据具体需要灵活地进行网络配置,让各个连接到它的局域网网段使用不同速率的端口,也可以让它们共用某个端口,因而可以有效地提高网络的利用率。各种连接设备的总结如表 6.2 所示:

表 6.2 连接设备的功能与特点

设备	连接功能	特点
网络适配器	一台计算机和网络连接,直接连接局域网	100～1 000M
调制解调器	一台计算机和网络连接,经由公用通信线路	价格便宜,低速
集线器	多台计算机与网络连接	连接数十台计算机
交换机	多台计算机与网络连接	连接数百台计算机,可用于不同速率的网段

6.3.3 局域网的拓扑结构和访问控制

局域网中节点的不同连接方式构成了网络的不同布局,其逻辑结构又称为拓扑(Topology)结构,网络拓扑既与节点间的物理连接有关,又与节点间的通信方式和处理冲突的方式有关。

1. 星型结构(Star Configuration)

星型结构的网络有一个中央节点,它与所有其他节点直接相连。目前的这种结构中,星型结构一般用集线器或用交换机作为中央节点,所有计算机都通过双绞线与它连接,如图6.1所示。在这种结构中,一台计算机或一个端口的故障不会影响到其他计算机。同时,当网络要扩大规模时,只要将新机器通过双绞线连接到集线器上就可以了。当其长度不够或者层次不够时,可以连接二级集线器进行扩充。星型结构的成本较低,扩张、改变结构都比较容易实现。这种结构是目前在局域网中广泛采用的方式。

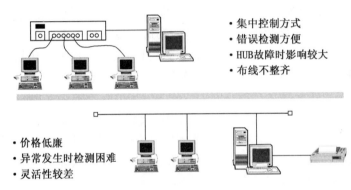

图6.1 星型结构与总线型结构

2. 总线型结构(Bus Configuration)

这种结构中,所有的服务器和工作站都连在一条公共的同轴电缆线上,在同轴电缆的两端有终结器,用来吸收在电缆上流动的信号,而各个节点通过基本网络卡(Bayonet Nut Connector,BNC)的T型接头与电缆相连,如图6.1所示。总线型结构的优点是不用集线器,只用同轴电缆和连接头就可以构成局域网,安装成本较低。但是总线是所有工作站共享的,一旦总线发生故障将会影响到所有用户,使整个网络瘫痪。另外总线型结构的网络不够灵活,一旦根据业务需要改变工作站的物理配置时,就可能比较麻烦。例如想把一个站点从一个地方移到另一个地方,就需要重新设计整个网络。

3. 环型网络(Ring Configuration)

所有的计算机用公共传输电缆组成一个闭环,用令牌传递的方法进行数据访问。令牌环网的物理结构并不像概念图那样有一个环,它常常是由一个多节点访问单元的令牌环网连接集中器来构成的。在多节点访问单元上,每一个节点都有两对双绞线,一对是输出,一对是输入,从而构成一个环。环行结构可靠性高,但当环上节点增多时效率下降。

除了以上这三种结构之外,还有其他一些类型的拓扑结构,如树型、网络型、混合型等。在树型网络中,除了一个根节点以外,其余每一个节点都有一个父节点。例如 IBM SNA 终端网络就是这类网络的一个例子。实际的信息系统网络设计中,可以根据实际需要采用一种混合型结构。例如,可以用总线型-星型结合的方式,用若干个集线器构成两个星型网,再用总线型网将它们连接起来。

以上我们讨论了局域网的物理连接,下面讨论局域网的信号传送方式。在典型的局域网-以太网(Ethernet)中,每一个网络接口设备上都有一个 48bit 的物理地址(MAC 地址),这个地址是唯一的。当一台计算机要和另一台计算机通信时,信息被转换成数据包,并且附有数据信源的地址和数据信宿的地址。网络上每一台计算机都会收到该数据包,并且与自己的地址相比较,如果是发给自己的信息则读入进行转换,这种技术称为地址解析协议(Address Resolution Protocol,ARP)。

在一个网络中,有时会有多个节点同时要求和一个目的节点通信,这种情况下就产生了信道冲突。这类问题就需要用传输介质访问控制(Media Access Control,MAC)技术来解决。常用的传输介质访问控制技术有两种方式:CSMA/CD 和令牌传输方式。

CSMA/CD(Carrier Sense Multiple Access with Collision Detection)方式即载波监听多路访问/冲突检测方式。其工作原理如图 6.2 所示。各个节点在发送信号之前先要侦听线路,只有在线路为空闲时才可以发出信号。最先送出信号的节点占用线路。信号是广播式地被送到所有的节点。此时,如果有其他节点要发送信号就会产生冲突,这时它们必须要等待一段时间再发出信号。这种方法原理简单,比较容易实现,网络工作效率较高。

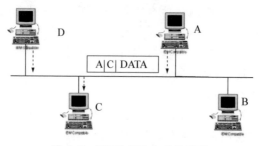

图 6.2　CSMA/CD 方式的原理

令牌传输方式中有两种形式：总线型令牌传输方式和环型令牌传输方式。在网络是以总线结构构成、但又采用令牌传输方式来处理冲突时，称为总线型令牌传输方式。当网络是环型结构时，称为环型令牌传输方式。令牌传输方式的原理如图6.3所示。在网络中，有一个由若干个二进制位构成的信息包即自由令牌在巡回传输。只有拿到这个令牌才有权发出数据。之后，各个节点将检验数据，只有信宿是自己的地址才能接收。接收节点得到数据包后，将数据复制到自己的信息缓冲区中，然后将信宿的标志置为"已接收"，仍旧送到网络上去。原节点得到数据包，确认该数据已经送到D，于是将令牌标志改为"闲"，并送到线路上。

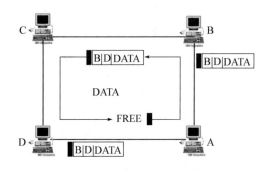

图 6.3　令牌传输方式的原理

当节点所需的通信时间不多时，CSMA/CD方式的效率较高，当节点数目增多，随着数据的处理要求增加，冲突自然增加，这时等待线路空闲，重复发送数据的情况也增加，网络整体的通信效率随之下降。令牌传输方式工作传输效率比CSMA/CD方式好。当传输需要实时性时，采用这种方式比较好。但这种方式的信号处理方式以及对于系统的故障处理等都比CSMA/CD方式复杂。

6.3.4　局域网协议

网络中很重要的问题是制定有关各方都认可的标准，即网络协议。目前网络中常用的标准包括这样一些国际组织制定的协议，国际电气和电子工程师协会（The Institute of Electrical and Electronics Engineers，IEEE）、国际标准化组织（International Standardization Organization，ISO）、美国国家标准协会

(American National Standards Institute,ANSI)等。

常用的局域网协议一般多采用 IEEE 制定的标准。IEEE 有一些下级委员会,按 CSMA/CD 方式制定标准的委员会称为 IEEE 802.3 委员会,按 CSMA/CD 方式制定的标准称为 IEEE802.3 标准(按令牌总线方式和令牌环方式制定的标准分别称为 802.4 和 802.5 标准)。在 IEEE802.3 标准中,根据网络所使用媒介的不同,又分为使用粗同轴电缆的 10Base-5,使用细同轴电缆的 10Base-2,使用非屏蔽双绞线(Unshielded Twisted Pair,UTP)的 10Base-T 以及使用光纤的 10Base-F 4 个规格。这里的 10 代表传输速率为 10Mbps,Base 代表使用基带传输,后面的数字代表干线的长度为 n 百米,字母代表所用的介质。例如 10Base-T 标准是针对以非屏蔽双绞线为传输介质,采用基带传输、传输速率达到 10Mbps 的以太网而制定的标准,如表 6.3 所示。

表 6.3　IEEE 802.3 标准概要

规格	IEEE 802.3(ISO 8802.3)			
名称和类型	10Base-5 以太网,粗缆	10Base-2 以太网,细缆	1Base-5 星型网	10Base-T 星型以太网
介质存取处理	CSMA/CD			
传输速率	10Mbps	10Mbps	1Mbps	10Mbps
传输和调制方式	基带方式			
传输介质	同轴电缆 50Ω	同轴电缆 50Ω	非屏蔽双绞线	非屏蔽双绞线
拓扑	总线型		星型/总线型	
最大节点间距	2.5km	925m	2.4km	4.0km

由于受到设备性能的限制,早期的标准以太网的速率是 10Mbps。90 年代中期以后,出现了 100Mbps 的高速以太网。后来又出现了更快的千兆位以太网(Gigabit Ethernet)和万兆以太网(10Gbps)。

100Mbps 以太网又称高速以太网(Fast Ethernet),是 10Base-T 的标准扩展,它们一般采用同样的星型网络拓扑结构,使用非屏蔽双绞线。同时,高速以太网保留 CSMA/CD 协议,在局域网上,10Base-T 和 100Base-T 站点间进行数据通信时不需要转换协议。这使得 100Base-T 高速以太网可以与过去标准的 10Base-T 网络很好地结合，或者在需要时可升级到高速以太网。一些网络接口设备既可以用于 10Base-T，又可以用于 100Base-T，为用户提供了方便，是一个以较低成本进行网络升级的方案。

  光纤分布式数据接口(Fiber Distributed Data Interface，FDDI)是在 1982 年由美国国家标准协会提出的 100Mbps 标准。FDDI 不仅可用在数据通信和局域网相互连接中，还可以在都市网络中使用。FDDI 是一个以 100Mbps 速率工作的令牌传输局域网，它采用逆循环双环结构，为高可靠性提供了冗余保证。FDDI 的连接距离根据所使用的材料而不同，例如使用单模光纤的可以达到 5 000m，环上可以有 500 个工作站，环周长可达 100km。

  近年来，无线局域网(Wireless Local Area Networks，WLAN)越来越多地得到应用。WLAN 即采用无线路由器发射的射频电磁波信号进行通信连接，从而取代了由双绞线或同轴电缆等物理连接构成的局域网络。无线局域网不需要传统的网络传输介质，用户进行信息处理时不再受工作环境和位置的限制，甚至可以在移动过程中进行。现在笔记本电脑内部已集成了 WLAN 适配器，用户只需选择即可与网络的连接。无线局域网的技术进步还使得局域网的通信范围大大拓宽。有线局域网中两个站点的距离，使用铜缆时被限制在 500m 以内。而无线局域网中两个站点间的距离甚至可达到 50km，使得距离数公里的建筑物中的网络可以集成为同一个局域网。

移动通信的发展

  贝尔实验室在 20 世纪 70 年代首先提出了蜂窝网络概念。也就是将网络划分为若干个相邻的小区，因其形状酷似蜂窝而得名。移动设备通过无线电波与蜂窝中的本地天线阵和低功率自动收发器(发射机和接收机)进行通信。收发器从公共频率池分配频道，这些频道在地理上分离的蜂窝中可以重复使用。本地天线通过高带宽光纤与电话网络连接。当移动设备的用户从一个蜂窝移动到另一个蜂窝时，设备就会自动切换到新蜂窝中的频道上。

  在无线网络中，移动设备因其物理位置在不断移动，它与基站(信号塔及无线信号收发设备等)的传送信号可能会频繁地断开并重新连接，也可能在不同基站之间频繁切换。为保证信号高速可靠地传输，人们进行了大量研究，移动 IP、无线传输协议、移动数据库、节能芯片组等新技术不断被研发出来。在应用开发上，为适应无线网络的特点，一般会使用压缩加密、请求合并、数据预取、缓存回写等手段，在通信的收发上使用自适应 QoS 等方法进行网络调度算法的优化。这些支撑移动计算环境的新技术统称为移动计算技术。

摩托罗拉公司首先遵循蜂窝网络的原理制造出了第一台模拟移动电话（俗称大哥大）。20 世纪 90 年代出现了第 2 代移动通信，通信由模拟信号发展到数字信号，主要有欧洲 GSM 和美国的 CDMA 两种行业标准。2000 年后进入 3G 时代，使用的新移动通信技术有 WCDMA、CDMA2000、TD-SCDMA 3 种主要标准，其中 TD-SCDMA 是中国推出的标准。这一时期日本的 NTT DOCOMO 公司推出了基于 2.5G 网络的 i-mode 手机，用户用手机可以收发邮件、浏览新闻、听音乐、网上购物等，NTT DOCOMO 公司因此在市场上获得了巨大成功。

到 4G 时代，首先发展起来的是 WiMax，它是基于 IEEE 802.16 标准集的一系列无线通信标准。WiMax 联盟于 2001 年 6 月成立，旨在促进该标准的一致性和互操作性。在同一时期，另一个国际组织 3GPP 推出了 LTE(Long Term Evolution) 标准。3GPP 是由 3G 时代的主流厂商所构成，与 WiMax 联盟相互竞争，在这一时期领先的代表厂商是苹果、三星和其他一些采用安卓系统的厂商。

现在，移动通信的标准正在向 5G 发展。我国的华为公司在 5G 网络技术上取得了领先。新的 5G 标准将使用更高频率的无线电波来实现更高的数据传送速率，为 4G 时代的 40 倍，并使用更宽的通信频道，其带宽为 4G 时代通信标准的 20 倍。下一代移动网络联盟 (Next Generation Mobile Networks Alliance) 定义了 5G 网络的一些基本要求参数。业界普遍认为 5G 通信将在工业物联网、无人驾驶汽车、商用无人机等新领域获得广泛的应用，并为全社会带来突破性的变化。

6.4 互 联 网

6.4.1 OSI 参考模型

在互联网的世界,各种不同类型的计算机或计算机网络之间的互相通信必须要有"共同语言",这就是网络协议(Protocol)。网络协议使得不同种类的机器能够互相解释对方传输过来的信号,辨认网络里的设备,从而保证信息能够被正确地接收以及进行检错纠错等工作。1978 年,国际标准化组织(ISO)拟订了一套标准化的开放系统互联(Open Systems Interconnection,OSI)参考模型,使得不同厂家的网络互联有了一个可依据的标准。

OSI 参考模型是一个对网络中各种通信方式的区分规定。该模型根据数据流的特征,将从物理连接层到应用层的网络互联分为 7 个层次。之所以要进行分层,是因为在计算机网络中的大量数据有着各种各样的意义和特征,它们有时又混同在一起。计算机不会像人那样灵活地进行判断,必须根据事先的规定将各种这些数据按通信层次分开。如果交流的双方是同层次的,就容易判断它们是否可行。如果层次不同,也容易判断当前需要的是什么,或者能否实现这个交流。如果是高层的交流,则需要低层的支持。正如同现实生活中,为了交流某个技术问题,必须要用某种语言或通信工具一样。如果是通过电话的交流,则通话双方只能都使用电话来进行交流,而不能只有一方使用。

按照以上思想,OSI 是一个 7 层网络协议参考模型,如图 6.4 所示,这 7 个层次由低到高分别称为:① 物理层(Physical Layer),② 数据链路层(Data Link Layer),③ 网络层(Network Layer),④ 传输层(Transport Layer),⑤ 会话层(Session Layer),⑥ 表达层(Presentation Layer),⑦ 应用层(Application Layer)。这些通信层之间的关系遵从以下原则:

(1) 层次独立性。每个层次都具有自己独立的功能,因此它只关心其下层所提供的服务,而不必关心其他非相邻层次的功能。

(2) 标准化。各层次有标准接口,使得在构成实际网络系统时可以不必考虑生产厂家等问题,这就带来了实现和维护的方便。

(3) 灵活性。一个层次所对应的实际部件的改变,不会影响其上层或下层。

在保证以上原则的条件下,网络中传输数据按照"同层传输"的形式进行。

在对数据按某种协议进行传输时,通常是对原始数据进行加工,在其头、尾部加上必要的协议信息,然后传输到其下面一层,这样层层下达,直到最低层通过物理线路传到接收一方。接收一方得到信息后,根据协议的规定,将发送方附加上去的信息去除,再向上层传输,一直传到与发送层相同的层次后,就恢复了原始数据。

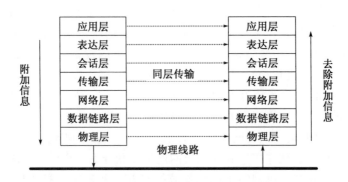

图 6.4　OSI 参考模型的层次和信息传输过程

6.4.2　网络互联设备和工作原理

OSI 参考模型只是一个理想的逻辑概念框架,它的层次结构在实际系统中要通过软、硬件设备来实现。按照 OSI 参考模型来区分,网络系统的产品中,属于传输层以上的标准产品大多是软件,而网络层以下的则以硬件为主。下面是网络互联中经常使用的几种硬件设备和软件。

互联网在物理层进行连接的设备除了前面介绍过的传输介质、调制解调器、集线器、中继器等之外,还包括网桥、路由器和网关。

网桥(Bridge)是用于较低层的网络连接的设备,主要用来连接两个使用同样协议的网络或两个网段。网桥的原理是根据接收到的每一个数据包的源/目的地址进行判断,看它们是否属于同一个局域网,如是则不予通过,否则将它传至另一侧的网络中。网桥根据节点的设备地址来决定如何传输数据包,而不能识别路径或路由的信息。根据其所连接的网络的范围,网桥还可以分为局域网桥(Local Bridge)和远程网桥(Remote Bridge)。

路由器(Router)属于比网桥高一层的网络间连接设备。路由器不仅具有网桥的功能,还具备路由寻址功能。它能够记忆与之关联的其他路由器的名字和地址,同时也能观察网络中的流量情况,灵活决定传输数据的去向。当一台主机发出一个数据包后,该数据包首先被送到最近的一台路由器上,该路由器即对该数据包的目的地址进行解析,按照路由表将数据转发到距离目的地址更近的网络。这种转发策略称为路由选择算法(Routing)。路由器一般具有信号控制功能,可以控制信号的传送,监控、过滤或拦截数据包,提高网络的整体性能。

现在无线路由器已经普及了。无线路由器将宽带网络信号通过天线转发给附近的无线网络设备(笔记本电脑、手机、平板电脑及其他带有 Wi-Fi 功能的设备),其发射的信号覆盖范围一般为半径 50m 到数百米。无线路由器还具有一些自动网络信号控制的功能,一般只能支持 20 个以内的设备在线使用。

网关(Gateway)则是指使用异质的操作系统的网络进行互连时使用的设备。网关不但具有路径选择功能,而且能对传输的不同协议的数据进行转换。例如,用一个网关可以将一个以太网和一个令牌环网连接起来,或者将使用 Novell 操作系统的局域网与使用 Windows NT 操作系统的局域网连接起来,或者将一个局域网与远程广域网上的一台主机连接起来,将局域网上的电子邮件信息转换为主机所能识别的格式。

6.4.3 TCP/IP 协议

互联网上的数据传送遵从 TCP/IP 协议,其全称是传输控制协议/互联网协议(Transmission Control Protocol/Internet Protocol)。TCP/IP 协议开始用在 UNIX 系统中,而现在既可以用它来连接微机局域网,又可以用来连接 UNIX 工作站以及大型主机。因为它兼容许多网络软件,还可以用于远程连接。

TCP/IP 并非只是两个协议,而是一组协议的统称。它包括了 OSI 参考模型的传输层和网络层功能,其中某些协议还包括了 OSI 参考模型中高层协议的功能。TCP/IP 协议中,IP 是位于 OSI 参考模型中网络层的协议,其作用是定义传输时信息的模式,建立传输路径,定义网络地址和主机地址,使传输工作和计算机自身的处理工作相分离。为了正确地进行信息传输,必须要有互联网上公用的地址系统,IP 地址正是为此制定的。一个 IP 地址是一个 32 位的二进制字符串,例如"10100100110100110110110000000010"是一个 IP 地址。IP 地址用来表示某台计算机在互联网上的位置。为容易识别和记忆,可以将一个

IP 地址分成 4 个字节,每个字节用 1 个十进制数表示,并用"."将它们连接起来。这样,上述例子中的 IP 地址就可以表示为 162.105.182.2。

在实际应用中,用十进制数表示的 IP 地址仍不易记忆,于是将 IP 地址映射为容易记忆的英文域名。现在的方法是用程序来实现一个从 IP 地址向域名系统(Domain Name System,DNS)的映射。一个域名由 4 部分的英文缩写组成:

(1) 主机名:是计算机局域网中的服务器名称。

(2) 3 级域名:即主机所在局域网的上级服务器。

(3) 2 级域名:通常是某行业的计算机网络名。从这一名称可以看出用户使用的是什么网络,例如 edu 是教育科研网,com 是商业网等。

(4) 1 级域名(国家或地区名):如 cn 是中国,jp 是日本,而美国则省略该名称。

例如,162.105.182.2 对应着 gsm.pku.edu.cn 就是一所学校的主机。

TCP 协议相当于 OSI 参考模型传输层的协议。TCP 协议对所传输的数据包进行必要的检测,并附加上一些控制信息和识别信息,确保该数据包能够被另一台计算机所理解。TCP 协议的功能是实现数据流控制,在一个数据包传输失败时能自动再传输,保证对方接收数据成功。使用了 TCP 协议软件后,它的上层就不必考虑线路的质量、速度以及对方是否已经收到了数据等。

6.4.4 数据传输技术

在计算机网络中,一般从一个节点到另一个节点之间的数据传输要经过许多次传输才能达到目的。包交换(Packet Switching)就是为此目的而广泛使用的一种信息传输方法。典型的数据包是由地址码、控制码、检错码和数据部分构成。数据包中的数据部分是具有一定长度的数据串(如 1024 位),地址码部分记入接收该数据包的计算机地址,检错码部分根据数据内容记入相应的检错码。在打包时将原始数据分割成规定长度并给各个数据包编号,以便在接收一方得到信息后再重新组成数据。在网络中一台计算机发送信息时,首先要将数据分割成数据包,然后经由网络的逐级传输发送到相应的接收节点,接收节点的计算机将接收到的数据包再还原成原来的形式。

6.5 互联网上的服务

使用互联网技术平台之后,传统的通信方式发生了巨大的变化,世界开始成为一个具有无限连接性能的开放系统。在互联网环境下最常用的应用包括网络浏览器、超文本标识语言(Hyper Text Markup Language,HTML)、文件传输协议(File Transfer Protocol,FTP)等,企业外部网和内部网服务器以及网络管理软件,TCP/IP 协议也是互联网产品和网络安全防火墙必不可少的技术。这些技术的应用正在不断扩大,从早期的网页制作到现在的企业管理软件,企业资源计划等,特别是被广泛用于电子商务和大数据、云计算等。这些技术代表了当前信息系统在开放系统结构的基础上建立客户/服务器架构的技术发展趋势。

6.5.1 浏览器

浏览器的工作原理如图 6.5 所示。一次信息的获取牵涉到网络上的两台计算机:客户机上的浏览器发出信息需求,而响应该需求并提供信息的计算机为一台 Internet 服务器,双方通过超文本传输协议(Hyper Text Translation Protocol,HTTP)等通信协议来进行信息交互。

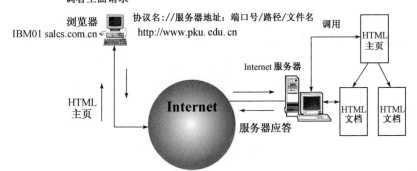

图 6.5 浏览器的工作方式

对 Internet 服务器的访问需要用统一的表示方式指明信息资源所在的站点,这种标准称为统一资源定位标识(Uniform Resource Locator,URL)。用户在浏览器中键入某个 Internet 服务器所在的 URL 地址后，浏览器就向互联网上该站点的 Internet 服务器提出信息请求。

遵循 HTTP 协议，当客户机上的浏览器向服务器方发出信息要求时，这些要求被翻译成为一些 HTTP 预定的信息送出。存有信息资源的服务器上安装着监测软件，一旦互联网上有对本机的信息请求发来，就根据协议的要求将相应的信息发送出去。服务器向互联网提供的信息实际上是一系列用 HTML 语言编写的网页，其中有一个入口为主页（Home Page），其他文件都是通过这个主页链接起来的网页。互联网上的用户通过浏览器调用主页后，就可以根据这些链接信息再次对有关网页进行调用或下载。而服务器便会将相应的网页再次送回客户机。

6.5.2 HTML

WWW 的信息是用超文本标识语言（HTML）的格式来存储和发布的。HTML 文件是一种有固定格式的多媒体文件，它的语法规定了一些标记（Tag），在当中具有属性和值，用来指示计算机如何对后续的内容进行处理。例如对文字如何显示，对相关的文件如何查找，是否用图像处理软件去处理图像或动画等。标记描述了每个在网页上的组件，例如文本段落、表格或图像。

HTML 还可以指定网页间的链接。使用通用互联网邮件扩充符（Multipurpose Internet Mail Extensions, MIME），可以从一个文本中的关键词链接到另一个关键词上，该关键词可以在同一文本中，也可以在其他文件中，甚至可以在远程的计算机中。当用户用鼠标点击一个关键词时，系统会按照 HTTP 协议的规定，自动装入与之链接的文本或图像等多媒体信息，并显示出来。这种根据关键词进行的浏览被称为是在信息海洋中的"漫游"。

另外，用户还可以使用文件传输协议（File Transfer Protocol, FTP）进行软件和文件的远程信息上载（Up Load）、下载（Down Load），使用简单邮件传送协议（Simple Mail Transfer Protocol，SMTP）来进行报文传送，或者用程序设计语言 Java 编写称为 Applet 的程序，穿插在 HTML 的文件中，从而完成更加复杂的功能。

6.5.3 Intranet

采用上述 WWW 服务和 TCP/IP 协议，就可以构成一个企业的基础信息平台，它可以连接起企业内部的局域网，故也称为内部网（Intranet）。Intranet

具有以下一些明显的优点:

(1) 信息格式统一。一般的 MIS 界面是根据特定的要求设计的,不同的 MIS 的界面各有自己的界面,用户即使学会了一种系统的使用方法,到另一个系统上仍然十分陌生。但是使用互联网技术后就完全不同。因为浏览器只有少数几种,而且它们都显示 HTML 格式文本,使用方法也非常接近,所以可认为构成 Intranet 后系统的界面是统一的,这就给使用者的学习带来了方便,减少了系统开发后的教育训练工作。

(2) 浏览器的功能强大,简单易用,具有多媒体和动态交互功能。使用浏览器不仅可以显示文字,也可以显示图片、声音等效果,对用户提供了一种友好的信息交互界面。在 Intranet 上也可以直接使用电子邮件进行企业内部通信。

(3) 可实现跨平台的系统整合。因为 Intranet 中使用的是 TCP/IP 协议,可以容易地与现成的 LAN/WAN 相结合。用通用网关接口(Common Gateway Interface,CGI)等技术,也可以与企业原有的数据资源结合起来,这样就使得企业原有的各种信息资源得以充分利用。典型的企业 Intranet 一般包括以下几部分,如图 6.6 和表 6.4 所示:

图 6.6 企业 Intranet 的结构

(1) 浏览器。浏览器可以采用现成的软件包(如奇虎公司的 360、微软公司的 Internet Explorer 等),也可以使用特定的软件。其作用是作为用户接入互联网的界面,打开其他的应用。

(2) Web 服务器。服务器上不仅要有前面介绍的 WWW 信息,通常还有企业数据库和用 Java 编写的一些应用程序等,它应当能够支持企业的各种业务的信息需求。例如 HTTPD 是一个用来实现 Web 服务器的软件。它通常使用 Perl 等语言来描述其信息查询的动作,这些程序又称为 CGI 的脚本。CGI 脚本负责处理动态响应用户需求的所有工作,它使得用户可以编写服务器和浏览器进行交互的程序。现在广泛地用在 Web 服务器的设置和开发方面。

(3) 域名服务器。它的作用是将互联网网站的名称映射为 IP 地址。

(4) Proxy 服务器。Proxy 服务器作为代理软件,用于从互联网传输企业信息到企业外部的唯一出口,为管理内部网络和实现内外隔绝提供了保险措施。

(5)防火墙。防火墙是由硬件和软件网关构成,通过限制外界接入内部系统而保护企业内部信息。

Intranet 的难点之一是它的系统管理。尽管有防火墙、Proxy 服务器等安全装置可以保证企业的信息不受外界攻击,但防火墙的价格通常很贵。另外企业员工使用 Intranet 后,可以容易地使用互联网的资源,如何进行适当的管理也是一个新问题。

表 6.4 Intranet 的主要部件和技术

名称	作用	例子
服务器	响应来自客户机的浏览要求	HTTPD
电子邮件和公告板	组织内成员的信息交换和协调	E-Mail,BBS
动态目录管理	网络文档搜索,文档管理	Catalog Server
网络安全管理	对用户权限的验证,对信息的加密等	Fire Wall,Proxy
资源共享	信息资源的交换和共享	FTP,TVNT220
新闻讨论	提供新闻讨论和群信息交换功能	MIME,NNTP
网络浏览和信息交互	信息发布、申请、公告等	HTTP,HTML,Java
数据库资源利用	为组织提供更方便的数据库资源	Web Server

什么是"互联网+"

2015 年两会期间,国务院总理李克强在政府工作报告中提出了"互联网+"一词,之后"互联网+"很快占据了各大媒体的头版头条。"互联网+"不胫而走,成为时尚的流行语之一。而企业家也都在议论这一新名词的内涵,并试着将自己的业务融入其中。

中国政府 2015 年推出的"互联网+"计划,目的是从政府的角度推进互联网行业与其他传统产业相互融合,通过让传统行业更好地利用信息通信技术以及互联网平台,与互联网这一新兴行业进行深度融合,创造出新的发展生态。

实际上,互联网已经深刻地影响了多个行业,以往许多我们日常熟悉的服务业都出现了新的服务方式。我们常去的百货商店开设了网店,我们要去一家饭店时先打开大众点评,看看它的声誉如何,有什么特色。我们的手机里下载了手机银行软件,再不用跑到银行去排队办理业务。我们通过优酷、爱奇艺等看影视剧,通过滴滴出行呼叫出租车,通过携程订机票、酒店……几乎所有的服务业都在和互联网结缘。

"互联网+"代表了一种新的社会形态,即充分发挥互联网在社会资源配置中的优化和集成作用,将互联网的创新成果深度融合于经济、社会各领域之中,提升全社会的创新力和生产力,形成更广泛的以互联网为基础设施和实现工具的经济发展新形态。

第6章重要概念

局域网，互联网，调制解调，拓扑结构，以太网，CSMA/CD方式，令牌传输方式，IEEE，ISO，ANSI，网络通信协议，IEEE802.3标准，OSI参考模型，TCP/IP协议，包交换，HTTP，URL，主页，HTML，Intranet，防火墙

第6章复习题

1. 解释什么是计算机网络以及基本的网络类型。
2. 解释什么是数字信号（Digital Signal）；什么是模拟信号（Analog signal）。
3. 解释什么是基带（Base Band）传输方式。
4. 说明几种常用的传输介质的特征和适用范围。
5. 说明什么是IEEE802.3标准。
6. 说明什么是开放系统互联（Open Systems Interconnection，OSI）参考模型，它有什么作用。
7. 路由器主要用于什么目的？
8. 写出IP地址"10100010011010011011011000000010"的十进制表示形式。
9. Intranet由什么成分构成？其优缺点是什么？
10. 说明什么是互联网＋。

小组活动课题

调查一个局域网，列出它的所有网络设备、信号传输介质以及拓扑结构。

第 7 章 数据库系统

本章学习目标
(1) 数据库的基本概念
(2) 表的关系和数据表操作
(3) 对数据库的查询
(4) 数据库技术的发展

数据是当今企业中一种重要的资源,需要得到妥善的管理。如果缺乏内部经营和外部环境的数据,一个信息化企业可能无法运营。在信息系统中,数据库是一个主要的成分,有关数据库的概念和操作等是信息系统重要的技术基础。本章就信息系统的数据管理方法以及关系数据库的基本理论进行说明。

7.1 数据库的基本概念

7.1.1 数据和数据模型

数据模型(Data Model)是对数据的抽象表示,可以准确地描述出对数据项的组织方式。数据模型也是一个管理信息系统概念设计的基础,其结构影响到用户对数据的使用方式以及整个信息系统的工作方式。

我们将描述数据的相互间语义关系的数据模型称为逻辑数据模型(Logical Data Model, LDM),而用于描述数据的物理存储方式的数据模型称为物理数据模型(Physical Data Model, PDM)。在信息系统开发中通常是先建立逻辑模型,然后据此建立物理模型。另外,逻辑数据模型和物理数据模型是相互影响的。通过一些软件技术手段,我们可以尽可能地屏蔽这种影响。这样做的好处是当我们考虑某个逻辑数据模型时,不必去考虑它的具体的物理存储方式;同样当物理存储方式发生变化时(例如机器的更新换代),也不会影响到数据的逻辑结构。这种将逻辑数据模型和物理数据模型相分离的概念称为数据的独立性。

7.1.2 实体和属性

在数据模型中,实体(Entity)一词常用于表示人们所关心的现实事物或概念。员工、客户、库存量、原材料等都是实体。实体通常是用该现实事物的若干特性来描述的,我们称这些特性为属性(Attribute)。每个属性都对应着一个相应的值域。例如"年龄"是实体"员工"的一个属性,这个属性对应着一个从18岁到65岁的值域。

实体由个体的集合所组成,例如实体"员工"是组织中的员工个体的集合,"客户"是企业的客户个体的集合。我们称这些个体为该实体的实例(Instance)。显然,每个实例都可以用一组属性值来表示。

7.1.3 数据项、记录和文件

从数据存储的对象类型来看,可以根据详细到一般的程度将数据分为3个层次:数据项(Data Item)、记录(Record)和文件(File),它们构成了一个具有被包含关系的层次:记录是数据项的集合,而文件是记录的集合。数据项是数据存储结构中的最基础的单位。在数据库中,一个数据项经常对应着某个实体的一个属性,它的有效值的集合就是该属性的值域(Domain of Values)。通常,一个值域只有一种类型的值,该类型称为该数据项的数据类型(Data Type)。在许多实际应用的关系数据库管理系统中,数据项也称为表的字段或域(Field)。

在构造一个数据库的数据模型时,首先要确定该模型中每一个实体对应的数据项以及每个数据项的数据类型。例如,一个实体的实例就可以表现为若干个数据项的值的排列。例如,

(王海涛,男,23,技术员,大专,未婚)

就是一个这样的排列。在关系数据库中,这个排列被称为一个记录。记录的集合构成了文件。

7.1.4 记录的关键字

在一个文件中,通常以相同数据项的方式存储许多记录。所谓记录的关键字(Key)是指在这些记录中具有以下特征的一个或一组数据项:对于该文件中的所有记录来说,该数据项(或该组数据项)的值是唯一的。这意味着根据一个关键字可以确定一个特定的记录,也只能确定一个特定的记录。例如,可以设置"员工代码"为员工记录的关键字,因为每个员工都有一个唯一的员工代码;而不能设置"员工姓名"为员工记录的关键字,因为可能会有同名的员工。记录的关键字也称为记录的标识(Identifier)或主键(Primary Key)。

并不是所有的数据项都能唯一地识别记录,通常我们只能取那些没有重复值的数据项作为关键字。但是如果一个文件中的所有字段都不具备作为关键字的唯一性条件,这时就要用多个数据项联合起来作为关键字,称为多字段主键。除主关键字以外的其他关键字称为次关键字(Secondary Key)。

关键字除了作为记录的标识以外,也作为排序的依据。有时候我们需要根据某个数据项对记录进行排序,这时该数据项仅仅是排序依据而不是记录标识。我们将这种数据项称为排序键,排序键也可以由多个数据项构成。

7.2 数据库系统

7.2.1 数据库的必要性

早期的应用系统中多采用文件系统存储数据。用文件系统存取数据比较灵活方便,但存在着一些固有的缺陷,在实际应用中带来许多难以解决的问题。这是因为:数据文件是因某个具体应用(如库存管理)的需要而建立的,而文件彼此之间没有逻辑关系。甲在采购商品 A 时需要修改一个文件,乙在接收商品 A 入库时需要修改另一个文件。由于这两个文件之间没有关系,他们很可能将这一个商品登记为两个数据。这样,就可能产生歧义或差错。各数据文件相互独立,分散保管,对于文件所有者来说也不易管理。另外,数据文件和具体的应用是相互依赖的,文件系统的逻辑结构是对应于某个特定应用的需要而设计的。如果应用领域的实际情况(如库存管理方法)发生了变化,那么必然牵涉对程序模块和数据文件二者的修改,比较麻烦。

数据库是一种比较理想的数据管理方式。数据库有统一的质量保证规程,有统一的管理机构(数据库管理系统),有统一的操作规程,能够对组织中的数据进行统一管理。数据库可以把数据冗余减少到所希望的程度,不易引起数据间的不一致。同时尽可能地减少了数据和应用程序之间的相互依赖程度,当数据修改时,不至于引起对程序过多的修改,同样当修改程序时,也不至于引起数据结构的过多变更。

  数据库中的核心部分是数据库管理系统。数据库管理系统(Data Base Management System,DBMS)是用来建立数据库、使用数据库、提供数据操作语言、对数据的合法性和安全性等进行管理的软件系统。一个数据库是建立在它的概念模式即全局逻辑结构的基础上的,各用户对数据的存取与控制统一由DBMS管理。DBMS在数据库和用户之间起到了接口作用。用户通过数据库管理系统,可以用子模式对自己的数据进行管理,如创建数据库文件、修改数据库文件、进行查询、更新等。

DNA 数据库的威力

  英国是世界上第一个建立 DNA 数据库的国家。自 1995 年建立以来,数据库已经存有近 250 万人的样本数据,目前每周都能发现约 800 个犯罪嫌疑人与未破案件所提供的数据相匹配。

  除了协助警方寻找犯罪嫌疑人以外,DNA 数据库还可以为无辜者洗刷冤情、协助寻找失踪人口等。在反恐战争中,DNA 数据库也可以助一臂之力,西班牙在马德里爆炸案之后就加快了 DNA 数据库的建设步伐。

  我国公安部 2009 年建立了全国性的"打拐 DNA 数据库",即在全国范围内,对丢失孩子报案的家长采集 DNA 样本,同时对各地在街头流浪和被组织从事违法犯罪活动的未成年人一律采集 DNA 样本,并将这些数据录入到专门的数据库中。通过进行 DNA 比对,为找回孩子大大节省了办案时间。目前已经为 4 000 多名儿童找到了失散家庭。

  我国还有一些省正在建立儿童 DNA 数据库,也就是只要家长同意,就可以先采集儿童的 DNA 样本并将专业检测分析结果数字化,将这些数据与儿童及其父母的一般信息同时存储在儿童 DNA 数据库中。这样,当意外发生时就可以让公安部门立即利用所存储的信息,从而更有效地预防拐卖儿童违法犯罪活动,保障儿童的健康生命权。

在阿里巴巴集团的技术支持下,公安部还开发了一个儿童失踪信息紧急发布平台,用于全国各地即时上报的儿童失踪信息发布。该系统可以连接到许多公共平台,如新浪微博、高德地图、支付宝、腾讯QQ、滴滴出行等25家新媒体和移动应用,可以迅速把有关信息发布到社会各界,使犯罪分子无处遁形。截至2019年6月份,系统共发布失踪儿童信息3978条,找回3901名,找回率达98%。

7.2.2 数据库概念模型

在数据库概念模型中,最常用的是关系模型。关系模型以"表(Table)"作为数据的基本逻辑结构,并对在表上进行的各种数据操作进行了严格的定义。在一个关系数据库中,作为数据的基本逻辑结构的表可以表示为:

$$(a_1, a_2, \cdots, a_n)$$

这是一个由 n 个数据项所组成的记录集合,称为 n 元组。其中 $a_1, a_2, \cdots, a_n$ 等数据项也称为记录的属性,一组属性值便是一个数据实例。在一个关系数据库中,记录的实例应具有唯一性。例如,数据项的排列(编号,名称,所在城市,地址,电话)构成了一张"工厂"表,而(S1000,永安机床厂,济南,大明路102号,65478342)则是表中的一个记录。

从关系数据库的数学意义上来说,一个数据表所有可能的数据项是一组集合 $S_1, S_2, \cdots, S_n$ 的笛卡尔积 $S_1 \times S_2 \times \cdots \times S_n$。一个 n 元组 $(a_1, a_2, \cdots, a_n)$ 是这个集合中的一个元素,其中 $a_i \in S_i (i=1, 2, \cdots, n)$。因为 $S_1 \times S_2 \times \cdots \times S_n$ 的元素数目是 $|S_1| \times |S_2| \times \cdots \times |S_n|$,因此可以根据各数据项的数目估算出一个数据库的数据量。显然,$<S_1, S_2, \cdots, S_n>$ 上的关系是一个 $S_1 \times S_2 \times \cdots \times S_n$ 的子集。

7.2.3 表

在实际的数据库软件包中,建立一个数据库的基本步骤是先创建有关的表,并确定表之间的关系。商品化的数据库软件包通常提供了方便的建表手段,用户可以在图形界面先确定数据库的概念结构,然后根据概念结构很快创建所需要的表。

由于一个表是由若干字段构成的,创建表也就是定义该表中各字段详细内容的过程。图 7.1 是用数据库软件包 Microsoyt Access 创建一个 Customer 表时的实际画面。在创建这个表时,创建者要在画面上半部输入各字段的名称和数据类型,在画面下半部定义该字段的大小、表示格式、默认值以及有效性规则等字段属性。

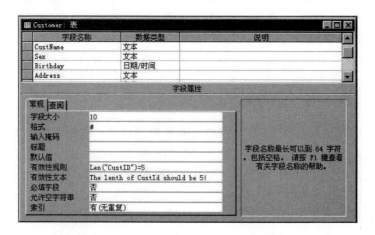

图 7.1 在 Microsoyt Access 中创建数据表的界面

一个表中的所有字段都必须指定相应的数据类型。例如,CustID(顾客代码)是文本型,Birthday 是日期型等。通常在数据库软件包中已经规定好各种可用的数据类型,如 Microsoyt Access 有 8 种数据类型,它们的意义和限制条件分别如表 7.1 所示。

表 7.1 Microsoyt Access 的数据类型

数据类型	说明	限制条件
文本	字符类型	≤255 字节
数字	数值类型	1~8 字节
日期/时间	日期/时间类型	8 字节
货币	货币类型	8 字节
备注	备注类型	≤32 000 字节
自动编号	计数类型	4 字节
是/否	逻辑类型	0.5 字节
OLE 对象	OLE 类型	≤128 兆字节

在关系数据库中,定义数据表字段一方面要考虑现实应用的需要,同时要根据关系数据库的规范化理论来确定①。例如,"生产厂家"是与一个特定的业务有关的实体,这个实体可能有厂商名称、邮编、地址、电话、产品、规模、企业性质等许多属性。如果需要为这个生产厂家创建一张表,是否将它所有的这些属性都作为这张表的字段?实际上,将所有属性都放在一张表中并非是一个好办法。因为一张表太大,操作起来效率就会下降,同时会有很多空白项。因此可以用多张表来表示一个实体。这时该实体的属性分散在不同表中,要把它们有机地联系起来,以适应实际的业务需求。

现在再来讨论一下表中的关键字(简称主键或键)。前面在基本概念一节中已经介绍过关键字是一个文件中所保存记录的唯一标识,在数据库中同样如此。为一张表指定了关键字字段后,数据库管理系统就会检验其数据的唯一性,避免重复数据或空(Null)值进入关键字字段。一般情况下,可以指定一个字段作为一张表的关键字。但如果因某种需要不能保证该字段的数据具有唯一值时,也可以指定一个以上的字段共同作为关键字,这又称为联合关键字或多字段主键。例如在图 7.3 的 Connect 表中就是指定 No(工厂代码)和 Code(零件代码)这两个字段共同作为该表的主键。在这个例子中,虽然 No 和 Code 在表中都有重复值,但它们的组合却是唯一的。因此,可以将 No 和 Code 字段组合作为一个多字段主键。

7.3 表的关系和数据操作

7.3.1 表之间的关系

表和表之间的基本关系有 3 种:1 对 1 的关系,1 对 n 的关系和 m 对 n 的关系。如图 7.2 所示,如果表 A 中的主键和表 B 中的主键相匹配,则这两个表构成了 1 对 1 的关系。例如"国家"和"首都"的关系是 1 对 1 的关系。每个国家只有 1 个首都,每个首都只属于 1 个国家。如果表 A 中的主键和表 B 中的外键相匹配,则这两个表构成 1 对 n 的关系。例如"项目组长"和"组员"是 1 对 n 的关系。1 个项目组可能有多名组员,而 1 个组员只属于 1 个组长所领导。在很多情况下,两个表可能是 m 对 n 的关系。例如,一个厂商可能生产多种零件,一种零件也

---

① 有关规范化理论如有兴趣请参阅有关关系数据库文献。

可能由多个厂商制造。为了表示表 A 和表 B 的 m 对 n 关系，通常要在数据库中加上一个新表 C，其中包括与 a，b 相匹配的外键。这样，表 A 和表 C，表 B 和表 C 都构成了 1 对 n 关系，它们之间也就构成了 m 对 n 的关系。

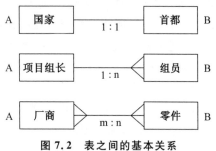

图 7.2　表之间的基本关系

7.3.2　对数据表的基本操作

在一个应用系统中，用户对于数据的需求都要通过对数据库的操作来实现。因此，从数据处理的角度来看，我们必须懂得一个应用的需求是如何转变为对数据库的操作的？在关系数据库中这些操作是如何实现的？下面举例说明这个问题。

某厂仓库管理的数据库中有机械零配件记录，假定需要进行这样两类查询：①"从××厂曾购入的零件有哪些？"②"××零件是哪里生产的？"那么，应当如何设计这个数据库的表以及相应的操作呢？

如图 7.3 所示，我们用名为 Factory，Material 和 Connect 的 3 张表分别记录生产厂商、库存零件以及生产厂商和零件数量之间的关系。现在 Factory 表中有两个厂商的记录：机床配件厂代号为 S2，所在城市为北京，工业设备厂代号为 S4，所在城市为上海。Material 表中记录的库存品为：机床配件厂生产的螺丝帽（零件编号为 P1）300 箱、螺栓（代号为 P2）的 400 箱、工业设备厂生产的螺栓 300 箱、螺丝钉 500 箱、法兰盘 600 个。

现在第 1 个查询是："机床配件厂生产的零件有哪些？"对于这个查询请求，DMBS 的实现过程如下：先从 Factory 表查到"机床配件厂"的代码为 S2，再从 Connect 表中查到 S2 供应的零件为 P1，P2，然后根据 Material 表，查到这些零件分别是螺丝帽和螺栓。结果是机床配件厂生产的零件有螺丝帽和螺栓。对于第 2 个问题的查找方法与之类似，读者可自己模拟 DBMS 的工作过程以及所得到的结果。

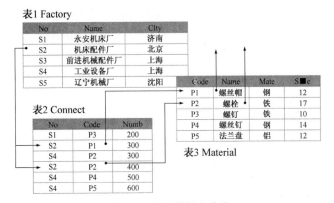

图 7.3　关系数据库查询

从这个例子可以看出：对一个实际应用的数据查询，可能要转换为对不止一张表的操作。对特定的数据进行查询时，必须根据表之间的关系才能找到所需要的内容。表与表之间的关系通过两个表中的字段匹配来实现。在大多数情况下，这种表之间的字段匹配是这样构成的：设数据库的表 A 中的关键字为 a，表 B 中有一个与 a 相匹配的非关键字字段 a′，字段 a′称为 B 的一个外部关键字(Foreign Key)或外键。例如，"员工"表中的主键是字段"员工编码"，它在"员工"表中具有唯一性。但是在"家属"表中，也有"员工编码"，在这个表中"员工编码"并不具有唯一性，而"家属编码"是这张表中的主键，"员工编码"是一个外键。

为了便于表示对表结构数据进行的各种处理，需要定义一些对数据表的基本操作。最重要的基本数据操作有以下 7 种：

(1) 选择(Select)：选择是指根据指定的条件从一张表中选出符合条件的记录(行)的操作，该操作的结果是一张虚拟的子表。例如我们要选出"厂址在上海的工厂"记录，这时可以指定选择的条件(City＝上海)，系统则将所有符合条件的记录选出，返回查询的结果。如图 7.4 所示。

(2) 射影(Project)：射影是指根据指定的字段(列)将原表的数据取出，然后去掉其中重复行所构成的虚拟子表。例如，对图 7.4 的表 Material 进行 Code, Name, Mate 3 个字段的射影，就会得到一张只有 3 个字段的子表，如图 7.5 的表 1。

(3) 连接(Join)：连接通常指自然连接，自然连接是指对两个表 A,B(或多个表)所做的操作结果，其中的每一条记录都是通过 A,B 的公共字段 x 所形成的新记录,其中表 A 的字段 x 的值与表 B 的字段 x 的值相同。例如,将图 7.3 的 3 个表连接起来,可以得到如图 7.5 的表 2。从这张表中可以看出各个厂家所供应的物料目前在仓库中的数量。

(4) 和(Union):两个具有相同字段的表的和,是将各自的记录合并,去掉重复记录所得到的结果。

(5) 并(Intersect):两个具有相同字段的表的并,是同时在表 A 和表 B 中的记录所构成的结果。

(6) 差(Difference):两个具有相同字段的表 A,B 的差 A-B,是将表 A 中与表 B 中相同的记录去掉所得到的结果。

No	Name	Clty
S1	永安机床厂	济南
S2	机床配件厂	北京
S3	前进机械配件厂	上海
S4	工业设备厂	上海
S5	辽宁机械厂	沈阳

No	Name	Clty
S3	前进机械配件厂	上海
S4	工业设备厂	上海

图 7.4 对数据表进行选择操作的结果

Code	Name	Mate
P1	螺丝帽	钢
P2	螺栓	铁
P4	螺丝钉	钢
P5	法兰盘	铝
P3	螺钉	铁

表1:射影操作结果

No	Factory.Name	Materiat.Name	Numb
S1	永安机床厂	螺钉	200
S2	机床配件厂	螺栓	400
S2	机床配件厂	螺丝帽	300
S4	工业设备厂	法兰盘	600
S4	工业设备厂	螺丝钉	500
S4	工业设备厂	螺栓	300

表2:连接操作结果

图 7.5 对数据表进行射影和结合操作的结果

(7) 积(Product)：表 A,B 的积 A×B 是这样的表,其中每一条记录的字段中的一部分属于表 A,一部分属于表 B。其中的每条记录都是表 A 和表 B 中记录的一个笛卡儿积。

以上操作中,最为常用的是选择、射影和连接 3 种基本操作,但其他操作也时常用到。将这些基本操作根据不同的条件和顺序组合起来,就可以产生各种复杂的操作,根据特定的要求对数据库进行处理。对数据库中的表集合所进行的一系列处理结果称为数据表的视图(View)。视图也可以事先定义,通过定义数据库视图,可以对数据库进行各种预定的处理。基于以上这些基本操作,数据库管理系统通常提供了相应的数据存取和操作用的语言,用户可以使用这些语言描述他所希望的数据操作,数据库管理系统解释这些操作要求,并把它们变换为对实际的物理存储结构上的数据库的操作命令。

许多数据库软件包都提供图形化数据操作的方法,帮助数据库使用者进行数据操作定义或进行操作设计。在一些数据库软件包如 Microsoft Access,SQL Server 中,对数据库的操作称为查询(Query)。用户可以通过图形设计界面,可以直观地设计对数据库的各种操作,并可以边设计,边试验运行并立即修改。

图 7.6 是在数据库 Access 中定义表之间关系的查询界面。这里关联到的两个表是 Customer 和 Order,从界面上半部可以看到两个表的字段和关键字分别是 CustID 和 OrderID,它们通过同名字段 CustID 相匹配。对这两张表的操作在屏幕下半部说明,结果是产生一个有 4 个字段的视图。我们在相应的表和字段下方的准则行中填写有关的数据操作表达式,就可以获得相应的查询结果。

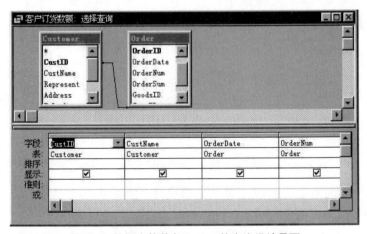

图 7.6 数据库软件包 Access 的查询设计界面

尽管现在数据库软件包提供了图形化的查询设计界面,可以将对数据库的操作直观地表示出来。但是图形化查询设计一般只能直观地描述一些简单的操作,而对于比较复杂的数据库操作则难以用图形化查询来直接实现。在这种情况下就需要用类似于英语的数据库操作语言来定义。

7.4 结构化查询语言

在实际的数据库应用中,数据库管理系统需要给用户提供某种语言,让他们进行对数据库的操作。结构化查询语言(Structured Query Language,SQL)就是这样一种标准化的数据库操作语言。这种语言最早是用在美国的一些数据库软件产品中,后来发展成为数据库操作的国际标准语言。SQL 可以为终端用户或单机上的用户所用,但现在主要用于客户/服务器结构的信息系统中,因此人们又将它称为客户/服务器语言。

作为一种数据库标准操作语言,SQL 由一系列数据库操作命令所构成。SQL 的所有命令都包括 3 部分基本内容:

(1) 指定某些表作为该命令的运算对象。
(2) 指定使用该命令所得到的数据形式。
(3) 指定对关系表所进行的特定操作。

下面通过一些具体的例子,说明 SQL 的主要命令的使用方法。

7.4.1 建立表、索引和视图

用 CREATE TABLE 命令创建特定的数据库表。建立一个关系表的 SQL 命令语法如下:

CREATE TABLE＜表名＞
　　(＜字段名 1＞＜数据类型＞[NOT NULL],
　　＜字段名 2＞＜数据类型＞[NOT NULL],
　　……
　　＜字段名 n＞＜数据类型＞[NOT NULL]);

在 SQL 命令语法中,尖括号表示用户填入的参数,而方括号表示其中内容是可选择项,即在括号中的参数可以省略。后面将出现的花括号表示重复,竖杠表示可选择项。这里 NOT NULL 意为如果我们希望某字段的内容不得为空值,则在该位置写上 NOT NULL。

【例1】 创建一个名为 DEPT 的表,该表有 4 个字段,分别为 DEPTNO,DNAME,EMPNO,LOCATION。用下列 SQL 命令创建,各字段名后面是其数据类型和长度,最后以分号结束:

```
CREATE TABLE DEPT
    (DEPTNO NUMBER(2) NOT NULL,
        DNAME CHAR(14),EMPNO CHAR(14),LOCATION CHAR(20));
```

表建好后,用 INSERT INTO 直接向表中添加数据。添加数据的命令语法为:

```
INSERT INTO <表名>
    [(<字段名1>,<字段名2>,...)]
    VALUES (<值1>,<值2>,...<值n>);
```

【例2】 向关系表 DEPT 中插入一行数据(10,研究部,1334,北京):

```
INSERT INTO DEPT
    VALUES (10,研究部,1334,北京);
```

如果插入的数据只关系到表中的部分字段,那么可以在 VALUES 子句前写入相应的字段名。而在【例2】中因为插入的数据与表中的所有字段相对应,则字段名可以省略。

对于建好的表如果要修改其结构,使用 ALTER TABLE 命令;

【例3】 对已建立的 DEPT 表加入一个名为 TELEPHONE 的字段:

```
ALTER TABLE DEPT
    ADD (TELEPHONE CHAR(13));
```

根据需要,可以对已建好的表建立索引。其语法规则为:

```
CREATE  [UNIQUE](INDEX)<索引名>
    ON  <表名>  (<字段名1>,<字段名2>,…)  [ASC/DSC];
```

【例4】 下面的语句对 DEPT 表建立了一个名为 EAX1 的索引,该索引是根据数据项 DEPTNO 来建立的,索引表对 DEPTNO 取唯一值。

```
CREATE UNIQUE INDEX EAX1
```

ONDEPT(DEPTNO);

对于所建立的表或索引,可以用 DROP 命令将其删除。

【例5】 为删除表 DEPT,可以用下面的 DROP 语句:

DROP TABLE DEPT;

用 UPDATE 命令对已建立的表进行数据修改。其语法如下:

UPDATE<表名>
  SET<字段名 1> = <值 1>|<表达式 1>,
    ……
    <字段名 n> = <值 n>|<表达式 n>
  WHERE<条件表达式>;

【例6】 用下列命令对 EMP 表中数据做修改,将销售部门(DEPTNO 为 20)职工的工资提高 10%:

UPDATE EMP
  SET SALARY = SALARY * 0.1,
  WHERE DEPTNO = 20;

与建表类似,用户还可以建立视图。视图可以看作是一个虚拟表,它提供了一个让用户浏览(或修改)多张表的方法。建立视图的命令语法为:

CREATE VIEW<视图名>
  [(<视图列名 1>,<视图列名 2>,…)]
  AS SQL 查询语句 [WITH CHECK OPTION];

7.4.2 查询

SQL 中最常用是查询命令,查询用 SELECT 语句来实现。尽管 SELECT 在英文是选择的意思,但 SELECT 语句的功能并不仅仅是选择。SELECT 不仅能选择表中的记录,还可以对表的字段进行运算,甚至可以对多张表进行连接运算。因此可以认为 SELECT 命令是 SQL 中的核心语句。SELECT 的基本语法为:

SELECT [DISTINCT]<选择列表><关系表表达式>;

这是一个基本的命令形式。其中［DISTINCT］指示如果查询的结果为重复记录时去掉重复项。而后面的＜选择列表＞和＜关系表表达式＞都是需要进一步展开的，我们将这种可以展开的部分称为 SELECT 子句。下面我们先简要地说明 SELECT 子句的展开形式，然后再举例说明。

＜选择列表＞用来指定希望选出的字段。其语法为：

＜选择列表＞∷＝ ＊｜{＜值表达式 1＞,＜值表达式 2＞…}｜{＜字段名 1＞,＜字段名 2＞…}

这里，当用户希望选出的是某个表的所有的字段，只要写入"＊"即可。如果选择的是记录的某些字段，就需要在此指定各字段名。

在某些情况下，不仅要选取某些字段，还要对它们进行计算。这时，就可以用"值表达式"来指定如何计算。"值表达式"由函数名、字段名（通常是数值型字段或日期型字段）和运算符等构成。例如，用 AVG（SALARY）就可以对 SALARY 字段进行求均值计算，类似的函数还有 MAX,MIN,COUNT 等。

最后我们来看＜关系表表达式＞子句，＜关系表表达式＞有丰富的变化形式。它可以是 5 种子句的组合：

＜关系表表达式＞∷＝＜FROM 子句＞［＜WHERE 子句＞］［＜GROUP BY 子句＞］［＜HAVING 子句＞］ ［＜ORDER BY 子句＞］

注意这里只有＜FROM 子句＞是必须的。事实上，FROM 子句是＜关系表表达式＞最基本也是最常用的形式。FROM 子句用来指定该查询所操作的对象表。这里也可以写入多个表名（参看后面的连接运算说明）。其语法如下：

＜FROM 子句＞∷＝FROM{＜表 1＞,＜表 2＞…}

＜WHERE 子句＞用来指定进行查询的条件，可用关系表达式、逻辑表达式来指定之。其语法是：

＜WHERE 子句＞∷＝WHERE＜检索条件＞

例如"DEPTNO＝'20'"表示只取出部门号为 20 的记录。对于查询表达式的写法后面将结合例子来进一步说明。

＜GROUP BY 子句＞意味着根据关系表中的某些字段的值对数据查询的结果进行划分，将字段中具有相同值的记录作为一个组来处理。如我们指定 GROUP BY DEPTNO,同时在＜FROM 子句＞的"值表达式"中设定 AVG

(SALARY),就表示按部门号计算各个部门职员的平均工资。<GROUP BY 子句>的语法是：

<GROUP BY 子句>::=GROUP BY{<字段1>,<字段2>,…}

<HAVING 子句>是与<GROUP BY 子句>连用的。其作用是进一步指定 GROUP BY 子句中成组处理的条件。其语法是：

<HAVING 子句>::=HAVING<检索条件表达式>

<ORDER BY 子句>指示查询的结果按指定的字段进行排序,以构成一个新的动态表形式。排序可以按照升序(ASC)或降序(DESC)排列,也可以按照多个字段来排列。其语法是：

<ORDER BY 子句>::=ORDER BY{<字段名>…}[ASC|DESC]

7.4.3 查询的例子

下面通过一些例子来进一步说明 SELECT 语句的典型用法。假设某应用的数据库中已有两个关系表：EMP(职工)和 DEPT(部门),其内容如图 7.7 所示。

EMP

EMPNO	NAME	JOB	STTM	SALARY	BONUS	DEPTNO
1334	王宏	部门经理	91/01/09	5800	300	10
1225	李明	部门经理	88/09/08	5250	100	20
1250	杨芳	工程师	85/10/20	7200	500	10
1315	李忠	总工程师	88/09/08	4250	300	10
1317	林之勇	销售员	85/10/20	5500	400	20
1319	李晓佳	销售员	88/09/08	5670	200	20
1320	章铃玲	工程师	85/10/20	4050	800	10
1321	袁也	部门经理	91/01/09	8000	750	30

DEPT

DEPTNO	DEPNAME	EMPNO	LOCATION
10	研究部	1334	北京
10	研究部	1250	上海
10	研究部	1315	广州
10	研究部	1320	广州
20	销售部	1317	北京
20	销售部	1319	上海
20	销售部	1225	上海
30	生产科	1321	北京

图 7.7 数据库中的关系表

【例1】 欲选出 EMP 表中所有的职工信息。这个查询十分简单,用下面的 SELECT 语句即可实现:

SELECT * FROM EMP;

【例2】 查询部门代号为 20 的所有职工的职工号、姓名、开始工作的日期和工资。所用 SELECT 语句中需要构成一个 WHERE 表达式。结果如下:

SELECT EMPNO,NAME, STTM, SALARY FROM EMP
　　WHERE DEPTNO = 20;

1225	李明	88/09/08	5250
1317	林之勇	85/10/20	5500
1319	李晓佳	88/09/08	5670

从这个例子中我们可以看到,对关系表特定字段的选择和排列,可以用 SELECT 语句字段列表中的字段名来规定;对关系表中特定行的选择,则用 WHERE 子句来规定。

WHERE 子句中的检索条件表达式的构成中,需要使用到 5 种常用的运算符。用这些运算符号,将字段名、常数、值表达式等连接起来,就构成检索条件表达式。下面分别讨论:

(1) 比较运算符:包括"<"(小于),"<="(小于或等于),">"(大于),">="(大于或等于),"="(等于),"<>"(不等于)6 种关系符号。

(2) 逻辑运算符:包括 AND,OR,NOT。用逻辑运算符可以将多个查询条件式连接起来,构成比较复杂的查询条件。常用于多条件查询。

(3) LIKE:LIKE 是一个 SQL 保留字,用于模糊查询。在使用部分信息进行查询时,可以用 LIKE 再配合字符" * "(或"％")来匹配多个字符,用"?"(或"_")来匹配单个字符。

(4) BETWEEN…AND…运算符:BETWEEN…AND…用于对某范围进行查询,例如,对某段日期中的记录进行查询时可使用 BETWEEN<开始日期>AND<结束日期>来指定。

(5) IN 运算符:IN 用于集合运算,相当于从一个集合中选择出它的元素(见后面的子查询例)。

【例3】 查询"所有工资高于 5000 的姓李的职工",可用下列语句来进行。

```
SELECT *  FROM  EMP
    WHERE  NAME LIKE'李*'AND SALARY>5000;
```

在这个例子里用到了模糊查询和多条件查询。其结果为：

1225	李明	88/09/08	5250	20
1319	李晓佳	88/09/08	5670	20

下面是一个有关分组计算的例子。

【例4】 列出 EMP 表中各部门在 1985 年 1 月 1 日以后进入公司的职工的平均收入。

```
SELECT AVG(SALARY),DEPTNO  FROM  EMP
    WHERE  STTM>"♯1985/01/01♯"
        GROUP BY DEPTNO；
```

请注意本例中日期的写法，在日期的前后要加上♯号。本例中用 GROUP BY 子句指定查询结果按 DEPTNO 分组。SQL 先根据 WHERE 子句将所有大于 1985 年 1 月 1 日后进入本单位的职工记录检索出来，然后按 DEPTNO 的值分成 3 个组，最后对各组的 SALARY 一栏求均值。其结果如下：

5025	10
5473	20
6417	30

灵活地运用 SQL 提供的函数和运算符是十分重要的，有经验的 SQL 程序员可用它们方便地构成各种表达式，用短短的几句命令就可构成复杂的数据库操作，并且同时还可以进行数据计算。

【例5】 查询 EMP 表中其奖金高于工资 10% 的职工，列出其姓名、工资、奖金和奖金与工资之比，并按奖金与工资之比降序排列检索结果。

```
SELECT NAME, SALARY, BONUS, BONUS/SALARY FROM EMP
    WHERE BONUS > SALARY * 0.1
        ORDER BY  BONUS/SALARY  DESC;
```

以上是一些简单的 SQL 查询例子，下面我们再来看几个较复杂的查询。在 SQL 语言中，可以使用子查询的方法，即将两个查询分别作为主查询和子查询。在主查询中可以指定某些条件，从子查询的结果集合中再进行查询。其典型的命令写法如下：

SELECT ＜字段名＞ FROM ＜表名＞
　　WHERE ＜字段名＞ ＜运算符＞
　　　　（SELECT ＜字段名＞ FROM ＜表名＞
　　　　　　［WHERE＜条件表达式＞］）；

这里第 1 个 SELECT 是主查询，第 2 个 SELECT 是子查询。注意子查询前后要用括号括起来。

【例 6】 查询在关系表 EMP 中工资额低于全部职工工资平均值的职工。

SELECT ＊ FROM EMP
　　WHERE SALARY ＜ (SELEC TAVG(SALARY) FROM EMP)；

需要强调的是，子查询中返回的结果一定要和主查询的 WHERE 子句中的字段类型保持一致，否则就将出现语法错误。子查询也可以访问主查询中没有访问的关系表，但不能用 ORDER BY 子句。

【例 7】 查询公司中所有职务为"部门经理"的职工所管理的部门及其所在地。

SELECT DEPTNAME,LOCATION FROM DEPT
　　WHERE DEPTNO IN
　　　　(SELECT DEPTNO FROM EMP
　　　　　　WHERE JOB = '部门经理')；

在查询中，还有一个常用的操作就是进行不同表的连接。其基本语法如下：

SELECT＜字段 1＞,＜字段 2＞…FROM＜表 1＞,＜表 2＞
　　WHERE＜表 1.字段 1＞＜连接条件＞＜表 2.字段 2＞
　　　　［AND|OR＜连接条件式＞］；

【例 8】 列出本公司中工资低于部门代码为 20 的部门中最低职工工资的职工以及他们所属的部门。

这是一个比较复杂的查询。在这个查询中，需要同时用到职工表和部门表。先从职工表中选择部门号为 20 的所有职工，计算出他们之中的最低工资，然后再从该表中查询低于该工资的其他职工的数据，然后根据该查询结果，找到 DEPT 表中相应的部门。

```
SELECT  NAME,DEPTNAME FROM  EMP E,DEPT D
    WHERE E.DEPTNO = D.DEPTNO AND E.SALARY <
        (SELEC TMIN(SALARY) FROM EMP WHERE DEPTNO = 20)>;
```

这个查询中用到了连接两个表的方法,连接的条件表达式判断两个表中的部门号是否相同;同时该查询还用到了别名的方法,令 EMP 别名为 E,DEPT 别名为 D,然后,在检索条件的第二个分条件中,采用了嵌套操作,即先从 DEPTNO 为 20 的记录中求得最小值,然后将雇员的工资分别与该值相比,取出所有低于它的记录。这个查询充分说明了 SQL 语言的灵活性。

7.5 数据库技术的发展

7.5.1 分布式数据库

分布式数据库是指利用高速计算机网络将物理上分散的多个数据存储单元连接起来组成一个逻辑上统一的数据库。分布式数据库的基本思想是将原来集中式数据库中的数据分散存储到多个通过网络连接的数据存储节点上,以获取更大的存储容量和更高的并发访问量。分布式数据库系统可以看作是一系列集中式数据库系统的联合。它们在逻辑上属于同一系统,但在物理结构上是分布式的。

为何信息系统中需要分布式数据库呢？在实际的应用中,虽然数据集中在一处存储和处理有便于管理的好处,但有时也会有问题。例如,有的数据仅仅在企业的某处使用,而在其他地点很少使用或根本不用。最终用户的检索或处理的操作量大,可能危及中心系统的性能。有的情况下,本地部门需要对数据的准确性和安全性等负责。在这种情况下就需要分布式数据库。

一种分布式数据库采用复制数据,即在不同地点保存相同的数据副本。避免了数据的频繁传输。还有一种方式是子集数据,即外围计算机中的数据是中心计算机数据的一个子集,这种数据在外围的使用比较频繁。或者从外围的数据库中取得数据后重新组织,构成更方便使用的数据。

7.5.2 文档数据库

关系型数据库是以 SQL 为代表的传统型数据库。而现在针对网上信息的多样性和操作的复杂性,关系型数据库有一些固有的问题难以解决,于是有人提出了一些新的数据库类型并且逐步地商业化。通常把这些新型的数据库统称为文档数据库(NoSQL)。其特点是具有高可扩展性、高并发性等,文档数据库正日渐成为大数据时代下分布式数据库领域的主力。

在 Lotus Notes 出现后,文档数据库得到广泛应用,首先是被广泛地应用于办公自动化,以后则用于互联网的数据管理。文档数据库不同于关系数据库。关系数据库是一种高度结构化的数据集合。关系数据库基于表—记录—字段的三层结构,即记录的集合构成一张表,而构成记录的则是各种类型的字段。Lotus Notes 的文档数据库则没有相应的结构,它的信息处理基本单位是文档,而对于文档的字数、结构等没有严格的结构要求,类似于字处理中的文档。与关系数据库的主要不同在于:文档数据库不能够进行数字运算,也没有对事务处理的支持。

关系数据库和文档数据库均有视图的概念,但是两者的含义不同。关系数据库中的视图是对于一个或几个表,用关系演算导出的虚表。之所以说视图是一个虚表,是因为一个视图中的数据实际上存储在相应的原始表中。在文档数据库中也有视图,用户通过视图可以浏览文档,看到关于文档的概要信息和文档的状态,然后再进行相应的操作。因此,文档数据库中的视图是对文档中关键词或部分内容的显示,用户仅仅是通过视图快速把握文档的内容。在文档数据库中的"文档"其实是一个数据记录,这个记录能够对包含的数据类型和内容进行"自我描述"。XML 文档、HTML 文档等都属于这一类。这些文档具备自描述性(Self-describing),呈现分层的树状结构(Hierarchical Tree Data Structure),可以包含映射表、集合和纯量值。表 7.2 是关系型数据库 Oracle 和文档数据库 MongoDB 的术语对比:

表 7.2 关系型数据库和文档数据库对比

Oracle	MongoDB
数据库实例(Database Instance)	MongoDB 实例(MongoDB Instance)
模式(Schema)	数据库(Database)
表(Table)	集合(Collection)
行(Row)	文档(Document)
主键	_id

在文档数据库 MongoDB 中,每个文档(Document)的 ID 就是它唯一的键,

这类似于关系型数据库中的主键。在一个集合(Collection)中通常 ID 是唯一的。

  文档数据库与数据的文件系统也不相同。文档数据库仍属于数据库范畴,它的数据具有共享性。文件系统中的文件基本上对应于某个应用程序。当不同的应用程序所需要的数据有部分相同时,必须建立各自的文件,而不能共享数据,而文档数据库却可以共享相同的数据。其次,文档数据库具有数据的物理独立性和逻辑独立性,数据和程序分离。而文件系统中的文件是为某一特定应用服务的,数据和程序缺乏独立性。文档数据库还可以提供一系列相应的数据库操作语言,如可以进行全文检索等。

  文档数据库常常用于互联网内容管理系统及博客平台,用来管理用户评论、用户注册、用户配置和面向 Web 文档(Web-facing Document)。

第 7 章重要概念

数据,数据模型,LDM,PDM,实体,属性,实例,数据项,值域,数据类型,字段,记录,关键字,索引文件,数据库管理系统,关系数据库,表,外部关键字,查询,选择,射影,连接,结构化查询语言,分布式数据库,文档数据库

第 7 章复习题

1. 说明文件系统和数据库系统的区别,它们分别适合于用在什么环境下?
2. 什么是主关键字? 在一个表中可以有多个主关键字吗?
3. 对文件建立索引的目的是什么?
4. 数据库在 MIS 中通常起到什么作用? 数据库的优点主要是什么?
5. 使用 Microsoft Access 数据库建立表和查询,以巩固本章所学习的概念。
6. 数据模型中,表与表之间的关系是如何分类的?
7. 说明对数据表的 6 种基本操作。
8. 解释什么是 SQL 语言。
9. 说明文档数据库和关系数据库在工作原理上有何异同。
10. 说明什么是分布式数据库。

小组活动课题

考虑一个基于数据库的小型商业应用。例如:基于学院毕业生的姓名和通信地址,设计一个毕业生活动的应用系统。向其他同学介绍你的这个系统的主要功能及其商业意义。

第 8 章 事务数据处理

本章学习目标
(1) 掌握事务数据处理的主要特性
(2) 理解事务数据处理的基本工作过程
(3) 掌握几种常用的编码方式及其特点
(4) 了解商业信息系统的组成、结构和功能
(5) 学习有关 RFID 的知识

事务数据处理是管理信息系统应具备的基本功能。早期的管理信息系统多数是单纯的数据处理系统,主要是用计算机来代替人工处理数据,以提高效率和处理的正确性、降低处理成本。现在,事务数据处理仍然是管理信息系统中的重要成分。对于一个管理信息系统来说,它的事务数据处理设计得成功与否,往往决定了它的基本性质和功能,并且对组织中的各级信息系统用户都将产生重大的影响。

8.1 事务数据处理

事务数据处理系统(Transaction Processing System,TPS)简称事务处理系统,指对组织中的基本业务活动信息进行处理的系统。这里事务(Transaction)有时也称为交易,是指在企业中日常发生的某种业务活动,需要被记录下来或进行相应的数据处理。例如一个商品销售出去了、一件产品原料入库了,都产生一个事务数据。TPS 的作用就是将企业中各种各样的业务活动的处理过程计算机化,在日常业务活动发生时,自动地对此进行记录、更新、分类、统计、传送、汇总,并修改数据库或输出事务记录等。因此,TPS 广泛地应用在企业、

组织的各个职能部门。一些典型的 TPS 及其功能如表 8.1 所示。

表 8.1　TPS 的应用类型

市场营销系统	生产制造系统	财务会计系统	人力资源系统
销售情况记录：用于销售管理 订单处理：记录订货商品、数量、送货时间等	采购记录：采购物料、订货时间、价格等 发货/收货记录 产品质量记录：产品完成时间、负责人、质检记录等	工资信息处理 应收账和应付账	员工基本情况，部门人员变动情况等 培训及资质：课程、时间、成绩等记录

企业中各个职能部门有不同性质的业务活动,从信息处理的角度,可以将各种业务活动抽象为一个事务数据处理过程,由① 基础数据编码;② 记录业务活动和数据校验;③ 更新修改数据库;④ 形成报表或提供处理结果构成。如图 8.1 所示。

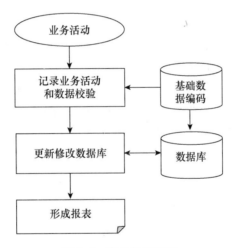

图 8.1　事务数据处理

现在以一个商店为例来说明事务数据处理过程。商店的基本业务可以分为采购、进货、库存和销售等,这些业务还可以进一步分解为更小的业务活动：例如进货业务中要对送到货物进行清点、登记和入库；销售业务中包括收款、开发票；库存业务中包括入库、出库、盘点库存、库存调拨等。

为进行以上这些业务活动的信息处理,首先要将这些活动中使用到的基础数据进行编码。将基础数据进行编码后,可保证数据的唯一性和被不同用途的处理模块调用时不会产生语义冲突。例如在输入某商品信息时,要包括商品名、商品数量、规格、供货商等,如果每次都让用户一一输入这些信息,效率很低也很容易出错,因此要在输入前就将基本数据编码,以后在开订货单时只要从数据库调用这些数据即可。这样既提高了效率,也保证了信息的唯一性。当事务活动发生时,相应的数据输入到系统中,并进行处理和存储,生成相应的事务数据文件,根据企业的需要对整理后的数据进行分发和传送。例如,当采购人员与供应商签订合同,发生了一项订货业务,就要把订货单发给对方确认,同时将相应的金额等通知会计部门,产生应付账项目,还要将收货的信息通知库管人员,以便对发来的货物进行核对并入库。

这样,信息系统就将一项业务中牵涉到的不同的人(如采购人员、会计人员、库存管理员等)、数据(进货数据、应付账款等)和相应的处理(如录入采购数据,对货物进行核对)等有机地结合起来了。信息系统还可以自动完成许多与它们相关的工作(如产生应付账款),提高了工作效率,减少了可能出现的错误。

最简单的事务数据处理系统可以在单机上工作。一个街头小杂货店只用一台微机可以完成所有的进货、销售、库存等业务信息处理。如果商店再大一些,有不同的业务部门,各个部门有自己独立的业务,在工作地点上也可能是分散的。这时就需要在各部门分别进行自己的业务处理。要让不同地点、不同部门中存储的数据进行全企业的共享以及让这些数据对企业决策发挥作用,就需要建立整个企业的信息系统,将各个部门的业务处理活动有机地整合起来,这常常需要用企业资源计划(ERP)来完成。

8.2　数据与编码

8.2.1　基础数据

事务数据处理系统中通常要准备一些"静态数据",即相对稳定的、不因日常的业务发生而改变的数据,这些数据又称为基础数据。例如,商品、职工、部门名称等都是基础数据。基础数据虽然与企业的日常业务活动紧密相关,但如果平时没有很好地整理,就可能有格式不规范、相互不一致的问题。例如在一份文件中企业的财务部门被称为"财务科",而在另一份文件中却被称为"财会科"。在信息系统中不允许这样"一物二名"的情况存在,必须通过编码使实体只有唯一的代码。通过事先进行基础数据的收集、分类、整理并统一编码,事务数据处理系统就可以在业务活动发生时调用。编码是一种常用的信息整理方法。编码去掉了原数据中的冗余信息,用简洁、明确的方式来表示所要处理的对象,有利于信息交换和提高信息处理的准确度和效率。因此,编码是建立事务数据处理系统的必经步骤。

8.2.2 编码的原则

对企业业务活动进行编码时要考虑的主要因素包括代码的通用性和系统性。企业的业务活动不能脱离其经营环境的限制,因此应考虑国家或行业已规定的标准编码和其他现成编码。如果现成的编码不能满足自己的特定需求,还可以考虑在此编码的基础上加以扩充。

采用自行编码时必须考虑编码的系统性,编码尽可能简明,要反映出所代表实体的性质,便于计算机处理。编码既不能有太多冗余,又要留有一定的发展余地,以便今后的扩展。例如某企业中职工的工作种类不超过10种,如果只考虑目前的情况,只用1位十进制数字代码就可以了。但随着企业业务的增长,分工的加细,以后可能需要更多位代码才能满足需求。在开始设计编码时就要考虑到这一点。

8.2.3 常用编码

1. 顺序码

顺序码是一种简单实用的编码。顺序码本身没有任何语义,它仅仅是用顺序数字或字符简单地与所要编码的实体相对应。如表8.2所示,员工家属关系编码标准中,用"0"表示"本人","1"表示"配偶","2"表示"儿子","9"表示"其他"。

表 8.2 家属关系的编码

代码	家属关系	代码	家属关系
0	本人	5	父母
1	配偶	6	祖父母
2	儿子	7	兄弟
3	女儿	8	姐妹
4	孙子或孙女	9	其他

数字码是一种常用的顺序编码方案,其所有的码位都由十进制阿拉伯数字

构成。数字码不但简明易懂,易于扩展,而且能发挥计算机的强大排序功能。其缺点在于编码空间较大时难以记忆。数字和英文字符的编码称为混合码。英文字符编码在每1码位上有更大的表达空间,也有助于表示语义,但是存在个别字符容易与数字相混淆的问题。

2. 层次码

有时,我们需要将事物进行某种分类,这时可以用层次码方案。编码时先将编码对象分成若干个层次,再将它们对应到相应编码。即按照一定的基准将对象分层后,将第1层对象对应到若干位,然后再对应第2层对象,……,这样,用若干位数字就可将对象及其分类明确地表现出来。这种编码简明易懂,易于机械处理,且可以追加、插入,被广泛使用在商品编码、图书分类、文件整理等事务处理中。

用这种编码体系,同层的类目之间必须是并列关系,且不得重复和交叉。下位类与上位类之间是隶属关系。如 GB 2260—80"中华人民共和国行政区划代码"分为3层:大类用于表示省(或自治区、直辖市),中类用于表示地区(或市、州、盟),小类表示县(或旗、镇、区),每一类都用2位十进制数字表示。

3. 表意码

表意码是将产品的某些属性用代码表示出来,这样看码便知道产品的属性。例如,用编码反映螺丝钉的规格时,可做如下设计:5mm 的螺丝钉按长度划分有 1cm,1.2cm,1.5cm,…,则可以设计螺丝钉的编码为 510,512,515 等。这样可以望码便知其意,当产品的其他编码发生变化时,该部分可以不做变化。

4. 复合码

复合码经常由两个以上的部分构成,其中一部分是用于分类的,另一部分是用于标识的。因此复合码经常是将顺序码和表意码结合构成。例如在一个编码方案中,牵涉钢材的生产厂家的部分用顺序码,而钢材的规格尺寸用表意码构成。如 10LZ030 代表某钢铁厂生产的冷轧 30mm 钢板。

8.3 事务数据处理过程

8.3.1 记录业务活动

记录业务活动是进行事务数据处理的起始步骤。在事务数据处理系统中,操作者通常使用计算机键盘和鼠标输入业务活动记录,现在的发展趋势是使用

某种专用数据录入设备,如数字键盘、条码扫描设备等。下面是一些典型的例子:

(1) 在航空公司的订票系统中,顾客可能直接到柜台订票,或者是通过电话订票。订票数据涉及航班、价格、等级、旅客姓名等信息,需要保证准确无误。因此该事务数据由服务人员手工录入,并请顾客确认。

(2) 在银行的某些交易活动中,顾客先填写一张原始凭证,写明自己要求的服务种类、金额等信息,然后由工作人员根据原始凭证录入到信息系统内进行处理。

(3) 对于不涉及金额交易的事务,或者单笔金额数量较小但不断发生的业务,为提高效率,减少顾客等待时间,可用光电感应设备录入方式。如超市商店、图书馆的图书借阅等。

数据录入处理的重点是方便、快捷、提高效率,尽可能在短时间内完成相应的业务信息处理。有时也重视反馈和回应时间(如银行的取款处理)。一般这类处理都是重复性工作,对于用户界面显示的要求较低。

8.3.2 数据检验

由于在数据录入时操作员可能疏忽,输入设备可能不可靠,操作员反复地敲击键盘或点击鼠标容易产生疲劳感和录入错误,记录的介质因年久而老化,因此在记录业务活动的过程中有可能产生错误数据。经常发生的数据错误类型包括:数据遗漏、数据错位、数据格式或内容错误等。所以通常在数据录入的同时或在完成数据录入后,系统应进行检错和纠错,这一过程称为数据检验或合法性校验。合法性校验通常包括:

(1) 录入的数据是否有遗漏。如对应该顺序录入的数据,可以用一段程序来检查是否缺少一个序号记录。

(2) 数据的格式检查。如数据长度是否超过或不足规定的长度,数据类型是否与规定的类型不符等。

(3) 数据的范围检查。检查数据与企业在有关方面的规定有无冲突,有无语义上的错误。如录入的交易账号必须是企业认可的账号,订货量不能为零或负数,员工年龄不能小于 18 岁等。对这类数据在每一次更新时都要进行常规检查,看是否在变动时产生了非法数据。

合法性校验可以通过系统提供的校验规则自动进行。在许多开发工具或数据库管理系统中都提供预制的检验模块,可以对字段的有效性和记录的有效性进行检查。字段有效性规则用于自动检查输入字段的值。例如对员工年龄字段可以设置为18岁到65岁之间。记录有效性规则可以同时检验表中的若干字段。例如,可以为"订单"表定义一个记录有效性表达式:"〔到货日期〕<=〔订购日期〕+30",程序就会自动检查该记录的"到货日期"是否是在订购日期以后的30天之内。

人-机结合校验方法通常有目视校验法和重复校验法。目视校验法是用人工对照的方法校验,让操作员手持单据与系统的显示一一对照确认。重复校验法是对重要的数据用重复录入的方法来保证其正确性。例如银行储蓄用户的密码输入,通常让用户连续录入两次,经过计算机对照无误后记入系统的数据库。这样做可以避免在录入时因用户的击键错误而产生错误数据。

8.3.3 更新事务文件

事务数据被录入系统后,进一步的处理包括对关联文件的添加、更新、删除和查询等。典型的数据处理活动包括:

(1) 存储数据。事务数据处理系统中的数据是与日俱增的,因此对数据的存储需要事先统一规划,否则业务所产生的大量数据容易因疏于管理而泛滥,也可能因为错误的处理而将有价值的数据丢失。常用的方法是根据时间段将事务数据分类,当前数据保存在磁盘上,历史数据可以转移到其他介质,如磁带机或移动磁盘或光盘中。

(2) 组织数据。将事务数据以某种系统的方式整理和组织起来。数据归类是根据数据的性质(如事务活动发生的时间、地点等)存入相应的文件进行保管。例如商店中的事务数据可以根据产生的时间分为详细数据、历史数据、汇总数据等。建立索引是为了提供快速处理的需要,为原数据建立各种索引,使查询者可以从不同的维度进行查询。另外,数据组织还包括对数据的归类、排序、转换、化简、合计等。

(3) 分析数据。例如,从数据分析过程中发现值得注意的变化(如某种商品的销售量显著减少),为决策提供信息。

(4) 维护数据。对事务数据要经常进行维护,对错误的数据进行纠正,对不完整的数据进行处理。数据的整理和维护需要由数据库管理员等专职人员负责。

数据文件可分为主文件和事务文件两种类型。主文件(Master File)是存储数据的主体,其中存放着有关实体的相对稳定的信息。事务文件(Transaction File)由描述业务活动的记录所组成,也是变更(修改、增添、删除)主文件中记录的依据。根据业务的需要,在业务活动发生时,可以立即对主文件进行修改,即实时处理(Real Time Processing);但有时因业务需要,也可以先将发生的业务活动记录下来,形成事务文件,然后利用事务文件和主文件的对应关系,按照有关的规定对主文件进行修改。这种方式称为批处理(Batch Processing)。联机实时处理的优点在于系统对输入数据总是立即处理,主文件始终保持着最新状态。但错误的数据一旦进入了系统,就会对主文件产生变更。因此联机实时处理需要有完备的错误恢复措施、明确的操作规程和严格的权限控制。批处理方式的优点在于计算机工作效率较高,处理过程中主机不必为等待输入输出浪费大量时间,而且批处理可以在夜间进行,这样更提高了设备的利用率。但缺点在于数据处理时效性差,删除记录或修正错误不能及时进行,必须和数据文件对比才能发现错误。

8.3.4 报表输出和提供查询

事务数据处理系统对企业内各管理部门提供相应的报表,如产量报表、市场销售量、现金流报表或者归纳整理后的数据、图表等。报表可以定期发送给有关人员。对系统的一个基本要求是在适当的时间,以适当的方式,对特定的数据使用者提供适当的数据处理报告。因此,在设计一个事务处理系统的输出报表时,应当重点考虑信息接收者对信息的需求特点是什么?报表的形式和内容是否适合他的要求?可以从以下几个角度来考虑报表的作用:

(1) 作为业务活动报告,用以确认企业某项业务活动完成与否。例如订单处理报表的作用是可以让主管确认一份订单是何时处理的。

(2) 作为指导性信息,指导某项事务活动的进行。如每周输出一份畅销商品和滞销商品排序情况,可以使店面销售人员更好地促销。

(3) 向企业领导提供决策参考消息。如一份各地区销售情况总和报表可以让总经理掌握市场销售整体情况,以决定新的战略。

应当从用户的信息需求角度出发来设计报表。一些早期的定期报表数字过多,表达不清晰,产生不必要的注意力资源浪费,难以被管理人员所认可。因此对事务处理的输出方式应当仔细地考虑,对应企业内不同业务的信息需求采用适当的形式。例如可以设计成为专为某部门提供的信息报告,给用户提供一些定制报表的功能。

查询/检索功能可以进一步分为简单查询功能和复杂查询功能。前者是在重复性较高的业务中进行的查询。例如对商品目录的查询、对人事档案的查询等。对这种数据处理的要求和录入/更新处理基本相同：主要追求快速回应和正确的数据检索结果。复杂查询是指非重复性的查询工作,如决策支持系统(DSS)和经理信息系统(EIS)中采用的数据查询。在这种查询中,用户的要求事先无法确定,往往要求设定多种查询条件,或者让用户与系统对话,并可能超越事务数据文件进行查询。例如,查询特定商品的销售情况,可能根据商品名、地区名、时间等不同的条件来查询,也可能需要用更为灵活的查询手法,如联机分析处理(OLAP)等方式来帮助用户。有关内容请见后面的章节。

人的认知能力的局限性

心理学的研究指出,人的信息处理能力是有限的。纽约尔和塞蒙曾提出了一个人的信息处理模型,将人的记忆能力分为短期记忆器和长期记忆器。他们发现,短期记忆器的信息处理速度很快,但不能长期保存所记忆的信息;而长期记忆器的写入速度很慢,通常要反复多次地学习才能够记忆。但是其记忆容量却几乎是无限的。另外,根据米勒的研究,适合短期记忆器处理的符号长度是5~9个,一般限度是7个。随着符号长度的增加,人的信息处理效率将下降。但也有例外,如经过训练和反复实践后,有人能够短期记忆长达75位的数字。米勒因此将此现象称为"魔术数字7±2"。

8.4　商业信息系统

商业信息系统是在商场、百货店、超级市场、零售商店等商业贸易企业以及和这些企业相关的批发、仓储、流通等部门中使用的信息系统。作为一种典型的事务数据处理系统,商业信息系统的许多基本功能都是很有代表性的。本章我们略微详细地讨论一下这一类系统的工作原理。

使用商业信息系统的基本目的是能够提高商品销售的效率,使得计价处理过程自动化。现在许多商店和超级市场等都采取开架销售方式,使用 POS 系统和条码作为数据采集设备,从而使得商品销售更加快速、便捷。商业信息系统不仅能够提高事务数据处理的效率,而且能够根据数据处理的结果帮助管理人员对商场的经营情况做出正确的判断,了解和掌握企业在订货、销售和业务管理等各个方面的情况。下面我们来看商业信息系统的几个重要部分。

8.4.1 POS 和销售管理系统

POS 是 Point Of Sales 的简称,其译法很多,如销售时点管理,销售点实时管理等。POS 机常用来指电子收款机(Electronic Cash Register,ECR),而 POS 系统则是指用电子收款机构成的销售管理信息系统。电子收款机是一种广泛应用的数据输入设备,由显示屏幕、电子或机械钱箱、内置打印机和内部微型计算机等部分构成,其常见功能如表 8.3 所示。

表 8.3 ECR 的主要功能

功能	说明
记录和汇总	对商品进行销售记录、折扣计算、退货、更正、消除等
商品管理	能登记营业员、部门和商品名称、类别、价格等信息
打印	具有打印收据功能
统计计算	有的 ECR 能进行客户流量统计、计算税金、管理非营业收支等
磁卡读入器	有的 ECR 可使用磁卡支付,现已发展为二维码支付
通信	联网后可构成实时销售管理系统

由于 ECR 具备了这样一些综合性的功能,因此它是构成销售管理系统的不可缺少的组成部分。在进行商品销售时,在 ECR 中事先登记信息有助于提高销售效率。ECR 中具有价格代码对照表(Price Look Up,PLU),营业员事先将商品价格登录到 PLU 上,销售时只要用条码读取器读入商品代码,机器根据 PLU 就可以找到该商品的价格,并显示在屏幕上。现在 ECR 的商品显示都可以图形化,非常直观且易掌握。在 ECR 上还能存储和获取有关人(如商品销售者和购买者类别代码)、钱(产品的价格,总价)、物(如商品名称,类别,购买的数量)、时间(何时进行的交易)等数据,经过统计处理后,就可以给管理者提供有关的决策信息。

8.4.2 条码

条码(Bar Code)是用一些宽窄不一、黑白相间的条形码进行排列组合,用以代表信息的一种方法。条码读取错误率极低,读取速度快。与键盘录入相比,采用条码后速度可提高 5 倍以上。与其他自动识别技术相比,条码的识读设备及印刷的价格都相当便宜。条码标签制作容易,对印刷技术、设备和原材料无须特殊要求。条码可以作为一种识别符号单独使用,也可以和有关设备结合起来构成自动识别系统,还可以和其他控制设备结合实现系统的自动化管理。

常用的条码方案有许多种,如通用商品码(Uniform Product Code,UPC)、欧洲物品编码(European Article Number,EAN)、库德巴码(Codebar)等。1973 年,美国率先在国内的商业系统中应用了 UPC 码。UPC 码是一种长度固定的连续型数字式码制,其字符集为数字 0～9。1977 年,欧洲经济共同体各国按照 UPC 码的标准制定了 EAN 码,EAN 码与 UPC 码兼容,而且两者具有相同的符号体系。

通用商品码的字符集中每一个符号都由规则排列的两个条和两个空表示。通用商品码分为标准版和缩短版两种,标准版由 13 位数字排列构成,主要用于商品标识;而缩短版由 8 位数字排列构成,主要在生产和商业部门内部管理中使用。标准版通用商品码的结构如表 8.4 所示,可以分为 4 部分:

(1) 前缀码(3 位),用来标识国家或地区名。代码由国际物品编码协会统一分配规定,以保证全世界都通用。

(2) 制造厂商代码(4 位),由各国物品编码组织统一编码。

(3) 商品特性码(5 位),用于标识商品的特性,如颜色、质地、重量等。它由制造厂商或批发公司来统一规定。

(4) 校验码(1 位),用来校验前 12 位代码的正确性。

表 8.4　通用商品码结构

13	12	11	10	9	8	7	6	5	4	3	2	1
前缀码			制造厂商代码				商品特性码					校验码

条码的进一步发展是二维码。条码是用在一个方向上排列的条纹表达信息,而二维码则是用水平和垂直两个方向上的黑白图形来表达信息。比起只能表达数字和字母的条码来,二维码能存储的信息要多得多。它不仅可以用来表达数字、英文字符,还可以表达汉字甚至图片等,而且二维码具有更强大的纠错、定位等功能。快速反应码(Quick-Response,QR)是目前被广泛应用的一种二维码,它主要由定位图形、格式信息、版本信息、数据和纠错码 5 部分构成,如图 8.2 所示。

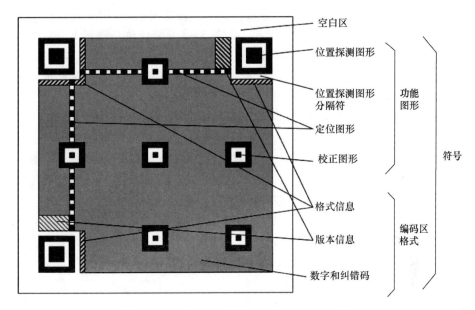

图 8.2　QR 二维码的构成

图中是一个 QR 二维码的基本结构。功能图形这部分中,位置探测图形、位置探测图形分隔符、定位图形三者都用于对二维码的定位。对每个 QR 码来说,通过这些就可以识别出图形的位置,但其大小会有所差异。校正图形是功能图形部分中的一个,根据二维码的规格,校正图形的数量和位置也就确定了。校正图形加在编码之后,可以大大提高识别正确率。

编码区格式包括格式信息、版本信息、数据和纠错码。版本信息即二维码的规格。QR 码符号共有 40 种规格,从 21×21(版本 1),到 177×177(版本 40),每一个版本符号比前一个版本每边增加 4 个单位。格式信息表示该码的纠错级别,分为 L,M,Q,H 4 级,对应的纠错率分别从 7% 到 30%。数据和纠错码即二维码实际表示的信息和纠错码。QR 码将表达的数据按照一定的规则转变为二进制格式,并加上纠错码,按照一定的规律形成黑白图案。如此最多可以存储 2 000 多个字节,近千个汉字字符,同时也具有很强的纠错能力,一般图形上的灰尘、污渍或伤痕都不影响读出的正确性。

8.4.3　销售管理系统的结构

根据商品类型和经营规模的需要,销售管理系统可以有不同的体系结构。

一种最简单的销售管理系统方案是供小型零售店使用的,仅用一台智能化的ECR构成。在进行销售时商品的代码、单价、数量等数据被存储到ECR中,再通过电话线直接传送到银行的用户账户上。在这种结构中信息系统没有前、后台之分[①],使用的仅仅是ECR内部具有的数据存储和管理功能。ECR把经过它收集的数据直接送到银行,由银行提供计算服务。

一般中小型商场的销售管理系统多采用由多台ECR和服务器构成的C/S结构。这类系统的结构一般分为前、后台两个部分,通过通信线路相连。前台是由多台ECR构成的多路数据输入系统,后台是一个计算机局域网,其中服务器对前台发来的数据进行事务数据处理,或进行统计分析处理等。服务器还存储着商场的各种业务信息和管理信息等。在商业活动的政策变化(如对某类商品打折销售)时,服务器可以将调整后的数据发送到前台收款机中。同时它还可以通过通信线路和银行相连。

对一个商店来说,销售管理还仅仅是其业务的一个部分,商业信息系统需要将销售与采购、库存等业务都管理起来。实现这类系统的方法之一是采用现成的面向中小商店的软件包和微机局域网。例如用"进销存"软件包,可以容易地在一个有若干节点的局域网上进行商业信息管理。这种软件一般有进货管理、客户管理、仓库管理、商品管理、销售管理等功能,将小型商店的几项主要业务都包括在其中。除了完成日常事务处理以外,系统还可以提供一些分析功能,辅助管理人员进行管理活动。典型的事务处理和管理辅助功能如表8.5所示。

表 8.5 商业信息系统的功能

	功能	说明
事务处理	销售管理	售出商品录入,商品分类,收款,合计
	查询	根据不同管理人员的业务分工和职权范围,查看有关的进货、销售、库存、员工业绩等情况
	库存管理	商品的入库、出库、库存量管理等,进货、调拨、退货、报废、盘点等活动
	商品管理	商品的编码、定价、调价、向供应厂家订货,减少不必要的订货手续,使得工作流程简化

---

① 前台指用收款机直接和顾客打交道的场所,进行商品销售、收款结账、顾客信息收集等;后台指商场中对前台终端收集的数据进行处理的场所,通常用计算机将数据进行统计、整理、分析等处理,也包括库存管理、进货、贴条码等一些准备性工作。

续表

	功能	说明
管理辅助功能	销售分析	帮助管理人员根据销售情况,制定合理的进货和销售策略。例如,发现哪些商品是畅销产品,哪些是滞销产品,从而采取相应措施
	库存分析	制定适当的库存控制指标,以求适度的库存量。对于连锁店等,POS系统还可以帮助管理人员实现商店间的商品调配等
	人员分析	将营业员的代码事先输入到机器中,系统可以精确记录每个营业员的工作时间以及他们经手的每一笔销售额,从而得到对人员管理的第一手数据
	成本分析	对商品流转的各阶段发生的成本费用进行核算。如在进货、销售、盘点等阶段进行核算

使用主机的 POS 系统是大型商场经常采用的方案。大型商场通常指营业面积达一万平方米以上的商店,有数十台至数百台收款机同时工作。在这种结构中需要有一台处理能力较强的后台主机,根据业务处理的需要也可能配备若干台部门级服务器。整个商场的主要业务信息都由主机来处理,而服务器各自承担一部分收款机的数据整理工作。主机通过通信线路与外界银行相连,对于销售数据进行计算和结算。这种方案可以更好地发挥主机和服务器的作用,不但能够给顾客提供多种快捷的服务,而且能迅速对商场的情况做出统计和判断,在订货、销售、管理等各个方面提供全面的服务。

8.5 无线射频标识

无线射频标识(Radio Frequency Identification,RFID)是一种近年来受到广泛重视的新技术,可以用来记录事务活动和自动识别物体,在物流、库存、生产和销售等企业活动中有广泛的应用前景。目前,许多商业界的领先企业都已经试验性地引进了 RFID。一些研究指出,随着 RFID 的推广和普及,将来有可能在事务处理方面产生革命性的变化。

8.5.1 RFID 系统结构

RFID 有多种外形和不同的应用形态,但无论何种应用,一个 RFID 系统基本上是由以下3个部分所构成的,如图 8.3 所示。

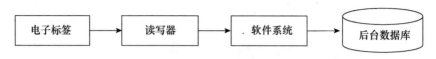

图 8.3　RFID 的信息读取和处理过程

1. 电子标签

电子标签又称为变频发射器(Transponders),是用来标识物体的部件。电子标签内部包括一个微处理器和微型天线,它可以存储和读写数据,例如产品的标识、有效期、处理和存储的设备、服务和历史等,可记录数据量远远超过条码。

对于电子标签的一种常用的分类方式可以分为有源和无源标签。电子标签使用无线射频(Radio Waves)与读写器通信,因此,它需要微量能源才能工作。有源标签使用内嵌的微型电池,可以用自己的能源发出信号,传递的范围目前可达 100 多米。无源标签内部无电池,而是靠反射读写器发出的射频来通信。无源标签的发射信号大约在 3 米左右能有效识别。

2. 读写器

读写器(Readers/Writers)类似条码扫描器,其作用是与电子标签通信,读出或写入数据。读写器可做成各种形状,如 PC 卡片型、手持型、嵌入模块型等。读写器通常由两部分组成:一部分是天线,向电子标签提供电源,同时进行数据的发送和接收;另一部分是控制器,对数据进行编码、解码以及和软件系统进行通信。

读写器可以用极快的速度连续读取大量标签数据。因此,它可以用于自动获取数据,大大减少读取物体数据的时间。在自动仓库中,当一个装满货物的大型包装箱通过读写器时,读写器可在瞬间读出箱中所有商品的标识,而且不需要人工干预和接触商品。国外的试验表明,比起传统的条码,RFID 可以节约 80% 的数据读取时间。

3. 软件系统

RFID 系统的第 3 个部分是其中的软件。在软件中最重要的是编制时所依据的业界标准。软件系统通常包括一个用来控制读写器的前端管理程序,一个中间件负责将读取的信息送到服务器,另外还需要运行后台数据库应用系统。

8.5.2 EPC 编码

全球电子产品编码(EPC Global)是一个主要的 RFID 标准设定组织。该组织已经提出了一个基于互联网的供应链模型,目的在于给供应链以端到端的能力。该模型的核心内容是 EPC 即电子产品编码(Electronic Product Code,EPC)。现在,许多制造商开始在他们的产品中加上用这种代码的 RFID 标签,每一个标签中包含着一个唯一的 EPC 96 位的编码,它是 UPC 条码的后继,可以用来唯一地标识该产品。

EPC 的一个例子如图 8.4 所示。由此可以得知,EPC 可以辨别 2.6 亿个企业,680 亿个物品代码,具有普通条码所难以比拟的数据标识能力

01	113B9D6	32C5A1	509CBD60E
8 bits	28 bits	24 bits	36 bits
Version of EPC	Manufacturer Identifier	Product Identifier	Item Serial Number
	More than 268 million unique IDs possible	More than 16 million unique IDs	More than 68 billion unique IDs

图 8.4 一个 EPC 编码的例子

8.5.3 RFID 发展的前景

RFID 的广泛应用目前仍然存在一些障碍,最大的问题来自制造 RFID 电子标签的成本。目前一个无源标签的平均成本大约要数 10 美分,随着制造量越来越大,将来可能会降至数美分。另外,RFID 系统还包括读写器和软件的成本。在一些应用(如使用 RFID 的仓库)中还需要特殊的设施,如使用 RFID 的叉车、传送带、库存货架和分类机器等。和条码比较一下就知道两者的差异十分显著:传统的 UPC 条码标签的平均成本低于 1 美分,一个读取器大约不到 200 美元。同时,条码也不需要其他特殊设备。从这一点来看,RFID 要想得到进一步的发展,降低成本将是一个关键因素。

同时,RFID 的电子标签因为其具有防冲撞性、封装任意性、使用寿命长、可重复利用等特点,对于科学管理的意义十分重大。现在的库存管理系统通常使用条码标签或是人工库存管理单据书写等方式支持自有的库存管理。但条码有易复制、不防污、不防潮等缺点,使得现在的库存管理供应链始终存在着缺陷。随着电子标签的投入应用,可以从根本上解决上述的问题。两者的一个简单对比如表 8.6 所示。

表 8.6 条码和 RFID 功能的对比

特性	条码	RFID
识别隐形对象	否	是
同时识别多个物体	否	是
数据写入	否	是
数据量	小	大
成本	低	高
系统标准化	无	有

RFID 系统可以给组织之间的信息交换和供应链带来很大的变化,帮助企业形成合作伙伴,合作生产、分销、外包和提供服务等。

麦德龙的未来商店

麦德龙(Metro)集团是欧洲最大的零售商之一。2004 年,它在德国开设了一家"未来商店",在商品的摆放和进货、库存管理等方面全面应用 RFID 技术。

在货物发送到商店之前,麦德龙配送物流系统将商品分类装箱,货箱被送到中央仓库的货盘上。每个货箱都有一个包含货箱内商品代码和数量的电子标签。仓库人员把这个数据读入一个与未来商店相连的 RFID 商品管理系统中。当商店要求补货时,装上货的货盘就被运到中央仓库的出口区域,在那里有一个称为"RFID 门"的读写器来记录商品编码。此时,库存管理系统自动把这些商品的状态从"存货中"变为"运输中"。

当未来商店收到货物时,员工把货盘从卡车上搬运下来,穿过商店后门的另一个 RFID 门。扫描器可以每秒识别 35 个电子标签。这时,商品状态将变为"店铺已收货"。然后大多数商品在仓库临时存放。每个存放位都安装了一个电子标签。在将每个货箱放在货架上时,用一个手持扫描器读取、匹配箱子上和货架上的电子标签。这样管理人员就能准确地知道每件商品放在哪里了。

当商品被运到销售区时,箱子又穿过另一个 RFID 门,在这里机器再次读取芯片并把商品状态改为"上架"。当员工把箱子清空并把商品都放上货架时,从箱子上取下电子标签并在将空箱子移到仓库以前使其状态变为失效。

如果我们将各种各样的物品都赋予标识,并通过智能感知、识别技术与普适计算等通信感知技术,借助互联网将它们构成一个能够相互联系和通信的网络,这便是所谓的"物联网(Internet of Things,IoT)"。物联网就是物物相连的互联网,也是信息化时代的一个新的发展方向。在物联网时代,通过将传感器附着在各种物体上,就对物体赋予了标识。例如把感应器嵌入到城市的基础设施如电网、铁路、桥梁、隧道、公路、建筑等物体中,然后通过感应它们的状态,用RFID、传感器、二维码等,能够随时随地采集各种物体的动态信息。通过将信息转换为适合网络传输的数据格式,就可以在远程了解到这些物体的情况。

物联网的处理中心可能是分布式的,如个人通过电脑或者智能手机遥控家中的电器设备;但也可能是集中式的,如一个企业对其所有的设备通过智能数据控制系统进行管理。

物联网的本质概括起来主要体现在3个方面:一是互联网特征,即对需要联网的物一定要有互联互通的互联网络支持;二是识别与通信特征,即纳入物联网的"物"一定要具备自动识别与物物通信的功能;三是智能化特征,即网络系统应具有自动化、自我反馈与智能控制的特点。移动技术、物联网技术的发展代表着新一代信息技术的形成,并将带动经济社会形态的变革,推动智能化社会的形成,在未来将会有巨大的应用发展空间。

第 8 章重要概念

事务数据处理系统，数据处理，主文件和事务文件，数据采集方法，基础数据、编码方法，顺序码、表意码、复合码、合法性校验，人机结合校验、联机实时处理，批处理，系统审计，系统权限和角色，信息报告系统，商业信息系统的构成，通用商品码、POS 系统、ECR、PLU、无线射频标识，电子产品代码，物联网

第 8 章复习题

1. 事务数据处理系统中对文件有几种操作？
2. 举例说明什么是事务数据。
3. 对一个街头小零售店来说，有哪些基础数据？
4. 在事务数据处理系统中为什么要编码？
5. 举例说明条码对零售商来说有什么用处。
6. 什么是合法性校验？如何进行合法性校验？
7. 为企业管理者设计数据报表应当注意哪些问题？
8. 说明 POS 系统中有哪些主要的成分以及它们的作用。
9. 说明什么是 EPC，在哪些行业中可能要广泛使用 EPC。
10. 用实际例子说明 RFID 给哪些商业活动带来了革命性的变化。

小组活动课题

调查一种使用条码的信息系统的构成成分以及制作和使用条码的全过程。

第 9 章 办公自动化系统

本章学习目标
(1) 掌握办公自动化系统的主要功能
(2) 掌握工作流的定义和描述方法
(3) 学习工作流参照模型的基本概念
(4) 了解群件系统的工作原理和基本的应用
(5) 了解知识管理系统的工作原理和基本的应用

办公自动化系统(Office Automation Systems,OAS)是一种常见的信息系统形态。简单的办公自动化系统是在 PC-LAN 上用软件包加上通信软件直接构成,而复杂的办公自动化系统则与整个企业的业务活动及工作效率紧密相关。本章中将介绍办公自动化系统以及协同工作系统的研究成果及其在企业管理上的实际应用。

9.1 办公室工作的性质

9.1.1 办公室工作的特点

什么是办公室工作?从信息处理的角度来看,办公室就是一个组织对其信息资源进行集中处理的场所。办公室中的主要工作包括信息的发布和汇集,文档的创建和管理以及各种行政管理、业务处理工作,因此,办公室的工作人员都是某种信息工作者。随着信息技术的普及,白领工作者在劳动力中所占的比例不断增加,这种转变一方面使得办公室工作所要求的技能和知识发生了变化,另一方面也带来了相应的交流方式和工作性质的变化。

在办公室出现后很长的一段时间中,行政管理工作者们的工作是以经验为基础的、以处理人际关系为中心,他们的日常工作形式是打电话,听汇报,发布命令等。管理学大师亨利·明茨伯格(Henry Mintzberg)在1973年做的一项研究发现,大部分高级经理的工作都是以办公室为活动中心的,他们基本上采用一种传统的工作方式,主要靠直觉和关系去工作,和外界以及下级的直接联系这样的工作需要花费高级经理1/3的工作时间。然而从20世纪80年代开始,由于企业信息量的增长和处理方式的变化,高层管理者开始使用计算机来从事以往的日常工作。同时,对许多传统办公室工作的自动化处理也显示出强大的优势。办公自动化系统提供科学合理的业务流程,能够方便管理者与内外机构及有关人员的沟通,实现数据的共享和协同,因而被广泛利用于企事业机构的各种办公室活动之中。

办公室工作形态的变迁

19世纪时,英国的办公室事务员以男性居多,办事员和经理的工作并没有严格的区分,对办事员的要求是"语言知识、会计知识、商业细节、精力充沛、敏捷果断",而技术性知识对他们来说并不重要。

到20世纪中叶,随着工业社会的迅速发展,企业中文档处理量的大量增加,办公室的打字、簿记、文秘、电话接听等工作需要越来越多的辅助工作人员。办公室人员的构成也发生了变化,变为主要由年轻女性担任。

20世纪末,传统的以文档工作为中心的手工信息处理方式被基于计算机和通信设备的文秘工作方式所取代。普通的办公室文秘人员必须了解计算机知识,掌握有关的打字、扫描、排版、打印、复印、电传、电子邮件、图像和语音处理、短信发送等多方面的信息处理技能。使用计算机工作成为办公室文秘人员的基本工作方式。

后来,人们开始探讨虚拟办公室是否可行。一些公司的某些部门取消了经常外出的员工的固定办公座位,让他们依靠手机、平板电脑和笔记本电脑来办公,需要时在任何办公桌上都可以工作。虚拟办公室带来的好处是公司可以节约租借办公室的费用,员工也可以节省通勤时间,按照自己的生活习惯工作。从技术上来看,员工完全可以在任何地点通过无线上网,直接对公司的计算机进行操作。这种访问还可以通过两种方式来进行,一种是连接到公司的客户机上再与服务器对话,还有一种是通过第3方提供的计算资源来工作。

但是,一些员工反映:总在自己家里工作会感到孤独,缺乏与同事在一起工作的愉悦感。有些企业管理者也觉得如此一来似乎失去了对下属员工的控制。因此,目前虚拟办公室仍没有得到广泛使用。一些正在尝试这种工作方式的公司认为:成功的关键因素是要求员工每星期要有一定时间到公司来工作。

9.1.2 办公室工作的信息处理

在办公室中的信息处理工作中,经常采用某种分工合作的工作方式来提高工作效率。例如经理和秘书为了交换信息的方便,可以将工作地点设在相邻的办公室或套间中。现代生产企业中经常有所谓后台办公室(Back Office),就是将与企业某项基本业务有关的各种办公活动(如订单处理、账务处理、文档记录等)都在一个大型办公室内解决。

办公室中的工作性质也决定了其工作人员要根据职责划分出不同的信息处理角色。办公室中常见的信息处理角色包括:① 决策者。该角色对于某项工作有批准或否决的权力。② 监控者。例如项目办公室的工作人员主要负责管理和监督各个项目的执行和进展情况。③ 知识工作者。如市场策划人员、作战参谋人员、总经理的专业助理等。他们的工作性质是为决策者出谋划策,提供有助于决策的资料,为减少不确定性做好分析和辅助性工作。④ 事务人员。事务人员是办公室中具体工作的执行者,如数据输入、核对检查、会议记录等。在一项大型的任务中,有时需要不同的角色合作完成,每个人各自担当其中一部分工作,这也可以看作是一个工作流。

表9.1是对办公室各种工作的分类以及对它们各自所占比例的统计结果。表中的第3列是在这些工作中目前常用的信息技术支持手段。

表9.1 办公室工作与信息技术

办公室中的工作分类	百分比	信息技术支持
文档处理 (起草、抄写、修改文档,保存、收发、整理和查找文档,制作表格和图形,制作演示幻灯片,制作图片等)	40%	文字处理 表处理 数字图像化

续表

办公室中的工作分类	百分比	信息技术支持
日程安排 （计划、制定日程和工作日历，发放通知等）	10%	电子日历、日程计划 电子邮件 工作流
信息交流 （通过电话、传真、信件等方式，与组织内外的有关人员进行信息交流）	30%	PBX 和数字电话设备 语音邮件 EDI
数据管理 （对企业内部资产、资源、个人或群体、物品设备的数据管理，对有关外部顾客、客户、供应厂商的管理）	10%	数据库 客户关系管理
项目管理 （对某项目进行计划、实施、评价、控制，对资源的管理，人事决策等）	10%	项目管理软件

9.2 办公自动化系统

提高办公室工作效率和质量的一个重要手段就是使用办公自动化技术并将它们与各种工作进行很好地结合。由于个人计算机上的办公软件包（如微软的 Microsoft Office 软件包）可以极大地提高个人信息处理的效率和质量，已经成为办公室工作的必备工具。最常用的功能包括文字处理、表处理、演示软件、图像扫描、电子邮件等。办公室事务工作者所需要的基本技能如表 9.2 所示。

表 9.2 办公室事务工作者的基本技能

技能	说明	软件包
文字输入	一般的办公室工作者至少应熟练掌握一种输入方法。随着语音输入和手写输入软件技术的成熟，对此技能的要求降低。但某些专业记录技能仍然十分需要（如会议同声快速录入）	常用的输入方式有拼音输入、五笔输入等
文档处理	文字处理软件的主要功能包括文字格式设定，页面格式的设置，公式、图形、表格的编辑以及文字查找、替换、检错、特殊字符输入等	常用软件包括 Microsoft Word，WPS 等，Adobe 的 Acrobat 是互联网上最常用的文字处理软件
表处理处理	基本的表处理软件使用方法包括对数据和公式的输入，各种表格的创建，完成简单的数据计算和图表输出等	Microsoft Excel 是当前企业业务处理最常用的软件

续表

技能	说明	软件包
演示软件	能够根据商业活动的要求,制作出思路清晰、美观大方的演示稿	微软的 Microsoft PowerPoint,苹果的 Photostage 等
图形和影像处理	基本的图像扫描工作和文字扫描识别等,对于搜集和整理企业外部的经营环境信息往往是十分重要的情报获取手段	尽管微软的 Office 上也有相应的软件,但苹果机的图像和影像处理更为出色
电子邮件	电子邮件能够通过计算机网络实现非同步的信息传送,费用低,速度快,操作方便	现在国产的电子邮件如网易的 163 等占据市场优势

以上这些软件包的作用主要是提高个人信息处理能力,而办公自动化系统的作用则是以网络技术为基础,运用群件等实现办公室综合功能的电子化,办公工作流程的自动化。办公自动化系统可以根据组织的需要将办公室中的信息处理集成起来,对办公室中的信息收集、信息加工、信息传递、信息存储、信息利用、信息反馈等进行整合和处理。从技术上来看,办公自动化系统在硬件上包括各种数字化的办公设备,如电话、电传、传呼机、文字处理机、打印机、复印机等;而办公自动化系统中的软件则包括文字处理、群件、文档处理系统、办公日程管理系统、电子邮件、知识管理等。

让我们来看一个在政府机关某部门中使用的办公自动化系统的实际例子。在该部门中,大量的日常工作是公文的起草、修改、编辑、校正、收发、归档、整理、保管和销毁等,文件的处理要花费工作人员大量的时间和精力,又难以对大量文件妥善管理,迅速查询。为解决这些问题,该部门引进了一个公文处理系统。该系统的主要功能包括:

(1) 帮助工作人员起草、修改、编排和打印各种文档,包括通知、公函、会议纪要、报告、日志等。

(2) 帮助工作人员进行文档处理流程管理。对系统中文档指定一些附加的信息,如文档号、主题词、类别、保密级别、有效期等。这些信息用于对文档进行各种处理,如收文、发文、办理、催办等活动,同时也可以用来进行文件的借阅、批示、销毁等。

(3) 虚拟文件柜管理。系统提供一个虚拟文件柜对计算机文件进行保存,对大量文档进行查找、调看、统计查询等。

比起公文处理系统来,办公自动化系统还有更加广泛的应用领域和更多种类的信息处理功能。一些商品化的办公自动化系统中包括领导日程管理、日常办公管理、会议管理、公共信息管理(如公告栏、论坛等)、个人信息管理(如个人工作绩效记录、评估等)、固定资产管理(包括车辆、会议室、文件物品借用等)、技术信息管理(如图书期刊管理、科研项目管理、内部刊物管理等)、人事信息管理等。

9.3 工 作 流

9.3.1 工作流

工作流是经由多名办公室人员协调完成的、相对稳定的业务活动,偶发的活动构成的集合不属于工作流的范围。一个工作流也可以看作是一些基本信息处理活动的集合。将这些基本处理活动在办公自动化系统上进行,能够产生以下效益:

(1) 节约资源。传统的办公室工作方式浪费纸张、场所和人力资源。一份文件可能要在不同部门备案,需要多次抄写或复印。而电子化的申请单填写完毕后就可以共享,累积起来节省的纸张开支是很惊人的。

(2) 提高准确性和速度。电子信息在复写和转发中准确性高、速度快,不会产生在抄写中产生的错误。如果文件中内容不够详细准确,计算机可以自动检查。

(3) 传统的文件方式中,由于审批者工作忙使得申请搁置、遗忘,甚至造成损失等现象经常发生,而有关人员也无法了解目前的工作进度,而电子化的工作流可以随时查询。

(4) 通过活动分析,可以发现不必要的活动。可以进行活动价值分析,使得企业中的业务流更加合理,降低成本。

为了实现办公自动化,对办公室工作流的业务活动分析是必须的。通过业务活动分析,可以建模并详细地描述出工作流中的基本信息处理活动。例如某公司的采购业务是这样规定的:采购科的工作人员在采购某项材料时,需要打报告提请采购科科长批准,然后需要通知财务科主管人员和库存检验人员。如果是大额采购,必须得到主管经理的同意。图9.1是这个业务活动的工作流。

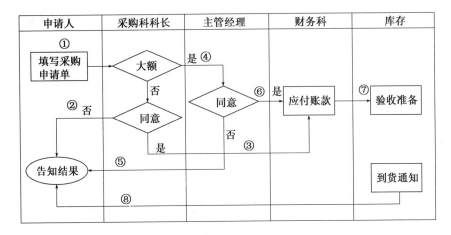

图 9.1　一个设备购买申请工作流

① 申请人提出购买设备的申请；② 如果在采购科科长可批准的范围内，则采购科科长直接答复可否；③ 如果可购买，采购科科长通知财务科，向供应商付款；④ 如果超过采购科科长可批准的范围，则将申请和科长意见转给主管经理；⑤ 主管经理给予答复；⑥ 主管经理向财务科发出批复意见；⑦ 财务科将订购信息发给库存部门；⑧ 库存部门将到货情况通知申请人。

如果通过分析明确了以上工作流，就可以使用办公自动化软件来方便地实现这个逻辑模型。一个直接的解决方案是采用专用的工作流系统。所谓工作流系统，就是以工作流的定义、执行、管理为主要功能的办公自动化系统。工作流系统通过直接定义与业务关联的活动以及活动之间的相关关系，可使得信息和数据在有关的业务活动中得到流畅的运用，业务活动的可视性和工作效率得到显著改善。

城市地铁集团的协同工作系统

近年来，越来越多的中大型城市在推进地铁建设。地铁犹如城市的动脉，给每一位市民带来了安全、便利的出行新方式。与此同时，也需要有科学、规范的企业来进行地铁建设和运营。

2013 年，某市地铁集团正式成立了。该市地铁集团的业务范围不但包括本市地铁工程的投融资、建设、运营与管理，而且还包括相关的基础设施、公共设施项目的工程建设管理、招标及技术服务，土地整理与开发，房地产开发，城市轨道交通相关资源的综合开发及管理等业务。

致远软件公司在承接了市地铁的办公自动化项目后，项目组首先对集团的信息化需求进行调研。他们发现，由于该集团业务的多样性和历史原因，集团的组织结构比较复杂，存在许多跨部门跨组织的审批流程，各种数据采集困难，远程管理多采用电话和邮件沟通。整体上来看，该集团的管理不够精细，文件处理效率低，虽然使用计算机但信息传递却很慢，查询和统计数据都很缺乏。

项目组决定先分析该集团的办公流程。通过对其日常办公业务深入调研，开发人员找到了大量已形成的制度流程和大量还未形成的制度和管理流程。包括：经营管理和行政管理方面的各种已有的制度流程；公司规章制度、政策、工作规范的制定、修订、废止；项目经营目标、策略审批；项目规划设计、单体建筑设计方案制订、修订；项目的预决算申请审批；大量日常办公文档的撰写、修改和审批以及各种工作安排和汇报。

如此看来，由于业务流程门类众多，信息处理系统化和协同性要求很高。过去他们仅仅是使用微机上通用的办公室文档处理软件，很难提高企业整体效率。而将要引进的致远协同办公信息系统，在办公系统中存储了集团企业的核心审批模板195套，审批流程300余条，涵盖了集团内部的所有办公业务。通过电子化工作流程，将极大地提升集团的整体办公效能。

致远协同软件公司提供了一个集团内部电子公文管理平台。其功能包括：公文应用设置、发文管理、收文管理、签报管理、公文交换、公文督办、公文查询、公文统计、公文档案等等。遵循规范的收发文、交换和文档管理一体化等制度，并针对电子公文特点，提供相应的电子用印、加密控制、流程控制、权限控制和备份等应用，使得发文、收文、交换和公文档案库管理环环相扣，系统控制、安全防范和电子印章紧密相连。

督查督办也是市地铁集团运行机制中重要的一环，基于市地铁督查督办的重要性，致远协同软件公司开发了一个公文督查督办子系统，从督查立项、立项审核到专项督查台账跟踪管理、督查通知管理、督查结果反馈等一应俱全，做到了交必办、办必果、果必报。集团内的各种督查督办活动都在这个系统中得到解决。

> 过去,连会议通知都需要打印、复印,由通信员递送到各个部门,效率很低。现在,从会议前资料准备到会议通知审批及下发,从参会回执及统计到会议室预订,从会议纪要上传到会议事项督办等,都可以在会议管理模块中实现。集团的会议资源实现了真正的各部门共享和集中管控。

9.3.2 工作流产品

下面我们来学习若干工作流系统的术语,这些术语是国际工作流管理联盟(Workflow Management Coalition,WfMC)所定义的,是有关工作流系统的重要概念。

(1) 业务流程:看作是这样一个系统,它通过一系列相互连接的活动(如决策、信息处理)实现组织的特定目标。

(2) 工作流:指使用信息和网络技术,实现业务流程的全部或部分自动化。具体来说,就是遵从一定的流程规则,实现文档的创建以及各种信息或工作任务的自动传送。

(3) 工作流管理系统:指使用在网络上工作的特定软件系统来定义、管理和执行工作流。它是信息系统的一种特定的模式。

(4) 工作流产品:是商业化的用于工作流管理的软件。

一个特定的工作流产品是由某个软件厂商所设计的,每一种产品都有其独特的界面、功能和特征。另一方面,一个企业中可能有多个工作流,不同的业务或许需要不同的工作流产品来支持。这就关系到如何对各种不同的工作流及其产品进行分类的问题。企业为了选择适合自己的工作流产品,也需要对工作流和工作流产品的分类有所认识。

对工作流产品的分类可以从许多不同的角度来进行:例如工作流的性质,参与工作流的工作者,工作流中活动的特征等。目前根据 WfMC 的研究,对于工作流产品主要基于两个维度来分类:该产品中的工作流与企业基本业务的关系以及企业业务的多样性。根据前者可以分为两类:与企业基本业务直接相关的工作流和间接相关的工作流。例如在一个商业性企业中,其基本业务是商品的采购和销售,那么一个营销部门的工作流就是和企业的基本业务直接相关的。根据另一个维度即企业业务的多样性,则可以将工作流产品分为具有多样性的非重复性工作和具有单调性的重复性工作两种类型。如果用横轴表示企业业务的多样性,纵轴表示与企业业务的相关性,我们就可以得到一个如图9.2所示的二维矩阵,不同的工作流产品可以划归到这个二维矩阵中的某一个象限中。

右上角象限称为"产品型工作流",它是最重要的一种工作流。因为这个象限中的工作流与企业的基本业务直接相关的,同时在其活动特征上又具有重复性。这样的工作流一般与企业的主要产品(或服务)有紧密的关系。如生产制造型企业中的生产计划科中的工作流便属于这种类型。

右下角的象限称为"管理型工作流",这类业务活动虽然与企业基本业务不直接相关,但具有重复性。一个典型的例子是生产制造业企业中的管理工作流。对这类工作使用工作流产品的目的在于提高工作效率。

左上角的象限称为"协调型工作流",这是与企业业务直接相关的非重复性工作,需要增加知识系统,以人机结合方式来完成。可以用工作流结合企业业务再造来完成。

左下角的象限称为"动态型工作流",与企业业务不直接相关,也不具有重复性。这类工作流为什么还需要工作流产品呢?事实上,对这一类工作流系统采用的出发点并不是提高工作的效率,而是从工作的性质出发考虑,可以将工作做得更好。例如在某些决策活动中可能需要使用一类分析模型,这时工作流产品便可以提供强大的支持功能。

图 9.2 对工作流产品的分类

9.3.3 工作流参照模型

随着IT业的发展,越来越多的工作流产品得到应用,但是不同的IT厂商所提供的产品各不相同。那么对于形形色色的产品是否需要有一个共同的概念框架呢?答案是肯定的。这就是国际工作流管理联盟所提出的概念框架。

国际工作流管理联盟提出的工作流参照模型包括5个接口,分别与工作流的核心部分即工作流执行服务部分相连。所谓工作流执行服务(Workflow Enactment Services)是一个工作流系统的核心部分,在它内部可能有若干工作流引擎(或工作流机)。工作流执行服务的作用是创建、管理和执行工作流。工作流引擎是工作流执行服务中的实际工作机构,提供工作流实例的执行环境,将执行流程的定义进行解释和实例化,运行该实例并管理运行流程。下面我们简要介绍一下这些接口和对应组成部分的意义。

接口1是工作流执行服务与流程定义工具之间的接口。对于不同的工作流系统来说,其流程定义工具可能有不同的形态。例如,可以是图形化的方式,也可能是某种表格的方式。这些流程定义工具的作用都是创建工作流流程。在这类工具中通常都提供一种工作流流程定义语言,例如 Wf-XML 语言。用工作流流程定义语言定义的流程可以看作是一个概念网络,它包括构成流程的活动、活动之间的关系、指示流程启动或完结的信息以及有关活动自身的信息(如活动的执行者、参与者、与该活动相关的应用程序和数据等)。工作流流程定义语言是一个工作流产品的重要组成部分。

一个工作流由若干个为完成特定目标的任务和相关数据所组成。任务是最基本的执行单位,任务间存在执行次序和依赖性等约束关系。执行次序规定了任务间启动的先后顺序,分为并行方式和串行方式。依赖性规定了在发生提交和废弃时,任务之间的约束关系。为了描述任务间的复杂约束关系,可以将具有相同关系的任务定义为任务组,若干个任务组构成一个工作流。因此,一个工作流模型可表示为一个有向图,其中的节点表示任务,有向边表示控制流和数据流。这里的控制流由任务间的约束关系定义,数据流由任务间的输入输出来定义。

接口2和接口3是工作流执行服务与应用软件之间的编程接口(Workflow APIs,WAPI)。接口2是与客户机应用软件之间的接口,接口3是与所引用应用软件之间的接口。一个工作流产品不但要提供工作流处理,还经常需要与其他应用软件整合,例如电子日历、日程计划、电子邮件等。通过参照模型中的这两个接口,应用软件就可以与工作流执行服务进行整合。

接口4是与其他工作流执行服务之间的接口,它定义了多个工作流执行服务之间的通信机制。如果一个工作流引擎希望另一个工作流引擎执行一段业务过程,就可以通过这个接口传送背景信息和数据。接口4的重要作用在于它为工作流引擎之间的相互可操作性提供了一个可参照的标准。

最后,审计和监控工具与工作流执行服务之间的交互通过接口5来进行。该接口标准的确立,有助于在不同的工作流产品之间的审计取得一致性。通过该接口,工作流引擎可以分析异构工作流产品中发生的事件,例如 WAPI 事件、内部工作流管理引擎操作和应用功能等,用以控制系统的运行。

工作流和外部系统之间的数据交换主要通过 3 个接口来进行：工作流客户应用(接口 2)，调用的应用程序(接口 3)以及工作流引擎相互交换(接口 4)。以上概念的总结如图 9.3 所示。

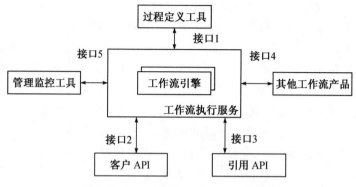

图 9.3　WfMC 提出的工作流参照模型

9.4　群　　件

9.4.1　OA 开发工具——群件

群件(Group Ware)是一种通用软件开发工具，可以用来开发特定的群体活动应用。一个群件产品不但提供用于开发的脚本语言，还包括一些现成的群体活动模板，企业可以根据特定的业务用它来进行快速开发，将办公室自动化的各项功能有机地整合起来。因此，群件出现后很快就成为开发办公自动化的有力工具。

Lotus Notes 软件包曾经是被广泛应用的群件产品，与之类似的还有微软的 Exchange 等软件包。下面我们简要说明它的使用和工作方式[①]。Notes 是在一个网络环境下运行的软件包。在硬件上，Notes 要求至少有一个局域网环境，如果连接到互联网，则 Notes 的功能就可以更好地得到发挥。在软件系统的结构上，Notes 采用的是客户/服务器方式。在 Notes 中有一个服务器方的软件，它主要负责数据存储和管理工作，而客户端软件则提供各种应用界面。例如在 Notes 中内嵌电子邮件功能，Notes 的服务器软件完成邮局的收发任

---

① 关于该软件包的细节可参照 Lotus Notes 附带的技术手册。

务,而在客户机上的Notes软件则提供用户邮箱,进行邮件的撰写和收发任务,用户只需要和用户邮箱软件打交道,而服务器则通过与邮箱软件通信,将邮件通过网络传递到其他用户的邮箱中。Notes的用户可以用普通的浏览器来调用系统提供的各种功能。其基本工作原理如图9.4所示。

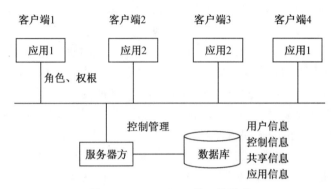

图9.4　Lotus Notes的工作原理

Notes在客户机上的用户界面称为"工作台",在一个群体中工作的成员先在要Notes系统中登录,然后才可以在客户机的工作台上开始工作。在工作台上的每一个群体活动应用都表现为工作台上的一个矩形图标。在Notes中,一个应用也是有关用户可以操作的文档集合。图9.5是一个工作台,在"公司文件"的选项卡中有3个应用。

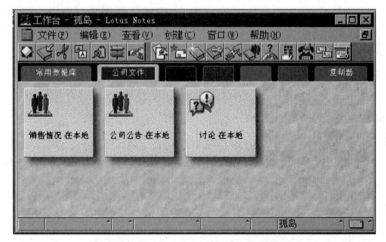

图9.5　Lotus Notes的工作台和数据库

9.4.2 数据处理权限

Notes 是以支持群体活动为其主要目的，因此对于特定的应用来说，其内部数据库中包括其群体成员和文档集合，而每一个群体成员都有他特定的文档操作权限范围。个人文档只有创建者自己才能看见和编辑；而对于共享文档，每一个被授权的人都可以进行相应的处理。

和传统的关系数据库不同，Notes 数据库中基本的数据存储形式是文档数据库，数据以 Rich Text 格式文档存储。和通常的文本文件相比，Rich Text 文档中可以包含多种类型的数据，如文本数据、WWW 的页面、影像数据、图形数据、声音数据等多媒体信息。Notes 还有很强的文档管理功能，内置全文搜索引擎，可按用户提出的查询条件对文档数据库进行索引和查找，将符合条件的全部文档按相关次序或用户预设的次序显示出来。为方便用户分类和检索，系统允许用户指定一些关键字作为文档分类的主题词，系统在显示文档时按这些主题词自动对文档分类；同时也可以按区域、客户机等对文档进行分类。由于这些文档的分类关系被存入到数据库中，用户便可根据文档的某种分类或是文档的内容进行检索和读取。但是，Notes 的计算功能就不如关系数据库，它主要适合做一些非计算性的文档处理工作。

在 Notes 上工作的成员，对于系统中的数据文件可能有不同的处理要求，对他们的权限必须要提供精确管理的机制。例如一份工资文件，主管财务经理可以随时调看，而员工本人却只能看到自己的记录。为实现这一点，Notes 用访问控制表（Access Control Lists, ACL）来记录系统中的所有用户权限。例如对某个用户准许以什么方式（例如创建、读、写、删除等）访问某些资源。ACL 控制的资源分为 4 级：① 服务器；② 数据库；③ 数据库内的文档；④ 文档的字段。Notes 提供了不同的权限（如可读、可写、可修改等）和角色（如创建者、编辑者、读者等）功能，使得对每一位用户都可以根据需要确定他对某文件的权限，从而使得用户在方便地共享数据的同时又保证数据的安全性。对访问控制表中角色的说明如表 9.3 所示。

表 9.3 Notes 中访问控制表中角色及其权限

角色	说明
储存者	只能向数据库存入文档
读者	只能读取数据库的现有文档

续表

角色	说明
作者	可以在数据库创建一个新文档,可以读取数据库的现有文档,但不能修改
编辑者	可以读、写和修改数据库中的现有文档
设计者	可以更新或改变数据库的设计和结构
管理者	是数据库的拥有者,并且可以对 ACL 增加或删除用户

9.4.3　Notes 的应用

　　为了开发特定的应用,Notes 提供两种方式:一是标准化的群体活动模板,用户可用这些模板快速开发应用系统。二是开发语言,让用户根据自己的需要来开发特定的应用。

　　Notes 中预置的模板有几种基本类型,如文档库型、记录跟踪型、讨论型和工作流型等。一个模板已经根据常见的群体活动设计好了其角色、权限、信息流向以及控制方法等。用户只需按照系统预设的内容,在模板的相应的参数中填入群体成员的标识符即可。例如,可以用"公告"模板来创建一个公司的公告,只要将群体中有权发布公告的用户和应当接受公告的用户(或用户组)填到模板的参数中,就完成了一个公告应用的创建。有权发布公告的用户登录到系统后,打开这个应用,将有关的事项信息送入系统,而其他用户只要一登录到系统就可以看到公告内容。

　　为了支持群体活动的数据共享,Notes 还提供数据复制功能,这对于用群件来进行协同工作的群体特别重要。例如一个写作小组由 3 位成员组成,他们分别在不同的地点工作,各自分担一本书中的一部分写作任务。为了保证 3 个人所用的术语始终具有一致性,他们通过 Notes 建立了一张公用的术语清单,只要任何一个成员对清单上的某个术语进行了修改,这个文档的最新版本就会在其他两人的计算机中同时更新。在这种情况下就可以使用 Notes 的数据复制功能。通过指定他们所用的文档具有数据复制功能,当一个成员担任的写作内容更新时,其他两个成员的文件也会自动更新。这就节省了很多烦琐的通信和复写工作。

　　Notes 中的工作流模板可以直接用来设置一个工作流。这里对一个工作流的设置要确定 3 类有关的参数:角色、规则和路径。即群体中的每个成员在工作流中扮演什么样的角色,对工作内容有哪些规定以及相应的工作必须经过

什么样的路径。以前述的采购活动为例,其工作流应用的创建流程概略如下:

(1) 角色:我们将工作流中的角色设计为申请人、营销部门经理、企业主管、财务经理、库存管理员等5种。这和实际工作中的角色完全一样。

(2) 规则:对相应的人、工作等确定约束规则。例如营销部门经理所应遵守的规则是:如果是10万元以下的设备,则有权批准,同时通知财务经理。否则应将申请转发到企业财务主管处。

(3) 路径:如申请人的申请书只能发到营销部门经理处,而营销部门经理的处理结果却可能发到申请人、企业主管和财务经理处。

当这些信息都明确了以后,我们就可以在Notes中定义这个"申请购买设备"工作流中的每一个角色。然后,用程序来实现其中必要的规则和路径。这些工作用群件来完成是十分方便的。

图9.6是用Lotus Notes的讨论模板开发的一个案例讨论应用系统的屏幕画面。其中左半部是分类列表,右半部是模拟讨论情况,其中有两个关于案例"餐厅里的信息系统"的不同意见以及一个对讨论的总结。对文档的分类是按关键词"系统"来进行的。

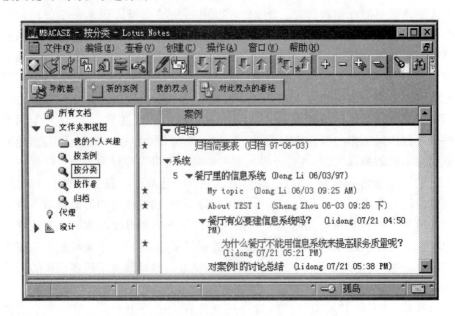

图9.6 用Lotus Notes开发的案例讨论系统

如同其他办公室工作一样,案例讨论也是一个稳定的工作流。在这个工作流中有教师和学生两个角色。通常案例的主持人是教师角色,他具有较大的权限,如可以发布案例,可以对学生的提问进行回答,也可以就学生对某个案例提出的看法进行批改。案例的其余参与者都是学生角色。学生可以读取案例,可以就某个案例提出自己的观点和看法。从信息传递路径来看:首先,由教师制定新案例发给学生。然后,学生读取案例后,可以就某个话题发表自己的观点。每一个学生都可以提出观点,还可以就某个人提出的观点发表自己的意见,比如"对观点的补充""对观点的反对意见"等。学生可以将自己的观点整理后发给老师,作为作业提交。最后,教师将意见归纳总结后再发给学生。这个工作流中的规则是对各个成员行为的一些限制。例如学生不能修改他人的文档,而教师却可以对学生的文档进行删除。图9.7是一个学生就案例的一个观点提出自己意见的画面。

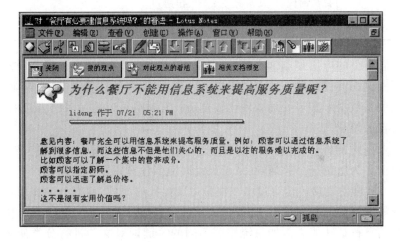

图9.7　Lotus Notes 的文档

9.4.4　应用系统设计策略

使用群件可以方便地构成一个企业的特定的办公自动化系统。例如我们可以把日程调度、日历、工作流、应用程序、电子邮件和多格式文档等结合在一起,创建一个适合企业特定需求的应用系统。表9.4列出了一些典型的群件应用例子。

表 9.4 典型的群件应用

应用业务	说明
企业内部会议	可以在网络上进行虚拟会议,可以在联机情况下开会。OAS 可以提供视频会议设备,也可以自动创建和保管会议记录
购买流程审批	购买一个设备往往需要经过多个不同部门的审批,可以用工作流模板来实现
论坛	建立虚拟论坛,论坛参加者可以在不同的地点进行发言,或对其他参与者的观点进行讨论
调度	例如在车队通过调度程序记入某车在某日某时的工作,司机在不同地点可以接受指挥
日程安排	总经理不在现场的情况下,秘书接到上级的开会通知。他可以在日历文件上记入会议名称,系统会自动在总经理个人的日程表上增加开会提醒时间,自动给有关人员发出通知
产品服务跟踪	对客户的问题解答,产品维护历史等

尽管群件的应用是非常广泛的,但是也有一些应用不适合用群件开发工具来进行。例如群件一般不适合用于数值处理,因此在处理金额、账票等业务时,还是用关系数据库和表处理软件比较合适。有时也可以将两者结合起来,发挥它们各自的特长。

企业引进群件后,也可能由于参加者的快速增加造成所产生的文档过多,信息泛滥。为防止这个弊病,在系统设计时应当注意以下一些问题:

(1) 信息的概括。信息过多往往是造成混乱的原因,而群件的作用不仅要使大家能够容易地获得信息,还要使大家能看到概括的信息。在 Notes 中提供了这种信息概括功能。例如系统按照不同的关键词对文档进行分类使用户在观察信息时得到方便;查找功能可以迅速找到所需要的文档。

(2) 设计合理的信息发布路径和送递范围。对大量信息的分发必须事先确定合理的路径,确定分发的范围。有些重要文档是需要保密的,不能随便改写、传阅或拷贝。这些都必须在设计时就充分考虑到。

(3) 信息过滤。过滤能有效地减少信息工作中的浪费,有助于去掉信息中的不确定因素。例如 Notes 中提供的视图设计、导航等功能,都是用来帮助用户建立合理的信息过滤机制。

9.5 知识管理系统

知识管理系统(Knowledge Management Systems，KMS)现在已经被广泛地集成到办公自动化系统中。这种系统的特征是提供了知识共享和知识创新机制，从而使员工的知识创造能力得到提升，使企业中的知识可以得到积累和充分利用，使员工在办公自动化系统中的地位更加主动，提高了企业的整体创新和竞争能力。

知识管理系统可以看作是一系列 IT 工具的组合。这些工具各有不同的目的与功能，下面我们从 3 个主要的应用角度来描述它们：

1. 知识的获取工具

IT 可以帮助使用者找出组织内外有哪些重要的知识？它们储存在哪里？有哪些专家？如何去寻找知识？在这方面主要的 IT 工具包括：智能代理、知识地图、专家黄页等。

智能代理(Intelligent Agent)是用来协助用户完成某些特定目的及任务的一类软件程序，它本身具有某种程度的智能，能够记忆用户的浏览习惯，主动提供类似网站，帮助用户快速地获取知识。一种称为智能索引代理(Intelligent Indexing Agent)的软件可以自动扫描大量文件，并将主题、关键词、内容等做成索引的方式，让用户可以利用索引来搜索文件及相关网站。

知识地图(Knowledge Map)的作用是将有关的知识进行系统地组织、映射、归类，从而使用户在知识管理系统的帮助下可以更加有效地运用知识。例如，根据某行业中的背景知识，将主要的企业(包括自己)的情况(也就是需要分类的知识)分为创新者、领先者、尚可竞争者、奋力挣扎者和危险者等不同角色。接着，识别在各个知识层面上各个公司的优势和劣势，从而弄清楚自己公司在何处处于落后或领先于竞争对手的地位。利用这些信息，可以重新确定公司的商业战略重点的相应位置。

专家黄页(Expert Yellow Page)的作用与此类似，是将专家的有关信息系统地组织起来，使得用户能够便捷地发现有关问题的专家，并可以通过其他功能(如电子邮件或可视对话系统)来和专家直接对话。

这些方法不仅使知识更加可用，而且有助于确定企业所积累知识的重点和优先次序。有效的知识管理战略利用知识地图可以帮助公司建立具有竞争性的知识定位，但知识库的整理和积累则是一项长期的工作，需要有知识战略的指导以及系统开发者的仔细规划。

2. 知识的创造工具

许多 IT 工具都可以用来支持跨地域的知识交流,例如一个团队中的成员可能分布在不同的地点,但通过 IT 工具,仍然可以在一起讨论、聊天、开会及交换各种心得。这一类工具包括电子视频会议、网上社群、BBS 及在线学习(e-Learning)等。

这方面的 IT 主要是支持组织内部的知识创造。主要包括:数据挖掘、协同过滤系统、计算机辅助设计(CAD/CAM)、案例推理系统、模式仿真、头脑风暴支持软件、群件、BBS、聊天室、虚拟现实软件等,有的是从资料中发掘知识;有的是支持员工开发新技术;有的是让员工通过仿真了解事件的因果关系;有的则是通过互动产生出新的效应知识。

3. 知识的整合和利用

还有一些知识管理工具主要用于支持多种流程的整合。例如,支持多种形态知识及多种流程功能的企业门户网站(Enterprise Information Portal, EIP)。根据 ARC Consulting(2001)的定义,所谓企业门户网站是"企业为了支持整体的运作,整合了企业内外部各种结构与非结构、静态与动态的信息资源与运用,利用单一接口,以个性化的需求呈现,并依据企业不同的目标战略与对象,而有不同的形式与支持重点。"

企业门户网站一般包含下列一些功能:

(1) 信息搜索功能。企业门户网站的信息搜索功能,包括目录式查询、关键词查询、全文检索及概念式查询,并利用自然语言及知识地图来协助使用者快速、正确地获取所需的信息与知识。

(2) 内容管理功能。对于企业一些静态的信息内容,包括各种表格、文件、手册、资料、报表,企业门户网站应具备能汇集内容、整理、搜索等功能,也应具备分类、索引、自动摘要及网页的内容管理、内容检阅、权限的设定、版本的控制与通告等各种功能。

(3) 协同运作功能。企业员工与顾客、企业与上下游厂商、合作伙伴之间,都必须能通过企业门户网站进行沟通与协同运作之互动。支持企业门户网站的沟通功能包括讨论区、文件共享;支持协同运作的功能包括群体工作区、时程管理、资源管理、流程管理。这两种功能可快速地为群体合作的任务进行编组、资源分配、分派任务与进度的把握,并提供信息、知识共享的平台。

(4) 个性化功能。企业门户网站提供个性化的功能,通过设定让使用者能利用网页所提供的单一入口特性,并依据个人兴趣、喜好、专长、职权所设定的信息,而不必到各个不同的网页及档案夹寻找。

某企业的知识管理系统就是以企业门户网站作为用户界面,并且和技术服务以及原始资料两层进行通信。该系统的架构如图9.8所示[①]。

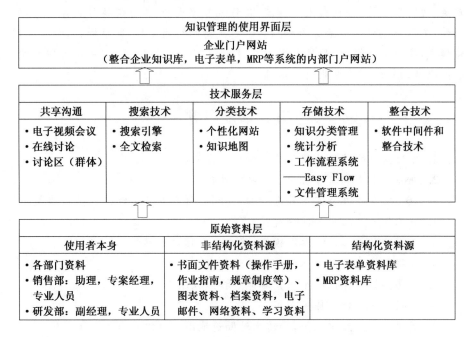

图9.8 某企业的知识管理系统架构

---

① 林东清.知识管理理论与实务.北京:电子工业出版社,2005.

第 9 章重要概念

办公自动化系统,公文处理系统,工作流,WfMC,产品型工作流,管理型工作流,协同型工作流,动态型工作流,工作流参照模型,工作流执行服务,工作流引擎,工作流流程定义语言,群件,计算机支持的协同工作,同步模式,分布式同步模式,异步工作模式,群件开发工具,Lotus Notes,群件角色,知识管理系统,智能代理,知识地图,企业门户网站

第 9 章复习题

1. 办公室中的信息处理工作有哪些主要的特性?
2. 办公室中文秘工作者应当掌握哪些信息处理技能?
3. 对你所在的办公室工作进行归纳分析,仿照表 9.1 做出一张总结表。
4. 对工作流产品应如何分类?
5. 说明什么是工作流参照模型,其中主要接口有哪些。
6. 说明群件开发工具 Notes 的系统构成。
7. 群件中如何保证每个用户都能够按照权限工作?
8. 说明智能代理的作用和用法。
9. 说明什么是知识地图,如何通过知识地图来组织知识。
10. 说明什么是企业门户网站。

小组活动课题

调查办公自动化是如何在一个企业实现的,提出这个系统今后进一步发展的设想。

第 10 章 企业资源计划系统

本章学习目标
(1) 懂得什么是 MRP,MRPⅡ 和 ERP
(2) 能说明制造业企业的生产管理业务特征
(3) 掌握制造业 MRPⅡ 的工作原理
(4) 能说明 MRPⅡ 的基本子系统
(5) 懂得 ERP 的典型产品和使用方式

企业资源计划(ERP)系统是近年来流行的一种企业信息系统的统称。它是从制造业企业中的物料需求计划(MRP)系统和制造业资源计划(MRPⅡ)系统发展而来。现在成为企业信息化的一种主要途径。本章先介绍 MRP,MRPⅡ 和 ERP 的一些重要概念以及这种信息系统的工作原理。

10.1 物料需求计划

10.1.1 制造业企业的生产

一个制造业企业一般由生产制造、库存、采购、销售、财务会计等多个职能部门构成,其业务活动比较复杂。生产制造业企业规模多样,大企业中达到数千甚至上万名员工,相应的产品种类、设备数量也很多,生产工艺复杂。

制造业企业的生产方式也是多种多样的。例如根据企业的生产方式可分为:① 集约型生产:即产品可以分解为各种更小的部件、零件等。② 分解型生产:产品是从原料分解出来的。如石油可以分解为汽油、轻油、柴油等等。而根据生产过程和订货方式又可以分为:① 订货生产(Make To Order,

MTO）：如玻璃加工业等，需要先有订货，然后再决定生产计划。例如飞机制造和造船。② 备货生产或现货生产（Make To Stock，MTS）：即根据对市场的预测来进行生产，属于大批量生产。典型的产品如自行车等。

制造业企业的信息处理比一般的商业性企业的信息处理复杂，信息系统不但每天要处理大量业务活动信息，要从整体上考虑各种资源的合理调配和使用，通过一系列的预测、计划来产生生产计划，提供给各级生产部门和员工个人使用。另外，对于生产中出现的偏差也要及时地进行分析，找到产生偏差的原因，采取必要的措施，及时对计划进行调整。

尽管不同的制造业企业的产品、生产方式和管理方式各不相同，但它们在传统的工作方式下，都面临着这样一些问题：

（1）编制生产作业计划所需时间过长，难以对应市场需求的变化。
（2）原材料和制品的库存量过多，造成资金积压。
（3）对生产进度把握不准，不能按时交货。
（4）产品制造成本高，产品价格缺乏竞争力。

靠传统的数据处理方式来解决这些问题是无能为力的，部门级的信息化也不能从根本解决问题。只有采用企业级的信息系统，将生产制造、市场营销、财务会计、库存等各职能部门的信息统一管理起来，才能实现企业运作的迅捷控制。

10.1.2 制造业企业数据资源

制造业企业的数据资源从概念上可分为三大类：静态数据、动态数据和中间数据。

（1）静态数据如企业的组织结构、员工个人情况、产品目录和规格、产品工艺流程、设备的工时定额、财务的会计科目等。静态数据可以在生产活动开始之前就准备完毕，如仓库代码和货位代码等应当是事先确定好的。信息系统运行时需要经常使用静态数据，但很少直接改动。

（2）动态数据是在生产活动中，随着业务的进行而产生的数据。例如在库存系统中，在制品的库存量是根据生产的进展而改变的，每天都可能发生变化，企业管理人员必须经常关注这一类数据的变动。

（3）中间数据是由计算机根据以上两类数据，按照一定的原则计算出来的中间结果。如物料需求计划的结果是一种中间数据，它是根据静态数据和动态数据计算出来的，对管理和决策起着支持的作用。因此可以说，静态数据和动态数据都是系统的输入,而中间数据则是系统的输出。

从信息系统数据库建设的角度出发,制造企业需要把各种静态数据都准备齐全,保证它们的正确性和一致性,才能保证实施 ERP 成功。制造业企业中的主要业务数据如表 10.1 所示。

表 10.1 制造业的主要业务数据

数据	说明
计划指标数据	包括生产数量指标、产品质量指标、劳动出勤指标、物资供应指标、成本指标、销售数量指标等。各项计划指标是企业生产活动的依据,也是企业各职能部门的子目标
物料产品数据	物料包括生产所需要的原材料,也包括自制的和外购的零部件以及中间产品和最终产品等
工艺数据	用来说明对物料进行加工时所遵循的加工路线、加工设备信息、加工时用的图号和装配方法等有关工艺要求等
生产能力数据	车间、班组的生产能力数据、工作中心数据、工时定额、生产日历、各设备的能力和设备利用率、所消耗的能源和需要的人力等
库存数据	包括仓库编号、货位编号等仓库信息以及库存量限额、盘点间隔期、计量单位、安全库存量、订货点、经济批量、标准周转率、入库时间等
财务数据	包括各种会计科目,管理费、开支等资金消耗限额和实际消耗情况。销售员码、计划价目表、折扣计算等与销售管理有关的信息,单位成本、采购费等与成本有关的信息
客户、供应商数据	包括客户编号、名称、地址、联系方式、联系人等一般信息,也包括信用额度、信用评级、折扣率、付款方式、银行账号、发票类型、税额计算方式等交易信息

10.2 物料需求计划

10.2.1 物料需求计划

企业资源计划的原始版本雏形是物料需求计划(Material Requirement Planning,MRP)系统。20 世纪 70 年代,制造业普遍采用以库存为中心的生产计划管理方式,通过库存为市场需求与生产产品提供一个缓冲区。但是传统的库存管理方法缺乏计划性,只是以出入库记录为主。通过用计算机化的物料信息管理可以使企业更加准确地确定物料采购、生产以及订单交货日期,于是产生了最早的 MRP 系统。

MRP 系统的特点主要在于其数量化的物料计划模块。为制定生产某产品所需要的物料计划,传统的方法是运用经济批量法、订货点法等数学模型,根据生产消耗的速率来计算订货量和安全库存量。但是,在实际生产中,企业对某种物料的消耗并不能保证是稳定的,在这种情况下用订货点法计算时只能取一个时间段的物料消耗率的平均值,难以计算出合理的订货量。另外,对于多品种、小批量产品的生产,由于需求是离散的,物料是彼此相关的,在制定生产计划时就要进行大量计算。例如在机械行业,一家大型机床厂生产的产品有许多种,每一种产品又需要许多不同的部件,各种部件可能是外购的,也可能是自产的。这样,当制定产品生产计划时就可能涉及数万种零部件的计算,用传统的人工方法不可能进行这样的计算,结果必然造成仓库物料积压,增加了库存管理费用,造成资金周转缓慢。因此必须使用计算机来进行物料计划。

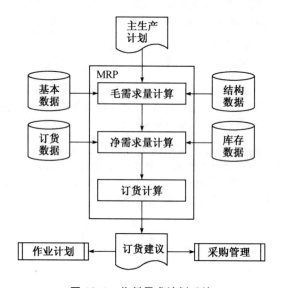

图 10.1　物料需求计划系统

用输入输出系统的观点,MRP 系统的基本模块如图 10.1 所示,物料需求计划的输入包括主生产计划、库存数据、订货数据、基本数据和结构数据;其输出包括采购管理和作业计划。

10.2.2 MRP 的计算原理

在 MRP 中,物料需求分为两种基本类型:独立需求和相关需求。独立需求是指对一种物料的需求是独立的,与其他物料无关。相关需求则指某物料是与另外一些物料有关的,若缺少了另外的物料,该物料就无法构成。例如一个台灯底座是相关需求物料,它需要在其中配上变压器和固定螺丝等物料。独立需求量比较容易计算,一般根据产品的计划量或以往的经验或预测得到;而相关需求的计算则需要根据产品的结构和其他信息进行计算后得到。

相关需求可用一棵产品结构树来描述。产品结构树的树根就是最终产品,该产品可以从树根逐层向下分解,分为若干层。我们称它们为部件、组件、零件和原材料等,或用层号来表示,树根层号为 0,下面第 1 层物料号为 1.1,1.2,…;第 2 层物料号为 2.1,2.2,…如果一个物料有若干个下层物料,则将该物料称为"父件",而相应的下层物料称为"子件"。父件与子件物料之间的相关关系又称为垂直相关的关系,没有子件的装配便没有父件。但有些物件并不是垂直相关的,如计算机和配套的打印机电缆虽然不存在装配问题,但必须同时提供给用户。这种非装配物料的相关关系称为水平相关关系。

使用 MRP 进行物料需求量计算时必须参照物料间的相关需求关系,需要将产品各物料之间的结构关系输入到系统中。可以用图表的形式表示物料之间的关系,然后再进行相应的计算。产品结构有两种基本的表示方法:① 图示法:用产品树来表示一个物料及其相关物料之间的关系。② 列表法:用列表来表示物料之间的关系。通常用图示法比较直观,而用列表法可以清楚地表示出物料的数量关系。表示物料关系的表又称为物料清单(Bill of Material,BOM)。例如,一个产品"台灯"是由灯管、灯座和灯体 3 部分组成的,这 3 部分又由一些其他零部件组成。产品的树状结构如图 10.2 所示,相应的表结构如表 10.2 所示。

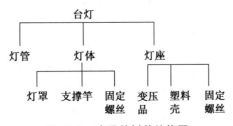

图 10.2 产品的树状结构图

表 10.2　产品结构的 BOM 表形式

名称(n)	代码(c)	子件代码	依存量(x)
台灯	101		
灯管		201	1
灯体		202	1
灯座		203	1
灯体	202		
灯罩		301	1
支撑杆		302	2
固定螺钉		303	2
灯座	203		
变压器		304	1
塑料壳		305	2
固定螺钉		303	4

　　根据产品结构图表，可以计算出所需要的非独立需求物料数量。这需要将图表中所有相同规格的非独立需求物料数相加。在本例中，与台灯相关的物料有灯体和灯座，它们都用到代码为 303 的物料"固定螺丝"。在计算时就应当将所有代码为 303 的物料相加得到固定螺丝的总数。

　　通过以上计算得到的非独立需求物料数量是物料的毛需求量，还要计算出它们的净需求量。毛需求量是根据主生产计划中列出的产品计划需求量和产品物料相互关系计算出的各物料需求量，而净需求量则是考虑了库存情况、计划接收物料等信息后，最终算出的在某时段的实际物料需求量。计算净需求量的一个重要因素就是时段。当我们仅考虑产品结构时，我们并没有涉及时间因素，但实际上 MRP 必须回答在某个具体时段上某物料是否有足够库存，如果需要订货的话，应当在什么时间订货等。所以，在计算时还要将时间分段（简称期），按照规定的时间单位来计算各种物料的净需求量。物料 Y 在第 i 期的净需求量 Y_i 可以用下式来计算：

$$Y_i = X_{i-1} + A_i - S_i$$

其中 X_i 表示第 i 期期末库存量，A_i 表示计划第 i 期期初到货量，S_i 表示第 i 期计划需求量。当 Y_i 为负值时，说明在该期该物料将不能满足计划要求，需要根据该值决定该物料的订货量，并根据订货提前期（或自制所需时间）来计算应发出订货单（或开始自制）的时间。如果某一物料是一个独立需求物料，那么根据上式计算结果即可进行订货。但如果它是一个相关需求物料,MRP 就必须根据以上结果再计算其子件的数量以及应当在何时进行订货或制造。因为子件是父件的函数,所需父件的数量和时间也就决定了所需子件的数量和时间。

在明确这些基本概念后,可以通过上面的例题来看看如何计算净需求量。在表 10.3 的净需求量计算中,灯管是台灯的子件,因为台灯的计划产量为 200,而库存量为 100,所以其净需求量为 100。因为每个台灯需要一个灯管,所以灯管的计算中将其父件的净需求量直接作为它的计划需求量。其他物料的计算原理与之类似。

表 10.3 净需求量的计算

物料名称	代码	S_i	A_i	X_{i-1}	$f(Y_i)$	Y_i
台灯	101	200		100		$100-200=-100$
灯管	201		50	20	(100)	$50+20-100=-30$
灯体	202			20	(100)	$20-100=-80$
底座	203			150	(100)	$150-100=50$

表 10.3 仅计算了产品结构图中第 1,2 层物料在一期内的净需求量。我们还必须计算对各物料提前订货或开始生产的时间,即提前期。我们用 t 表示提前期,当物料是订购时,t 表示从发出订货单到收到订货的时间;当物料是自产时,t 表示从开始加工到完成的时间。那么,根据物料在第 i 期的净需求量,就知道它在 $j(j=i-t)$ 期的计划需求量:

$$S_{i-t}=-Y_i \quad (if\ Y_i<0)$$

计算某产品的提前期时,应当从产品完成时刻开始,从计算最终期的需求量开始倒计时向前计算。如果它有相关的子件物料,则从树型结构自上而下逐级计算。首先计算出最终产品所需物料的订货开始时间。然后再对 $i-1,i-2,\cdots$ 期物料进行计算,直至第一期为止。例如,在上面的例题中已知第 i 期需要 80 个灯体,设准备它的子件物料需要两期,所以在第 $i-2$ 期的物料需求可以这样计算,如表 10.4 所示。

表 10.4 第 $i-2$ 期物料需求计算

物料名称	代码	S_i	A_i	X_i	$f(Y_i)$	Y_i
灯罩	301	80				$0-80=-80$
支撑竿	302			80	160	$80-160=-80$
固定螺钉	303			100	160	$100-160=-60$

因为对底座的净需求量为0,所以对于底座的子件就不用计算了。但以上是设物料灯体的3个子件所需提前期均为2周所得出的结果。事实上各个零件的需求时间不同,加工、外购等所需时间也不同,所以用这种方法并不能得到准确的结果,必须进一步对每一种元件都分别进行计算。最后,计算得出各产品在每一时期的预计库存量,应生产的批量以及生产的开始时间、装配时间、完成时间等。

例如一个物料 A 需要两个子件 B,从装配一个 A 到完成需要两周,从订购一个 B 至到货需要三周,则对 A,B 的计算如表 10.5,表 10.6。

表 10.5 物料 A 需求计算

	1	2	3	4	5	6
S_i	20	10		30	30	10
A_i			40			
X_{i-1}	40	20	10	50	20	0
X_i	20	10	50	20	−10	−10
提前需求量			10	10		

表 10.6 物料 B 需求计算

	1	2	3	4	5	6
S_i			20	20		
A_i						
X_{i-1}	30	30	30	10		
X_i	30	30	10	−10		
提前需求量		10				

10.3 制造业资源计划系统

10.3.1 闭环 MRP

MRP 的进一步发展是制造业资源计划(Manufacturing Resources Planning)系统。为了与 MRP 相区别,又将该系统略写为 MRP Ⅱ。MRP Ⅱ 是一个以 MRP 为中心的、高度集成化的、模块化的综合生产管理信息系统,能对整个企业管理活动起到全面的支援作用。

从生产计划的角度来看,MRP 的确已经提供了生产所需要的信息。但是这种系统的输出信息能否有用,还受到企业另外一些因素的制约。例如,生产线上是否有足够的生产能力完成所计划的生产任务？如果自己不能完成,就需要到外面去采购,而采购又牵涉到资金的计划和使用问题。而这些信息都超出了 MRP 所能计算的范围。于是提出了闭环 MRP 的概念。闭环 MRP 系统的原理如图 10.3 所示。除了 MRP 模块以外,还包括主生产计划、粗能力计划、能力需求计划 3 个模块。对各模块简要说明如下：

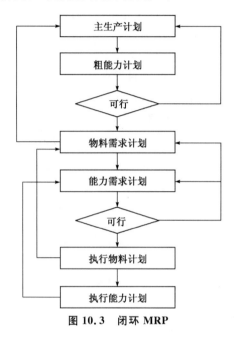

图 10.3 闭环 MRP

1. 主生产计划

主生产计划是连接市场营销部门与生产制造部门的桥梁。它根据市场营销部门的订单和预测有关市场对产品的需求,确定生产制造计划,准确地描述今后将要生产的最终产品,成为系统中展开 MRP 和 CRP 运算的主要依据。

编制主生产计划一般不能完全依赖机器,需要人工参与。根据企业产品的生产方式(如现货生产、订货生产或专项生产等),计算出最终产品的计划报表以及物料需求,包括总需求、安全库存,各时段的主生产计划接收量和预计可用量等。

2. 粗能力计划

粗能力计划子系统是同主生产计划相伴运行的,是一种比较粗略、快速的能力核定过程。它根据主生产计划计算相关的关键工作中心的负荷,一般只考虑每月生产计划的变化。

3. 能力需求计划

主生产计划的输出就是 MRP 的输入,由 MRP 给出准确的物料需求计划,然后交给能力需求计划进行进一步的计算。

能力需求计划(Capacity Requirements Planning,CRP)的功能是根据企业数据库中的工艺数据、生产订单、工厂日历等信息来制定生产能力计划,它计算出对设备、人力的需求量以及各种设备的生产负荷量,判断是否有足够的资源来满足所计划的生产。如果超负荷,则需要对设备或人力等进行补充,或者对主生产计划进行调整。

能力需求计划模块可以根据物料需求计划和企业生产能力进行模拟,同时根据工作中心的能力判断计划的可行性。CRP 对车间调度人员提供计划能力报表,让调度人员根据情况对于超出能力的任务进行调整。

闭环 MRP 中的 3 个主要模块的功能及输入、输出入如表 10.7 所示。

表 10.7 闭环 MRP 中的三个主要模块

模块	输入	功能	输出
主生产计划	生产规划、预测、客户订单等	计划各生产周期中提供的产品种类和数量	生产产品的品种、时间、生产数量
粗能力计划	主生产计划的输出	计算所需要的关键工作中心能力,进行模拟	经过调整的主生产计划
能力需求计划	物料需求计划的输出	计算各周期和各生产单位的人员负荷和设备负荷	经过调整的物料需求计划

从上面的图表可以看出:闭环 MRP 的工作流程是:首先由主生产计划模块和粗能力计划模块对生产产品的品种、周期、数量等进行计划,生成可行的主生产计划;然后由物料需求计划模块计算物料的需求量以及自行加工计划和采购计划等;再经由能力需求计划模块计算对设备与人力的需求量和各种设备的负荷量,判断生产计划是否可行;最后进入执行部分。在此过程中经过不断地自上而下地对计划进行调整和自下而上的信息反馈,最终得到切实可行的计划方案。

10.3.2 MRP II

根据上述思想进一步发展,将 MRP 与企业其他部门的信息处理结合起来,建立一个以 MRP 为中心的综合生产管理信息系统,就能对整个企业管理活动起到全面的支援作用。在这样一个信息系统支持下,生产计划部门将销售计划与生产计划紧密配合制定出生产计划表,并将其不断细化;采购部门可以用 MRP 来计算物料需求量并产生采购计划;设计部门从生产部门得到有关设计改良的信息;各个部门的信息提供给财务部门,在财务部门进行成本核算。这样,整个企业的信息系统就不是由一个个孤立的职能子系统构成,而是通过一个信息共享的系统,将生产、销售、财务、采购等活动紧密联系在一起,这就是MRPⅡ。

MRPⅡ的逻辑结构如图10.4所示,包括了销售信息管理、生产制造信息管理和财务信息管理3大部分。其中又有销售计划(包括订单管理、市场预测等)、主生产计划、库存管理、制造工艺管理、物料需求计划、能力需求计划、车间作业管理、采购管理、成本管理、应收账款管理、总账管理等多个子系统。有关物料需求计划、主生产计划等模块已经在上面讨论过。下面简要地介绍一下其他几个模块的功能。

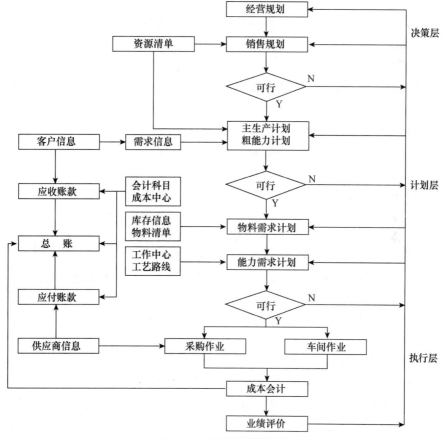

图 10.4 MRPⅡ逻辑结构

1. 财务模块

财务模块中包括账务管理、成本管理、应收账款管理、应付账款管理、总账管理等主要功能。

账务管理中包括各种格式的凭证和账簿,提供记账、算账功能。包括:收款凭证、付款凭证、转账凭证、外币凭证、现金日志、往来账、总账、明细账等。账务系统可帮助有关领导及时了解企业的资产和债权,查询凭证和账目,自动进行月终结账、年终结账等账目处理。

成本管理中包括用来计算产品成本的多种成本管理模型,也可以用来对构成产品成本的各种因素进行分析。例如,可以分析在某一产品中固定费用和可变费用所占的比例,或某一材料的费用在某一产品成本中所占的比重,计划成本和实际成本的差异,产品的毛利等。

应收账款管理和应付账款管理是企业中工作量较大的日常工作。应收账款管理和应付账款管理系统不仅能够自动进行记账、冲账、计算现金折扣、生成收款凭证等工作,还能够跟踪客户的拖欠款情况,提供客户信用信息,提供账龄分析和估算坏账损失等。

2. 采购和物料管理

采购子系统根据物料需求计划和库存管理的策略编制出物料采购计划,并对采购流程中的订单、进货、供应商等数据进行管理。采购子系统通常应具有以下一些功能:

(1) 供应商管理功能。例如在以往供应商中哪些可作为本次采购的对象?根据供应商的档案资料以及以往的采购记录得到客观的评价。

(2) 对采购订单的审核、批准功能。例如,提供查询功能,管理人员用来核准采购单;提供标准的合同、协议格式,以便需要时快速产生该类采购文档。

(3) 对采购情况的查询和跟踪功能功能。例如可以方便地查询到有关采购的数量、价格、批次、质量等信息,也可以帮助管理者确切掌握采购的执行情况,用户可以根据某采购订单查看它的执行情况如何,或者评价某采购员的工作业绩等。

3. 车间作业控制

车间作业控制(Shop Floor Control,SFC)模块的功能是执行生产计划。SFC对车间下达计划任务,核实MRP产生的计划订单,这包括检查物料和能力是否满足需求,确定加工路线,有时对已下达的计划进行修改,并打印生产物料订单。

SFC 也可以用模拟方法,按照作业优先的原则,编制各种设备或工作中心的作业顺序和作业完成日期等。该模块的输出有加工单、车间文件、派工单等。加工单说明物料加工的时间和工序等。车间文件反映了所有已下达但还未完成的订单状态,可用来跟踪一份订单的生产过程。派工单用来管理工件通过生产过程的流程和优先级,它说明现在已在工作中心的订单或即将送到工作中心的订单的优先级。

该系统还提供一系列查询功能,向管理者报告生产加工的实际情况,起到对实际生产的监控作用。例如可以按待下达、已下达、已开工、已完工、预期开工、预期完工、延期开工、延期完工等各种条件,对车间的在制品情况进行查询。

专用于面向车间执行层的生产信息管理系统,包括排程、生产调度、库存、质量、人力资源、工作中心等模块也称为制造业执行系统(Manufacturing Exaction System, MES),是当前制造业企业发展的重要信息处理工具。

10.4 企业资源计划

10.4.1 ERP 的功能特征

20 世纪 90 年代以后,制造业企业的集成化信息处理方法被更多的企业所采用,类似的通用软件包被应用到各行各业,从而产生了企业资源计划(Enterprise Resource Planning, ERP)的概念。ERP 不仅用于企业内部的资源管理,还可以将企业与外界相连构成供应链。经过多年的实践,这种软件包成为新一代通用企业管理信息系统的代名词。现在 ERP 已经广泛运用在众多的企业中。据调查,在 21 世纪初我国大型企业的 ERP 普及率已经接近 80%。对 MRP, MRP II, ERP 这 3 类信息系统的一个概括性总结如表 10.8 所示。

表 10.8 MRP, MRP II, ERP 的比较

	MRP	MRP II	ERP
年代	20 世纪 70 年代	20 世纪 80 年代	20 世纪 90 年代
管理对象	物料	物料、设备、财务	企业各种经营资源
作用范围	工厂	企业	企业内外
功能	物料需求量计划	企业内生产资源的规划	企业内的资源管理和供应链管理

从系统中所具备的功能集来看,MRP, MRP II 和 ERP 可以看作是一个包

含的关系。MRP 主要用于生产过程中的库存管理；而 MRPⅡ 主要用于制造业企业的各种管理活动；ERP 由于提供了更多的功能，可以广泛用于不同行业、不同生产方式以及不同的信息化需求中。以上三者的关系如图 10.5 所示。

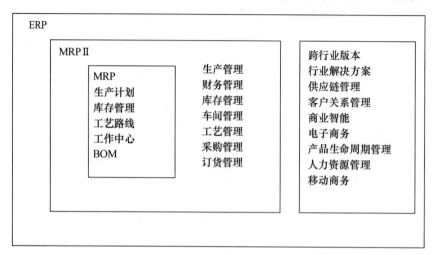

图 10.5　ERP 和 MRP，MRPⅡ 的关系

作为通用型企业管理信息系统，ERP 具有的主要特点可概括为以下几点：

1. 模块化的企业级信息系统

ERP 是一种以软件包形式提供的软件系统，同时又是以模块化方式支持企业级业务的信息处理系统。一个 ERP 通常由数十个模块所组成，它们覆盖了企业管理的各个职能领域，在为企业设计信息系统时，根据企业的业务特点和具体要求，将有关的模块组装起来，就可以满足企业的基本业务需求。为了适应不同企业，ERP 中预设了各种业务模型，设有许多参数和软件开关。这样，只要这些业务模型基本符合用户的业务需求，经过一定的调整，就可以用现成的模块构成企业级信息系统。

2. 适用于不同行业和不同生产方式

制造业企业根据生产方式可分为订货生产（MTO）、组装生产（ATO）、备货生产（MTS）以及连续流程式生产等。对每一种生产类型，不但作业的流程有很大差别，而且管理的方法和标准也都完全不同。通常一个 ERP 产品并不能覆盖各种生产方式，但是大型 ERP 产品却可以覆盖其中的若干种。一些 ERP 厂商经过几十年的研究开发，已经使得它有一系列产品，成为一种可以跨行业应用的软件包。大型 ERP 产品通常是由一系列行业解决方案和跨行业解决方案所构成的。其行业解决方案是针对行业中的特定业务所开发的,如针对汽车、银行、化工、消费品、工程建筑、保健、高科技、保险等行业;而跨行业解决方案则是由一些比较通用的模块所构成,如工作台、客户关系管理、供应链管理、商业市场、电子采购、商务智能、产品生命周期管理、人力资源管理、财务管理、移动商务等。

3. 可体现供应链思想

ERP 系统的另一特点是将企业内部的生产制造活动与企业外部的客户、供应商的资源整合在一起来考虑信息系统的作用。这种思想也被称为是"供应链",即将企业的业务流程看作是一条将客户、制造工厂、供应商连接起来的供应链,将企业内部也看作是相互协同作业的子系统的供应链,如财务、市场营销、生产制造、质量控制、服务维护、工程技术等。通过信息系统,对供应链上的所有环节进行有效的管理。

4. 适合作为跨国企业信息系统

ERP 不但可以为企业提供更丰富的管理工具,而且为在超越企业范围的企业协作提供有效的工具,这对于跨国公司实现全球范围内的经营运作十分重要。一些跨国公司和大型的企业往往在不同地区和不同国家有其分公司,在这种情况下,ERP 就成为首选方案。如大型 ERP 产品具有多语言、多货币处理转换的机制,可以方便地使用在跨国公司的环境中。因此,世界 500 强的跨国公司基本上都选用 ERP 系统作为其公司业务管理工具。

10.4.2 ERP 产品的例子

从产品的复杂性和适用于企业的规模来区分,ERP 可以分为面向大型企业的 ERP 和面向中小型企业的 ERP。一般来说,面向小型企业的 ERP 大约有十余个模块,一般来说是以财务管理功能为主,加上库存、采购、销售(进销存),适合小企业信息处理的最低要求;面向中型企业(销售额在 10 亿元以下)的 ERP 大约有 20~30 个模块,除进销存和财务之外,还包括生产、物流、人力资源、行政和管理会计等功能,适合于比较复杂的业务;面向大型企业的 ERP 具有比较全面的通用模块以及行业模块,可以适应集团化大规模企业的信息处理需求。如 SAP 的 mySAP 商务套件,它具有比较全面的通用模块以及 25 种不同的行业解决方案,可以满足集团化大规模企业的信息处理需求。

作为一个 ERP 软件包的例子,我们介绍一下 SAP Business One(SBO)。

SBO 是一款适用于中小型企业的 ERP 软件包,并可以用于许多行业中。SBO 的界面友好,用户可以在系统中自定义配置一些工作流程,例如对销售过程中的报价审批,采购过程中的审批等,当销售折扣超出权限范围时系统自动发电子邮件给相应的管理者,并且可以对超出的折扣重新进行审批。

SBO 的功能模块如图 10.6 所示,图中六角形为主要的功能模块。它的业务功能覆盖了账务、销售、采购、库存、收付款管理、客户关系管理、生产和物料需求计划、成本管理、服务和人力资源管理等中小型企业管理的多方面内容。SBO 的 3 个主要模块分别是采购、生产和销售。对其主要模块的功能介绍如表 10.9 所示。

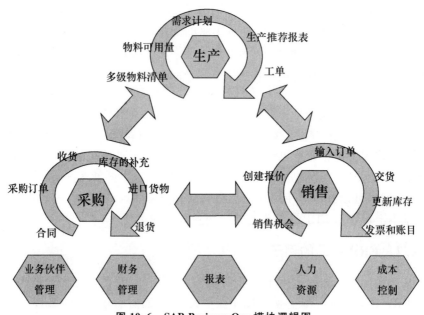

图 10.6　SAP Business One 模块逻辑图

表 10.9　SBO 的主要功能模块说明

模块名	业务活动	功能说明
采购管理	生成订单、处理合同、退货处理、库存管理、物料特性、库存盘点、仓库调拨等	用于管理向供应商的采购活动,包括采购订单、合同、收货、库存的补充,进口货物、退货处理等。库存是采购和生产之间的缓冲区。用户可以用库存管理功能来建立不同的物料仓库,定义物料特性及价格清单,使用该模块来处理出入库、库存盘点、仓库间调拨、寄售等业务

续表

模块名	业务活动	功能说明
生产管理	生产管理、物料清单、创建工单、生产计划、需求计划	该模块用来定义多级物料清单（BOM），并基于物料可用量以及生产推荐报表创建工单。生产计划模块可用来做生产计划排程，生成需求计划，让采购员根据生产计划来制定物料的采购计划
销售管理	报价单、客户订单、交货、发票、更新库存、发票和账目、退货、销售凭证	该模块用于管理所有与销售相关的活动，包括创建报价，客户订单输入，交货，更新库存，管理所有的发票和账目收据。用户可以根据实际应用简化销售环节。使用该系统产生的发票记录可以自动生成销售凭证、退货凭证 系统提供的销售分析功能，销售员可根据客户、产品、地点，对销售情况进行三维分析，在报表中自动产生图形化的分析结果
业务伙伴管理	客户和供应商记录、销售跟踪、CRM、销售分析	记录客户和供应商的所有关键信息，例如地址、偏好、销售人员和信用额度等。还可以跟踪与客户的交互，例如电话、会议和后续任务。用户可以使用其中的 CRM 模块来维护与销售机会相关的详细信息，记录每一个销售机会从第一次电话到成功完成交易的每个环节。包括来源、潜力、截止日期、竞争对手和活动等。为该潜在商机创建的报价单，也可以和销售机会链接，以简化后续的跟踪和分析活动
财务管理	分类账、日记账、预算管理、项目和利润中心、试算平衡表、资产负债表、利润表、对外报表 收付款管理、支票和信用卡管理	该模块可以处理企业日常财务活动，包括一般分类账，科目的建立和维护，日记账分录录入，外币调整以及预算管理等。用户输入日记账分录（大部分的日记账分录是从销售、采购、库存和银行模块自动过账）时可以将每笔分录分配到不同的项目和利润中心。系统将自动生成试算平衡表，并可以对自动生产的利润表、资产负债表等对外报表进行比较分析。 收付款管理用于完成所有与出纳相关的业务，用户可以使用现金、支票、银行转账、信用卡等多种支付方式处理对外付款和收款。可以使用该模块管理支票、信用卡
报表	记账报表、财务报表、库存报表、其他报表如最新价格报表、非活跃客户信息、滞销产品信息等。	该模块提供各种预定义的报表，覆盖企业业务运作的各个方面。所有报表均可方便的导出到 Microsoft Excel。内置的数据导航系统允许用户自由查询数据，充分节省时间。 该模块还提供客户/供应商账龄分析功能，可按照不同账龄分段、排序分析客户/供应商的应收/应付账款情况

续表

模块名	业务活动	功能说明
人力资源	员工数据、缺勤报告、电话簿	人力资源模块为企业提供了管理员工信息的实用工具,员工主数据中记录了企业员工的详细信息。缺勤报告记录员工的缺勤记录。电话簿可以查找到员工的联系方式,包括办公电话、移动电话、传真、电子邮件等
成本控制	利润中心、成本分摊、损益报告	该模块用于快速确定利润中心和成本分摊因素,并且生成每个中心的利润及损益报告
服务模块	服务呼叫、客户服务跟踪卡、服务合同管理、服务计划	该模块用于企业的服务部门,为服务运营提供支持。服务呼叫功能用于处理客户提出的问题并记录相关的信息。客户服务跟踪卡记录所有与服务相关的客户、合同、交易记录等信息。服务合同管理功能记录了为某个符合条件的客户所要提供服务的物料或带有某个序列号的特指物料以及响应时间、服务类型等内容
系统管理	系统配置、基础数据、权限表、数据管理、预警管理等	系统管理模块用于对系统进行基本配置。用户可以使用该模块来建立公司、定义基础数据(例如用户、货币、支付条款、销售人员、佣金组等)。用户使用系统管理模块还可以定义汇率表、权限表,甚至对被破坏的数据进行恢复等。 在该模块中有预警管理功能。用户可以自定义一个在线预警列表,通过选择希望接收的预警类型,定制个性化预警以及定义各预警的参数,当发生相应情况时,产生的预警信息即可通过传真、短信、电邮等多种方式发送给用户

第 10 章重要概念

MRP,物料,静态数据,动态数据,订货点法,物料主文件,独立需求和相关需求,垂直相关,水平相关,产品结构树,父件和子件,物料清单,毛需求量,净需求量,时段,提前期,闭环 MRP,MRP Ⅱ,主生产计划,能力需求计划,ERP

第 10 章复习题

1. 将 MRP 视为一个输入/输出系统,它的输入/输出分别是哪些数据?
2. 说明典型的制造业企业生产方式。
3. 什么是 BOM? 在 BOM 中物料之间的关系是如何记录的?
4. 使用 MRP 可以解决库存管理的哪些问题?
5. 说明闭环 MRP 和 MRP 的关系。
6. 说明什么是 MRP Ⅱ。
7. 一个生产制造业的企业信息系统至少应具有哪些功能?
8. 说明 ERP 和 MRP Ⅱ 有什么不同。
9. 说明 SBO 功能设计特点如何满足小型企业的管理需求。
10. 说明 ERP 软件包为什么能够替代自行开发信息系统的传统方式。

小组活动课题

调查一个企业的 ERP 系统的主要模块,并说明它对企业主要业务的作用。

第 11 章　业务流程再造

本章学习目标
(1) 理解为什么要进行业务流程再造
(2) 懂得业务流程再造的途径和原则
(3) 懂得业务流程再造时应采用的组织结构和实施步骤
(4) 能说明在业务流程再造中信息技术所起的作用
(5) 学习若干成功的业务流程再造案例

我们在第 3 章已经讨论过企业的业务流程，在 ERP 一章中也提到了业务流程及其再造的概念。业务流程再造不仅是管理学的一个重要理念，同时也是信息化中的一个关键的步骤。在许多情况下，业务流程再造需要对现实的流程进行梳理分析，引进 ERP 等信息系统中内嵌的新流程。如果没有对这种理念的深入理解，企业管理者必然缺乏彻底改造企业的动力，因而也不能废除那些员工已经习惯的流程。另外，如果不懂得业务流程再造的方法，没有恰当的组织和工具，业务流程再造也难以收到期望的成效。本章重点讨论业务流程再造的相关理论和实际方法。

11.1　业务流程再造的定义

在牛津英语大辞典中，流程(Process)一词的解释是"一个或一系列连续的、有规律的活动，这些活动以确定的方式发生或执行，导致某个特定的结果的实现。"企业中的一个业务流程可以看作是由一系列基本的业务活动所组成，这些业务活动相互之间具有一定的逻辑关系。例如，库存流程的基本业务活动通常包括入库、盘点、出库等，一个库存品应该是先入库再出库，如果未出库却在盘点中找不到了，就说明有异常发生了。业务流程中的业务活动往往是由特定的执行者负责的，由一些特定的任务所构成。例如入库业务是由库存管理员执行称重、记录等任务来控制的。因此流程包括了业务活动及相互之间的逻辑关系、活动的执行者和特定的任务等4个主要因素。

在第4章中曾经讲过，组织中常规的活动和步骤称为标准作业程序(Standard Operating Procedure，SOP)。标准作业程序是一个工作规范化的标志，而任何组织的工作程序都不可能从一开始就是规范的，一定是经过从不规范到规范的变化过程。因此SOP需要经过一个很长的时期才能逐步建立起来。过去许多企业建立起来的SOP往往反映了工业时代的特征，现在企业需要根据时代的进步来建立新的SOP。但是想改变一个组织的SOP也并非容易的事情。美国福特汽车公司的SOP采用的是福特作业方式，即大规模生产和将作业分割成单一的工作。而日本丰田汽车公司的SOP则是质量控制小组方式，各个小组中的每个成员都要学习多种工作，并进行定期轮换。由于日本丰田汽车公司的产品质量好、价格便宜，受到美国产业界的重视，并呼吁美国汽车公司向日本学习。但是在美国汽车行业中试行推广丰田工作方式时，美国公司才发现这是一项非常困难的事情，因为它们的SOP需要彻底改变。

信息技术的引进，有可能对企业的业务处理方式产生重大的影响。美国企业管理专家米切尔·哈默(Michael Hammer)等人在20世纪90年代中期提出了"业务流程再造(Business Process Reengineering，BPR)"的概念[1]，提倡对传统的流程进行彻底的改变。哈默发现有一些传统企业尽管过去很有实力，但后来却逐渐失去了往日的辉煌，每况愈下。这类企业中有许多问题都属于"大企业通病"，表现在人浮于事，效率低下。例如福特公司的应付账款部门的员工数是马自达(Mazda)公司的100倍。在研究了这些衰退的传统企业后，哈默等发现它们的问题许多是类似的：那就是这些公司都有一些惯例妨碍了工作效率的提高，体现在它们的业务流程、公司政策和公司文化等方面。因此，哈默等人提出了要对企业流程进行再造才能解决这些问题的革新理念。他们认为：业务流程再造是一种对企业大胆的创新和重塑；进行业务流程再造不是修修补补，而是一个彻底改造的工程。应当认识到，没有什么流程是不可改变的，所有的活动都是需要仔细检查的，只有通过对过去做法的深入反思，才有可能解决

---

[1] Michael Hammer，James Champy. Reengineering the Corporation：A Manifesto for Business Revolution. Newton Publishing Co.，Ltd，1993.

其中隐含的痼疾。企业要建立一支有力的再造团队,抓住企业中的陋习和通病开刀,重新设计企业的工作流程,进行新的工作流程整合。这样,才有可能使企业适应时代的潮流,健康地成长。

一般认为:BPR 的核心思想包括以下 4 个要点:

(1) 要通过对企业的流程进行分析和再设计来重塑企业。
(2) 这种分析应当以企业的业务活动为基本单位,而不是以部门或者其他单位。
(3) 改进的目标应当是相当激进的,而不仅仅是为了解决局部的问题。
(4) 信息技术是业务流程再造的重要工具。

从这个意义上来看,业务流程再造和构建企业信息系统是密不可分的——业务流程再造离不开信息技术,而信息系统的构建又常常以业务流程再造为目的。

业务流程再造的概念之争

哈默等人提出的 BPR 定义是:"从根本上改变思维方式,彻底改造整个业务流程,从而在新的衡量绩效的指标(如成本、质量、服务和速度等)上,获得大幅度的改善。"他们主张企业彻底地抛弃原有的作业流程,针对顾客的需求,重新规划企业的业务活动,对自己进行重塑。

也有一些学者提出了不同的定义。英国学者佩帕德和罗兰认为:"BPR 是一种改善的哲学,它的目标是通过重新设计组织经营的流程,以使这些流程的增值内容最大化,其他方面的内容最小化,从而获得绩效改善的跃进。这种做法既适用于单独一个流程,也适用于整个组织。"

实际上,以上两种定义都是有道理的。但从美国企业最初 10 年的实践来看,进行业务流程再造后,2/3 的企业都表示结果很不理想。经过对这些企业的分析,我国具有实践经验的专家普遍认为:在企业实施 BPR 时,必须考虑企业的具体情况。对管理水平比较低的业务流程来说,可以采用彻底抛弃、重新设计的做法。但如果将企业作为一个整体来看,不采用剧变的方式可以减少 BPR 的风险,确保 BPR 实施成功。

11.2 业务流程再造的目标和原则

11.2.1 业务流程再造的3个目标

从失败的业务流程再造实践中得到的一条教训是：业务流程再造之前必须明确目标，量力而行。过高的目标可能会带来巨大的风险，如果企业没有足够的能力去实现，结果很可能导致业务流程再造失败。因此，在进行业务流程再造时，应根据企业的情况，从以下3个目标中选择其中一个：最基本的目标是业务流程合理化；稍高一些的目标是业务活动的整合和任务功能的一体化；最激进的目标则是全公司业务转型。

1. 业务流程合理化

许多企业的业务流程都是"自然地"发展起来的，在长期的工作中逐渐形成的。在一个业务流程中工作的人并没有仔细研究过这个业务流程是否合理，从事具体工作的人也没有想过哪些工作是必要的，哪些是不必要的。因此，这些业务流程中往往有不合理的成分。例如一家银行的信贷业务，需要经过11个人的处理，而这些人又分布在一栋楼中的不同楼层，这样，完成这项业务就要在这些工作人员之间反复传递文件，造成公文旅行，同时又很容易发生错误。

所谓业务流程合理化(Streamline)，就是通过分析现行的工作流程，找出其中不合理的成分，对其进行改造。在设定这一类目标时，一个基本的假定是原来的流程是基本合理的，但存在一些问题。通过发现这些妨碍工作效率进一步提高的主要障碍，就可以使得现行的工作流程得到很大的改善。由于企业的业务流程往往是很多复杂的流程交叉在一起，发现妨碍效率提高的主要问题和障碍并非易事。因此，业务流程再造者一般是从当前的流程中找出一些关键的业务活动，如果这些活动可以用某种基于信息技术的处理手段来代替，就可以消除工作流中的阻碍，使工作效率大为提高。

2. 业务活动的整合

业务流程再造的第2个目标称为业务活动的整合(Integration)。传统的企业组织结构是层级型的。在前面第3章我们已经讨论过层级型组织的特点，其中一条就是劳动明确分工。企业通常是根据工作的性质分解为不同的职能部门，每个职能部门再根据工作的性质分解为不同的科室、小组和个人。这种传统的组织结构虽然分工明确,但企业中的业务流程往往是跨越职能部门的。在执行的过程中,因为各部门都优先考虑自身的利益,结果降低了业务流程的效率,不能取得企业业务的整体效益。业务活动整合的目的,就是改变传统的组织结构,打破垂直分割的组织相互之间的壁垒,用一种更合理的组织结构来代替层级型的僵硬的组织结构。

福特公司的业务整合

福特公司在实施业务流程再造之前,该公司的销售、订货、会计、库存管理都是相互独立的业务,部门之间没有密切的合作,相互之间主要靠单据来传递信息。采购部去订了一批货,回来后将订货单送到财务部门就完成了任务。财务部门只凭单据检查是否有应收账款,而库存单位则根据转来的单据决定是否应当对送到的货物进行验收。各个部门相互独立,缺乏协调,结果整个企业工作效率很低。

福特公司经过业务流程再造后,打破了这种人为的部门之间的分割,根据业务流程将这些有关的部门整合起来。现在,销售、订货、会计、库存管理都是通过信息系统来实施相互之间的信息传递。例如采购部去订了货,财务部门马上就知道发生了应收账款,而超过了期限就应当催款;库存部门也知道这批货物预定到达的时间,应当做哪些验货工作。结果整个企业的效率大大提高了,也消除了一些无用的重复性工作,减少了等待其他部门处理完毕的时间。

---

3. 全公司业务转型

第3个目标称为全公司业务转型或范式变迁(Paradigm Shift)。范式变迁是更为大胆的组织变革,这意味着企业要重新思考现行的业务和企业的本质,考虑是否可采用彻底的改革手段,完全转向新的工作方式。

我国许多银行近年来都在大力发展手机银行、网络银行等业务,在过去人来人往的业务大厅中现在设置了多种自助服务机器,顾客只要在机器上操作几下,就可以轻松地完成业务。银行自己还开发了多种信息服务业务,例如对用户提供理财服务以及各家金融机构的金融产品的投资风险指数,从而提高了客户的满意度,同时也提高了企业的竞争力。用顾客自助的金融服务机器来代替人工操作,这样的范式变迁意味着企业原有作业流程的彻底改变，服务人员不是坐在窗口前服务，而是走到顾客身边协助顾客操作机器。由此也可能有新问题接踵而来。但是这种目标一旦实现，就可能给企业带来明显的效益。

11.2.2 业务流程再造的原则

尽管企业通过流程再造可能极大地提高效率，消除企业过去固有的问题，但是业务流程再造常常是有风险的。如果企业没有清晰地认识自己的目标以及如何推进再造项目等重要问题就盲目地上马，那么很可能会引起组织内的矛盾，造成 BPR 失败。根据对一些企业进行 BPR 的经验总结，在进行业务流程再造时，应当把握好以下几条原则：

（1）业务流程再造必须量力而行。企业要根据现有的能力和资源配置，设定恰当的 BPR 目标（参照上节），并通过宣传得到企业各级的理解。

（2）要得到高层管理者的支持。绝大多数 BPR 不仅仅是改变业务流程，而是伴随着组织体制、业务结构以及企业文化的变革。BPR 常常伴随着权力和利益的转移，如果没有高层管理者的明确支持，则很容易半途而废。

（3）要找到关键的流程。企业必须通过对现有业务流程的描述、梳理，才能找到应当改变的关键业务流程。必须从成本、时间、附加值等一些可以度量的因素去考虑新流程的设计，从而能够对企业战略产生重大影响。

（4）要防止草率的流程调查。对现有流程进行分析是非常麻烦的工作。再造小组应当细致完整地分析现有流程，用书面形式明确地表达出当前流程，并仔细地推敲它们的合理性。特别是对一些跨部门、跨企业的业务，更是要讨论清楚。草率的流程调查往往会引起后遗症，等到信息系统投入使用后才发现问题就难以修正了。

（5）要大胆探索如何发挥信息技术在业务流程中的作用。注意信息技术只是手段，实现效益才是目的。同时也要有丰富业务经验的成员参与 BPR，不要由不了解企业业务的 IT 人员闭门造车。

11.3 业务流程再造的实施步骤

尽管业务流程再造需要企业全体员工的关心和参与，但它并不是一场轰轰烈烈的造势运动。相反，它需要领导者有高超的领导艺术，有计划、有组织、有步骤地推进，并落实到每一个细节。学术界和一些管理咨询公司也曾提出了多种独特的业务流程再造方法。尽管它们各有特点,但基本内容还是类似的。综合起来,业务流程再造可以由以下 6 个主要步骤组成,如图 11.1 所示。

图 11.1　企业再造工程的主要步骤

11.3.1　再造准备

在正式进入业务流程再造之前,应当从战略的角度研究本企业为什么需要再造,从组织、环境和需求的角度来考虑再造的必要性,并设置适当的再造目标。

要取得业务流程再造的成功,关键的一点是要得到企业领导和广大员工的支持。但是,在许多情况下,企业员工并不乐于改变他们已经熟悉的工作流程。因此一定要在整个工作的初始阶段就向各级领导和员工说明业务流程再造的意义,明确业务流程再造的目的,描绘出业务流程再造的愿景。这样做的目的是在今后的工作中容易得到领导的授权,同时也取得绝大多数员工的支持。

11.3.2　确定组织

业务流程再造是关系到整个企业各种业务的大工程,业务流程再造必然影响到企业自上而下的大多数员工,会引起企业中巨大的反响。因此,这种工程并非由一两个热心于再造的人或企业领导能够自己完成的。应当在工作的早期建立起独立的再造组织并赋予他们相应的权限,集中各方面的人才,按照既定的目标,制定好再造项目日程计划,有力地推动整个企业完成再造工程。

再造组织并无固定的形式,但根据国外近年来的研究结果和实践经验,业务流程再造工程的组织结构一般可设为 3 层:业务流程再造指导委员会、再造项目小组和流程组,如图 11.2 所示。

业务流程再造指导委员会由企业的高层领导所组成,它负责制定业务流程再造的总体战略,决定再造的原则、组织和政策,把握再造工程的整体方向。业

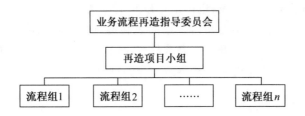

图 11.2　业务流程再造工程的组织结构

务流程再造指导委员会是业务流程再造中最重要的角色,因为只有高层领导才能把握再造的方向,纠正再造中可能出现的偏差。一般来说,业务流程再造指导委员会并不做具体的工作。他们的工作内容是决定再造的内容,评测再造的质量,监督再造的进度等。

业务流程再造项目小组由负责推进再造的成员所组成。一般包括再造项目小组领导、流程负责人和负责具体项目的再造小组成员。再造小组领导通常应有明确的再造意识和强大的感召力,有勇气承担再造的风险,能够洞察企业的问题所在并清楚再造能给企业带来的利益。这一职位与再造项目的成功息息相关。有些企业甚至由"一把手"亲自担任再造项目小组领导,但一般是由一名常务副总裁或首席信息经理来担任。也有的企业采取让符合条件的干部员工自己报名,再造指导委员会选择的方式来决定再造项目小组领导。需要注意的是,现代企业涉及的问题十分宽泛,而一个企业领导总有他个人的知识、能力等方面的局限性,因此业务流程再造不但需要有能力的再造小组领导,还需要选择得力的再造项目小组成员。只有发挥这个小组共同的智慧和协作作用,才能在各个方面保证再造成功。

流程负责人是负责对某个具体流程进行再造的管理人员,一般由再造项目小组领导指定。流程负责人与该流程涉及的各方面的负责人都有良好的沟通渠道,同时,根据业务流程可以组织起一个具体实施再造的工作小组,该小组成员应当由该流程涉及的各个部门人员所构成。在各流程组中应当有业务人员和技术人员,技术人员的参与有助于该小组的工作,但是业务人员应当是其中必不可少的成员。

在有条件的情况下,再造项目小组还应当聘请企业外部专家参与,例如管理咨询公司的技术顾问、企业特聘的资深专家等。企业内部人员虽然熟悉自己的实际工作流程,懂得当前的流程是如何形成的以及为什么要如此设计,然而在再造中常常会有意见分歧,也可能因既得利益关系而因循守旧,或因为组织中的人际关系和政治因素而妨碍再造的顺利进行。这种情况下企业外部专家就可以发挥作用。企业外部专家要求具有业务流程再造方面的知识和经验,同时能够用客观公正的态度来推动再造工程的进行。

11.3.3 流程诊断

业务流程再造一般从描述企业的现有业务流程开始。再造小组成员可以用现成的业务流程建模软件工具描绘出企业当前的流程。在这一步应当注意:为了保证现有流程描述的完整性和全面性,一定要有熟悉业务的员工参与。(参见后面的哈啤案例)。

在流程描述中需要不断地细化和修改,仅仅靠手工来做是很困难的,最好采用有关的软件工具来帮助完成。目前常用的软件工具包括 ARIS,IDEF0 等,我们将在本章后面介绍有关内容。

对现有流程的描述完成后,下一个重要的步骤就是分析这些流程,找出问题所在,并考虑如何利用新技术和新方法来工作。再造小组的成员往往并不熟悉特定的业务流程,面对大量的企业业务活动以及相互之间复杂的关系,可能一时很难发现问题。那么应当如何分析现有的业务流程? 如何发现哪些业务可能会存在问题呢? 一个常用的方法是找到各条流程中的"客户"即位于流程下游的处理者,让他们反映对他们"供应商"(即他们的直接上游处理者)的意见。因为"客户"最了解"供应商"的弊病,而这些问题往往并非"供应商"自身就能够解决的问题,而是流程中固有的问题。常见的问题包括业务流程不合理,各级审批手续繁杂,手工工作效率低下,重复性数据和重复性工作,工作流存在瓶颈,孤立的系统等等。

一般说来,企业的业务流中总包含着一些"关键性的"业务流程,或者说是有一些"最有价值的"流程。这些流程对于企业的运营和利润来说是十分重要的,通过发现这些业务流程的问题,可以极大地提高业务流程的效率。因此,在这一阶段,再造小组应当重点识别和发现关键业务流程,对这些流程进行仔细的讨论分析,发现关键业务流程的问题所在。下面是一些经验性的总结:

(1)企业决策方式。传统的大企业的决策往往是由高高在上的领导做出的。由于大企业的管理层很多,领导做决策时,是根据层层汇报上来的信息来思考的,而这些信息往往和实际情况有差异。另外,如果决策者距决策现场很远,靠听汇报和二手材料来进行决策,往往决策速度慢,不能及时应对环境的变化。联想公司的领导在实施 BPR 时发现,过去企业的业务信息从第 1 线传递到最高层最多可能经过 11 层传递,传到最高领导时已经失去了做决策的最好时机。在 BPR 中,他们采取了新的决策方式,将需要快速决策的权力下放,同时通过组织扁平化,减少信息传递的障碍,从而改变了反应速度慢的现象,提高了经营效率。

(2) 企业数据采集工作。传统的企业中不重视业务数据的获取和整理,往往是使用手工的方式或使用过时的信息技术,数据的记录可能过于随意,数据可能不准确、不详细,或者是冗余的数据,或者是重复采集的数据。以至于数据的精确性和完整性不好,很难对决策真正起到作用。而现在采用新技术如智能手机、RFID 等就可以完全杜绝这种情况。

(3) 现有的工作方式。企业中许多工作可能是不必要的,或者是不合理的,仅仅是因为人们习惯了现有的做法。通过再造可以改变这类工作方式,使得工作效率提高。

(4) 控制点和控制方式。由于控制点设置得不对,或者控制方式不恰当,企业的业务流程中可能有许多瓶颈,它们阻碍了业务的顺利进行。

(5) 员工和管理者的角色。管理者不恰当地将自己摆放在监督者的地位,没有发挥员工的主观能动性。

研究认为,流程分析阶段是花费劳动最多的一个阶段,再造实施人员需要投入大量时间到现场观察分析,才能发现现有流程中的问题。

11.3.4 重新设计

找到现有流程的问题以后,再造小组就要开始设计新的流程,计划对现有流程进行改变。这里不仅包括设计新的工作方式和工作设备,还包括设计新的组织结构、新的信息系统以及各种有关的规章制度等。在这一过程中往往需要采用团队作业,采用"头脑风暴法"等各种方法,讨论现有业务流程和设计新的业务流程。根据对一些企业流程的研究结果,哈默等提出了 7 条业务流程设计的经验性法则:

1. 围绕结果设计流程

不要仅仅将工作分解为任务,让员工仅仅为完成任务而工作,应当从考虑如何取得理想结果的角度来进行工作流程设计。例如,传统的工作方式强调分工合作,为了提高效率而将一项工作分解为几项任务,分别交给几位员工来完成。而新的工作方式是让一个人或一个团队在取得预定结果的过程中尽可能地承担多项任务。这样，不但减少了员工间进行任务交接的工序，同时，也避免了一旦出问题时员工之间相互推诿责任，使员工能够自己对自己工作的过程加强控制。

在一家银行的贷款申请业务处理中，整个审核工作被分解为许多步骤。过去每个审核人员都只关心自己负责的工作，做完自己的工作交给别人后就不闻不问了。如果一个审核人员发现了问题，他可能需要征求某一位领导的意见，因而不能及时交给下一位审核人员，造成审核工作整体推进很慢。在业务流程再造的过程中，再造小组认识到快速地完成审核是进行改革的目标，而过去的任务分工方法恰恰是提高效率的瓶颈。结果，再造小组改变了审核方式，现在每个审核人员都被授权处理整个流程，这使得任务完成的速度比过去大为提高。

2. 一次性捕捉数据

数据总是通过某种途径进入到企业的数据库中的——例如，录入人员的输入，电子收款机的操作，秘书的工作等。但是，在许多情况下，数据可能会多次进入数据库。例如员工姓名，可能通过员工自己填写的报表，也可能通过人事部门的档案录入到系统中。这种数据的冗余不仅是低效率的，而且隐含着错误的风险，应当尽量避免。

为实现这一点，就需要从企业的数据创建源头做起。任何数据第一次进入系统时，就被存入数据库。以后如果在企业的数据库中已经有了该数据，就不能再由别人随意输入或者将现有的数据取消。在使用时尽可能调用现有的数据，而不是自己再创建数据。

3. 一线工作者现场决策

过去，许多一线工作者的工作是由其上级来检查的，其原因是大家认为一线工作者缺乏足够的知识。因此，一线工作者往往对自己的工作并不认真去检查，而检查者很可能因为缺乏实践经验，发现不了关键问题。

业务流程再造的一个重要理念是发挥第一线员工的主观能动性，赋予他们相应的决策权力。例如有的商店授予售货员权力，可以根据需要决定商品是否折价出售。这种思想的实质是改变传统的层级型组织结构，减少组织的层次，将决策权力下放到基层。这样，从某种程度上，一线员工就成了自己工作的管理者。

4. 将控制融合于信息处理之中

过去，信息的控制和信息的处理是分离的活动，其原因是信息的控制者可能不懂得信息处理的知识。例如,在某汽车制造企业,过去它的库存部门收到货物后,要将入库单交到会计部门,由会计部门来做应收账款处理。通过业务流程再造,就可以将相应的信息控制活动融合到信息处理过程之中。仓库保管员在收到货物并录入信息时,信息系统就自动将信息送到会计部门的应收账款处理项目中。

5. 工作流程透明化

过去,在许多企业都设有采购部门,企业各部门需要物料时都是先提交采购申请,然后由采购部门统一采购。但是时间一长,人们就发现采购部门本身就消耗大量成本。有的设备的采购成本甚至高于设备自身的成本。业务流程再造的一个目标是使得工作流程透明化。例如,将供应商的名单列出,让企业各部门自行决定供应商,在采购某种物品时,计算机要进行比质比价的检验,避免其中的浪费。

有些情况下,甚至可以采用供应商直接送货上门的情形。例如,有的金融中介机构让顾客指定一些判断的规则,然后,根据这些规则直接代表顾客与对方进行交易。沃尔玛公司开发的连续供货系统,就是将他们下属商店需要进货的商品信息发送到总部,由总部对供应商发送信息,通知他们送货上门。

6. 并行工作方式

许多传统的企业都是以职能部门为基础的。员工们仅仅是为完成自己的任务而工作,并不了解企业整体的目标。但是,实际上企业中的许多业务是跨越了职能部门的。因此,当实行这种业务时,就需要在各个职能部门之间进行信息交换,不但步骤很多,而且往往是串行工作方式,只要某个环节卡住,整个工作就被耽误下来了。

新的流程工作方式力图改善这种情况。基于流程的新工作方式采取并行结构,将不同部门和专长的人组织起来构成任务小组。过去经过许多人的工作,现在交给计算机来完成,而且很多工作可以同时进行。

7. 打破传统思维的束缚

业务流程再造有时需要打破传统思维的束缚,引进新技术和新的工作方式进行大胆创新。在传统的工作方式中,详细的数据和信息放在办公室中。销售人员外出时,不带一大包资料就无法给客户做详细的说明。但现在他们可以带着智能手机,通过手机得到详细的信息。信息技术给企业管理者提供了许多机会,管理者们同时也必须重新考虑他们已经习惯的工作方式是否合理。

在新的业务流程设计中还包括从两个角度的设计：首先是技术设计。技术设计意味着设计者应当思考是否能用某种新的信息技术来实现新的工作流程，也包括使用某种新的控制方式或信息资源。其次是社会设计。社会设计意味着对于企业的组织结构、权力、责任、文化等因素的设计，例如新的组织结构，对员工绩效的测定方式，激励条件的改变以及对员工授权等。

11.3.5 实施新流程

在新的业务流程设计完成并通过企业领导的认可后，可以开始实施。通常ERP的实施是和信息系统的实施联系在一起的。因此前面介绍的信息系统实施方法就可以在这里应用。

根据经验，一个企业级的信息系统（如）的实施大约需要半年到1年半时间。在实施完成后需要选择适当的时机进行新旧流程的切换。企业开始实施新流程后，旧流程被废止。这种破旧立新的工作并非一朝一夕就能完成，需要有一个同化、习惯的过程，经过不断努力，将再造的新流程吸收到组织的标准业务流程当中。

11.3.6 评估结果

最后，项目团队应当对再造的新流程的结果予以总结，将再造后的情况与当初设定的目标相比，说明是否真正实现了业务流程再造目标，今后还需要有哪些改进等。由于业务流程再造涉及对业务流程关键问题进行根本的改变，通常对于要改造的业务流程应设定一些具体指标才能够进行比较。例如，常见的业务流程改造内容经常涉及产品成本、员工工作绩效、库存周转以及对客户提供的服务等，这些业务都可以用一些具体的指标来度量。如产品成本的减少，工作时间的缩短，库存周转率的提高，顾客满意度的提高，员工生产效率的提高，设备故障率的减少等。企业可以根据流程的具体情况，并参考行业内先进企业的指标来考虑指标的选取和目标的设定。

例如，一家汽车公司通过实施业务流程再造彻底改变了过去的物料采购流程。当他们分析自己过去的流程时，发现有许多活动都是没有必要的。于是他们引进了ERP，用系统中全新的流程开始工作。结果，公司在评估中发现，它的业务流程再造工程获得了预期的结果，减少了有关部门75%的人力，并大大提高了财务报告的准确性。

哈尔滨啤酒厂的业务流程再造

1998年,哈尔滨啤酒厂(简称哈啤)在创造了历史上最好效益的同时,也开始考虑如何进行业务流程再造。企业的高层领导认识到企业虽然在快速发展,但是仍处于生存危机之中,这是因为企业的管理体制仍然落后,还没有成为流程化和信息化的企业。他们认为:对于企业的业务流程进行彻底分析,是关系到今后企业的管理应当如何做,做得好不好的关键问题。

1999年,企业高层要求全厂职工将自己做了多年的工作先用言语表达出来,再用文字描述出来,最后画成一张流程图。这在全厂掀起了一场业务流程分析的风暴。一时间大家都在考虑自己的工作流程应当如何描述。最后大家发现:凡是画不出流程图的工作基本都是管理中的薄弱点。尤其是部门与部门之间、职能与职能之间的工作,往往不同部门的人画得不一样,或者只能用语言来描述。当产品或服务出现问题而遭到客户投诉时,生产部门说应交给质量管理部门处理,而质量管理部门则说应交给销售部门处理。这样就产生了责权不清的问题。事后证明,这种画流程图的做法有效地明确了管理上的漏洞,避免了很多干部只知道自己有什么权利,而不知道自己应承担何种责任的情况,从而有效地填补了信息化之前的管理空缺。

到了1999年年末,哈啤全厂共整理了6 000多个流程,上至总经理,下到清洁工,所有员工都有了自己的工作流程和岗位指标。在这些大量的流程分析工作完成之后,分厂厂长和管理干部们都提出了要求:需要动态地掌握自己所管辖的部门中每天的工作进展情况,于是信息需求也就自然而然地被提上议程了。

11.4 业务流程分析中的建模技术

在流程诊断和重新设计这两个阶段中,BPR团队都要用建模工具对企业中各种活动进行描述、量化和分析。清晰的业务流程图有助于再造人员和企业用户之间的沟通,准确地理解企业当前的业务是如何进行的,从而可以对其进行数量分析,找到流程再造的最佳方案。

流程诊断和设计新流程这两个阶段的建模工作如图 11.3 所示,图中左半部是对现有流程建模,该流程模型称为流程现状模型(AS-IS Model)。通过对该模型的分析,就可以发现在现状模型中的一些问题,通过对该模型的改造和重新设计,产生了我们期望的理想模型即新的流程模型(TO-BE Model)。从这个意义上来说,业务流程模型构成了整个业务流程再造过程中业务流程诊断和设计的基础。采用计算机支持的、高效率的、适合团队工作的建模工具,可以快速地建立起企业的流程模型,把需要再造的流程用模型语言记录和分析,同时使项目组的成员可以用一种共同的语言进行沟通交流。显然,这对于一个 BPR 项目的顺利进展是有极大帮助的。

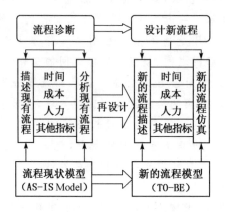

图 11.3　模型是流程分析和设计的平台

11.4.1　对于活动的描述

企业业务流程就是一系列基本业务活动,它们以一种或多种输入的资源为工作对象,产生有价值的输出。这些业务流程可能是在某个部门内部的,也可能是跨部门的,或者是综合各个部门的活动,是运用各种职能、人力和物料资源进行的活动。因此,业务流程现状模型首先要描述构成业务流程的基本元素——活动,诸如某人执行了某功能或者进行了某种操作。一个活动可以用下面一些属性来描述:活动的类型、持续的时间、需要的成本、活动的执行者以及所使用的资源等。在这一阶段,需要将企业的各业务流程分解,细化为对相应的活动的描述,才能从不同的层面进行分析和综合研究。因此,既要做到清晰的解剖,又要保证完整的集成,这正是 BPR 工具所能发挥作用的关键之处。

BPR 工具软件包通常包括下列功能:

(1) 友好的图形界面,建模者可以快速地建立模型。

(2) 一套标准化的图形,如用来描述流程、数据、存储的图形。

(3) 对流程细节的记录,对流程上各活动的细节进行描述。

(4) 整合的数据库,用以对所有流程的记录和整合。

(5) 具备仿真验证流程的能力。

(6) 基于作业的成本计算。

IDEF 方法是 ICAM DEFinition Method 的简称,是美国国防部在整合的计算机辅助制造(Integrated Computer Aided Manufacturing,ICAM)基础上采用结构化分析和设计技术(Structed Analysis and Design Technigue,SADT)等方法发展起来的一套建模和分析方法。1990 初期,IDEF 用户协会与美国国家标准与技术学会合作,建立了 IDEF 标准,并在 1993 年公布为美国信息处理标准。目前 IDEF 是多种国际组织所承认的标准。为了减少项目的复杂性,使项目得以顺利进展,项目实施小组可以运用基于计算机软件的建模分析工具,如BPWIN 等来建模。使用这些方法对企业业务流程建模后,不但描述企业现行流程,进行流程诊断和设计新流程,还可以对企业业务流程进行有关成本、效益等方面的模拟和分析。

IDEF 建模方法是一个方法群,从 IDEF0 到 IDEF14 分别有不同的用途。其中最常用的包括 IDEF0,IDEF1X 和 IDEF3。IDEF0 用于建构功能模型,IDEF1X 用于建构数据模型,IDEF3 则用于建构流程模型,使用者可以通过输入项目、输出项目、机制和控制,来描绘出自己的业务流程。

在 IDEF0 方法中,业务流程被分解为一些活动,每个活动用一个方框表示。如图 11.4 所示。对活动的输入、输出、控制和机制由 4 个方向的箭头来表示:

(1) 输入(Input):要处理的数据或事物。

(2) 输出(Output):产生活动的结果或产出的数据或物体。

(3) 控制(Control):对活动的限制或者对活动的数据约束条件。

(4) 机制(Mechanism):使活动进行某种处理,采取行动的手段(人、资金、机械等)。

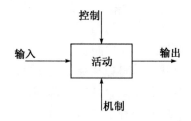

图 11.4　IDEF0 方法中的活动表示

IDEF0 很像是一个输入输出系统，但是它还有上下两个箭头符号。控制箭头意味着对应于数据转换功能的约束条件，例如数据转换必须服从的处理规则和条件等。而下方的机制箭头则表示该功能如何被运用，由谁来运用等。

IDEF0 中的这些箭头还可以相互结合运用。结合包括 7 种：① 由外部输入；② 输出到外部；③ 从输出到输入；④ 从输出到输入（反馈）；⑤ 从输出到控制（串联）；⑥ 从输出到控制（反馈）；⑦ 从输出到机制。如图 11.5 所示。

根据 IDEF0 的规则，对流程的描述是一个自上而下多次分解的过程。除了底层的活动之外，其他的活动都可以展开为若干流程，在一个活动中可以包括其下层的活动集合。

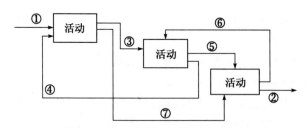

图 11.5　IDEF0 方法中活动的 7 种结合方式

11.4.2　对活动的分析

AS-IS 分析阶段的目标是发现现有流程中的断点。断点（Disconnects）可以理解为阻止流程达到预期结果的部分。流程分析就是诊断流程的薄弱环节或问题所在处，然后找出产生问题的根源。所以在此阶段首先要对活动以及活动相互之间的关系进行详细描述，这些关系描述了企业内部人员、部门之间是如何打交道的。这些对于关系的详细而准确的描述，对于发现流程中的断点是非常有用的。比如流程中某个活动缺少输入、输出或者非增值的输入输出等都可以通过关系来识别。此阶段的任务还包括描述流程中活动的顺序,这种顺序可以包括:因果关系(比如活动 1 必须在活动 2 之前完成,否则活动 2 无法进行);时间关系(时间上早于某时点);逻辑关系(比如决策活动)。AS-IS 分析阶段的第 3 个任务是计算执行每个活动的时间以及成本,这些需要进行运算的项目可以通过对模型的仿真运算和作业成本分析法来完成。

如果建立了准确的 AS-IS 模型,就可以比较容易地判断出那些延长时间、产生高成本的环节。比如缺少必要的输入或者输出、事件顺序有误、有非增值的活动或者冗余的环节等等。通过系统仿真,也可以检查出时间上的问题,也就是找到了系统中的瓶颈。同时也可检查出系统中长时间、高成本、低质量的环节。总之在 AS-IS 分析阶段应得到如下的结果:① 对流程现状的描述:功能以及功能之间的关系、输入、输出、控制和资源等;② 流程中的因果关系、逻辑关系以及时间顺序;③ 活动绩效的测量指标:时间和成本;④ 通过流程诊断所发现的断点及其根源。

除了 IDEF 方法以外,还有其他一些类似的方法。如整合性信息系统架构(ARchitecture of integrated Information Systems, ARIS)方法,是由德国萨尔大学威廉·希尔(August Wilhelm Scheer)教授提出的一种图形化的企业建模方法,同时也有相应的软件工具。有兴趣的读者可以参阅有关文献①。

1. 一个 BPR 分析的例子

下面是一个使用 BPR 工具 BPWin 来进行企业流程建模和分析的例子。用 BPWin 来描绘该企业当前的订单处理活动,得到如图 11.6 所示的业务流程 AS-IS 模型。该企业的订单处理可以分解为 4 个活动:

(1) 处理 1——接受订单。受理从销售部门传来的货品订单。

(2) 处理 2——检查订单。对于所受理的订单内容进行检查,如果订单内容有错误,或者订单的内容不符合企业的接受原则,则退回订单并给予相应的回答。

(3) 处理 3——批准订单。如果订单检查的结果没有问题就予以批准。同时要掌握与确认预算与实际活动差距以及对库存量和交货期等进行确认。

(4) 处理 4——制作单据。制作一张公司内部传递的单据,对付款条件等

---

① ARIS 6 Collaborative Suite Version 6.2 Quick Start Guide by IDS Scheer AG, Saarbrücken, 2003.

进行确认。

(5) 处理 5——特殊处理。在处理 3 与处理 4 的过程中如果发现问题,则需要由上级经理来处理,这时便进入特殊处理流程。如客户要求的规格属于非标准品、客户有特殊要求的产品、旧型号产品、超出预定折扣的订货以及某些涉及新客户、关系客户等特殊情况,都需要由上级经理来处理。

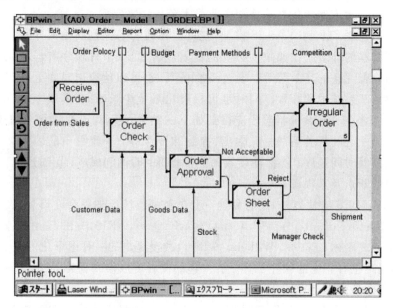

图 11.6　业务流程的 AS-IS 模型

2. 现状业务流程的问题

经过对 AS-IS 模型的分析,发现原业务活动中有以下两个较为明显的问题:

(1) 处理工作的分配不合理。按照过去的习惯,负责处理订单的人员有 3 人:处理 1 是由员工 A 完成,处理 2 和处理 4 则是由员工 B 完成,处理 3 则由经理负责。由于员工 B 负责处理活动 2 与活动 4,因此他对每一项工作都要处理两次。另外,由于业务处理经常需要经理确认,所以会有由于等待处理所产生的时间浪费。

(2) 特殊处理。需要特殊处理的订单约占全体业务的 10%,有的是因为客户需求的多样化趋势,产生了非标准品需求量的增加;有的是因为与其他公司竞争,在价格、交货期等方面的竞争激化的缘故。此时的处理必须要由上级经理批准。但因为经理经常外出,因此批准步骤需要花费较多的时间。

3. 对业务流程的改造

基于对当前流程问题的分析,我们就可以考虑如何对现有流程进行改造。

措施 1——业务活动整合。新流程中,我们将处理 2(检查订单)与处理 4 (制作单据)合并为一个活动,在处理 2(检查订单)完后进入处理 3(批准订单)。在这里,要通过与客户管理、库存管理以及与预算信息关联的信息系统,实现对顾客的确认、库存检查、商品检查及预算和实际工作结果检查等工作的自动化。

措施 2——权限下放。方法是将特殊处理的订货单按重要程度划分成 5 种。重要度最低的订货单可由员工 B 决定如何处理。另外,还要将所有订货单按紧急程度分类,根据订单优先度的不同依次决定不同的处理方式,并开发出一个可以由员工和经理随时进行信息交换,又能够设定订货单优先度并支持电子批准方式的信息系统。

如图 11.7 所示,将措施 1 反映到模型中的结果(TO—BE 模型)。这里将处理 2(检查订单)与处理 4(制作单据)合并到一个活动之中,与此相应,用对处理 3(批准订单)的控制(从上至下的箭头)与机制(从下向上的箭头)代替了处理 2(检查订单)。

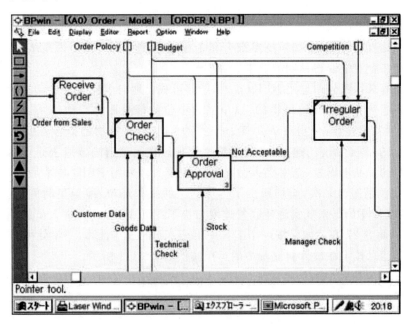

图 11.7　业务流程的 To—Be 模型

11.5 业务流程再造中的新技术应用

在业务流程再造的过程中,选择新的信息技术是十分关键的步骤。一些成功的业务流程再造案例说明,在再造过程中往往是因为引进了新的信息技术,才使得业务流程再造的愿景成为现实。经常用于业务流程再造的新技术包括可移动计算技术、无线通信、RFID 等。目前许多企业都开始密切关注新的信息技术对于企业业务的影响,并设立专门的机构负责新技术的引进和规划。无论采用什么技术,在进行业务流程再造时都应当先回答以下一些问题,然后再决定是否大规模引进:

(1) 信息技术对于我们企业的什么业务会有改进作用?
(2) 这种作用是长期的,还是短期的?
(3) 这种作用的影响面是局部的,还是全企业的?
(4) 这种技术是否对使用它的员工有很高的能力要求?
(5) 对于当前企业流程的改变有什么影响?
(6) 该技术的未来的发展前景如何?

另外,业务流程再造时必须注意新技术和企业其他因素的相互影响。任何技术都是人来使用的,如果技术没有和企业的人、组织、文化等因素结合起来,就很难在企业中取得预期的效果。

上海某物流公司运用 RFID 技术,能够可视化地向供应链上游制造企业直至最终消费者提供即时可得的、以单品为单位的信息服务。他们采用了带有 RFID 标签的托盘,使得在入出库、配送等环节中,对货物的监控更加准确清晰,不仅提高了物流的速度,也使得整个管理过程明确清晰。过去企业每天有几万箱的货品进出量,仓库工人劳动强度相当大。采用 RFID 技术后,将过去 40 次扫描缩短为一次,而且减少了拆垛码垛的工作环节,缩短了时间,提高了劳动效率。RFID 系统实施使收货速度加快了四五十倍,让收货人员从原来的 36 人精简到 27 人。如果按一个工人一年三万元的成本计算,一年就可省下 27 万元。信息技术在设计新流程中的运用实例如表 11.1 所示。

表 11.1 信息技术的可能性

传统思想	信息技术	新流程的功能
需要专业工作者完成	无线通信	不管人在哪里,都可以得到想要的信息

续表

传统思想	信息技术	新流程的功能
信息只能出现在一个地方	共享数据库	人们可以在分离的地点协同工作,从事同一个项目。信息可以被需要的人同时使用
需要人来查明物体的位置	自动识别和跟踪技术	物体可告诉人们它在何处,例如使用 RFID 的仓库管理系统
业务需要库存,以防供货不足	通信网络和 EDI	JIT 供货,零库存供货

业务流程再造工程中使用到的信息技术当然包括各种基础设施——局域网、互联网、数据库、CASE 等,但是并不一定都要重建基础设施,也并非必须依靠 ERP 等企业级信息系统。在业务流程再造中也经常通过采用新的信息技术做局部的改变,通过改变传统的工作方式来提高竞争力。

由于信息技术的多样性和更新速度加快,因此对信息技术的引进应当有一个整体的考虑。图 11.8 是由英国的业务流程再造专家佩帕德等提出的,其目的是将信息技术应用进行归类和整理。图中,根据信息技术对企业的影响和应用的长期性,将各种信息技术分为 4 类:高潜力技术、战略性技术、支持性技术和关键性技术。

如果一种信息技术具有对当前流程的改善作用,但是这种工具的影响面不大,并不会对企业的发展产生决定性的影响,那么可以将它归类于支持性技术。例如,采用蓝牙技术可以取消打印机的电缆,可以很好地解决办公桌上电缆缠绕的问题,但是对企业其他方面的影响不大。从长远的观点来看,支持性技术往往会被更新的技术所淘汰。因此,对支持性技术是否引进,重点要考虑这种技术的成本以及它所能带来的效益。反之,如果这种技术对企业的影响很大,如果没有使用它对于企业的运作都可能产生影响,那么这种技术是关键性技术。例如 ERP 是一种关键性技术。

图 11.8 业务流程再造中的信息技术应用

如果一种信息技术虽然当前并没有很大的影响,但是从长远观点来看却可能不断成长,成为一项长期使用的技术。这种技术可以划归为高潜力技术。这一类技术需要认真考虑是否引进。例如对于服务器操作系统,如果没有长远的观点,以后再更换就很麻烦。最后,如果一种技术可以长时间应用,同时又对组织有很大影响,则应当划归战略性技术。例如在银行或金融投资机构,一些新的信息技术用于业务流程再造,主要是在代替人工的自动化中发挥作用。还有一些重复性的工作、在恶劣条件下的工作以及单调的数据整理和数据分析等工作都可以通过信息技术发挥战略性作用。

漓泉公司的分销管理系统

燕京啤酒(桂林漓泉)股份有限公司(以下简称漓泉公司)的前身是广西桂林漓泉股份有限公司,1985年筹建,1987年正式投产。该公司2002年与北京燕京啤酒集团公司合并。

漓泉公司的产品是漓泉啤酒,其产品主要通过600多个经销商来进行分销,在广西有数万个销售点(终端)。许多啤酒经销商经销的商品并不限定于一家制造商,经营商品类型高度重合,竞争也十分激烈。

过去,漓泉的销售部门主要依赖经销商进行产品销售,自己并不十分了解各地的销售情况,对于经销商也没有进行严格管理,只是凭经验决定产品的销售价格和产量,结果是商品的市场价格主要是由经销商根据行情来决定。在啤酒销售旺季,经销商预计市场需求量大,就会预先增加订货。但因为竞争激烈,如果销售并不如预期所料,很容易因库存积压而造成亏损。在淡季,有的经销商为了增加销售,也会主动降价,而价格竞争往往造成两败俱伤。另外,各地的销售价格是不一样的,大城市的售价一般高于县城,而经销商为了谋取利益,就可能进行串货——把面向农村的产品拿到大城市来销售。由于经销商队伍和一线的销售人员都分布在全省各个地区,漓泉如何才能管理好这支庞大的队伍,同时又要让他们提高经营积极性为企业做贡献,这是一个长期以来摆在公司管理者面前的难题。

2003年,在和佳软件公司的支持下,漓泉建起了自己的分销管理系统。自此之后,信息化建设不断深化,现在信息系统已成为公司运营的支撑平台。构筑起了一个覆盖生产、财务、销售、经销商、终端等领域的全流程ERP系统。

和佳软件公司的系统开发人员在分销管理系统建设之初进行了深入的前期调查,并与漓泉公司的管理人员做了大量数据分析,发现传统分销模式的关键问题在于公司管理的粗放性。在当时的管理模式下,企业对分隔区域的经销商缺乏有效的监控,终端的利益得不到保障,很多终端处于长期亏损的状态。而且公司对终端的销售费用管理和奖励等要经过销售部、区域销售经理、办事处等多个环节才能到达终端,不仅时间拖得很长,而且漏洞很多。例如常常因为经销商操作不符合协议,终端拿不到相应的奖励。最后的结果是可能倒向其他品牌。

为了解决这些问题,他们提出了一种新的管理模式。该模式具有地域区隔、严格管控的特点。在新的管理模式下,漓泉公司在每一个销售区域中都建立起相应的办事处,由该处对该区域内的经销商进行统一规划,限定经销商的销售范围,管理经销商的销售行为,确定经销商的商品定价和收入分成比例。为了防止因各地区价格不同而产生的串货行为,建立了准确有效的产品追踪体系,对违反规定的经销商进行处罚。

分销管理系统实施以后,新的管理模式被漓泉公司及其供应链合作伙伴高度认可,员工也习惯了在深度分销管理系统上工作。销售员使用系统后再也不用拿着纸和笔到各个终端录入销售数据,然后辛苦地将数据汇总起来。经销商也不像过去那样需要花费大量时间和精力盘点各个区域、各个终端的销售情况,只要登录系统,就能轻松地查到哪些产品销量最好,同时系统也会提醒经销商库存何时达到警戒线水平。

现在,管理人员通过该平台可以直接处理各地办事处的业务活动,实现了远程下单,将市场活动细化到每一个员工的工作计划及任务安排,做到责任到人。通过发货时的货源记录,可以对窜货的行为进行查询和控制。通过营销活动的预算管理和过程管理、风险控制等功能,管理人员可以对营销活动进行全面的部署、控制和分析。同时,有效对接生产计划,减少了生产、原材料、运输周期等方面可能带来的风险。

通过建立严格的价格体系,制定销售管理的一系列政策以及专销返利、热点管控、收入分成机制等制度,漓泉公司强化了对销售终端的管理。终端专销返利系统是根据每个终端的销量按返利系数来计算月返利、年返利。由于公司的奖惩机制更加透明了,只要终端卖的产品多,就一定能拿到更多的奖励。热点管控系统用来管理热点区域的运营情况，通过热点盈亏平衡计算功能，对10万多个终端进行监控，自动计算出热点区域的差异，同时可对"亏点"进行监控。通过专销返利系统和热点管控系统，构筑起抵御竞争对手产品竞争的壁垒。

  信息系统建设前后16年间，公司发生了巨大的变化。营业收入和缴纳利税持续增长，市场份额不断扩大。2003年公司的产量仅30万吨左右，到2018年时产销量已经高达85万吨，在广西啤酒市场占有率一度高达85%。公司营业收入从6.4亿元增长到55.46亿元，公司规模由1 600人增加到5 500人。

第11章重要概念

业务流程再造,业务流程,流程合理化,业务活动的整合、范型变迁,业务流程再造指导委员会,业务流程再造项目小组,业务流程建模、流程的现状模型、流程的理想模型、IDEF、流程中的断点、关键业务活动、语音系统,地理信息系统,文档管理,图像化,电子通勤

第11章复习题

1. 为什么传统的生产方式已经不适应现在的企业?
2. 比较哈默和佩帕德提出的 BPR 定义。你认为哪一个更适合当今中国企业?
3. 业务流程再造有哪些基本原则?
4. 业务流程再造的步骤有哪些?各个阶段的主要工作是什么?
5. 说明业务流程再造的组织结构和重要角色。
6. 说明业务流程再造人员应具有的能力和素质。
7. 企业业务流程一般常见的问题有哪些?如何发现现有流程的问题?
8. 业务流程建模的作用是什么?
9. 举出一种可用于业务流程再造的新技术的例子。
10. 如何评价业务流程再造的效果?

小组活动课题

找一个小型的商业经营单元,例如小型商店或事业单位等,将其业务流程建模并发现问题,提出新的流程设计方案。

第 12 章 决策支持系统

本章学习目标
(1) 决策支持系统的主要特征及其与 MIS 的区别
(2) 决策支持系统的三个层次和主要类型
(3) 决策支持系统的内部结构及其主要成分
(4) 群决策支持系统的定义及其软、硬件构成
(5) 高层主管信息系统的特征和主要功能

本章讨论在管理领域中常见的另一类信息系统即决策支持系统。决策支持系统的建设和开发不仅需要有关信息系统的知识和技术,也涉及有关决策者、决策过程和决策方法等宽范围的研究领域。本章将重点讨论它的基本概念及其典型应用,同时学习高层主管信息系统和群决策支持系统的基本知识。

12.1 人的决策活动模型

12.1.1 Simon 模型

决策是决策者的思维活动过程,决策支持系统是在此过程中为决策者提供数据、信息和分析工具的信息系统。为了构筑这样一个对人的决策活动提供有效支持的信息系统,首先应当懂得人是如何进行决策的。

诺贝尔奖获得者、著名的管理学家赫伯特·西蒙(Herbert A. Simon)将人的决策过程概括为一个 4 阶段(Phases)的模型[①],各阶段之间的关系如图 12.1

---

① Herbert A. Simon. The New Science of Management Decision. Harper and Brothers. New York, 1960.

所示。

(1) 情报阶段(Intelligent Phase)：决策者在进行决策活动时，首先要辨识需要决策的问题是什么，或者决策的可能结果，发现可用于决策的信息以及有关的约束条件等。

(2) 设计阶段(Design Phase)：决策者分析有关的信息，设计行动方案或用于分析问题的模型，并据此得到可行解的集合。

(3) 选择阶段(Select Phase)：决策者在可能的决策方案中进行选择。

(4) 实施阶段(Implementation Phase)：按照所选的决策方案实施决策活动。

西蒙的这一理论较好地描述了人在现实活动中的决策过程，得到了广泛的应用。应当注意的是该模型具有很高的抽象性。在实际的决策活动中，人们在此四阶段中的活动具有多样性，在某个阶段的活动也可能导致返回到前阶段的活动。同时，对于复杂问题，人们常常会把问题分解为若干子问题的集合，而解决每一个子问题都需要不同的描述方法和相关的数据集合。

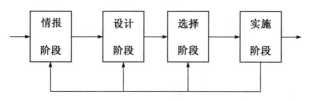

图 12.1　Simon 的 4 阶段决策模型

12.1.2　程序化和非程序化决策

现实中常见的一种决策方法，是采用数量模型来描述问题，继而经过分析得出最终的决策结果。将决策问题描述为决策者、行动方案和结果的形式化表示称为规范化模型(Normative Models)。也就是说，这一类决策活动建筑在这样一些假设上：

(1) 决策者具有完全理性。决策者的决策过程是符合逻辑思维的，例如在有多个可选方案的情况下会选择对决策者最有利的方案。

(2) 具有完备信息。即所有与问题有关的信息都已包含在模型的描述之中。

(3) 按照某种被普遍认可的标准来选择方案。例如对于可选方案，决策者将选择收益最大的方案。

在这样的前提下，用以描述问题的决策模型可以分为 3 种：确定性的、风险性的以及不确定的模型。确定性的决策模型是指行动方案的集合和结果的集合都可以用确定的数值表示出来,决策者在行动集和结果集的组合中进行选择。风险性决策指模型中的某些环境变量是一个概率值。考虑一个影响决策的自然状态集合 $\Theta=\{\theta_1,\cdots,\theta_m\}$,这里各种自然状态 θ_j 出现的概率是已知的。对于所选择的一种决策方案,因自然状态的不同可能产生多种结果。不确定性模型与风险性模型类似,但是模型中各环境变量出现的概率 θ_j 是未知的。

显然,规范化模型是一种比较理想化的决策方式。根据一些心理学家和行为科学家的研究,人在进行决策时并不总是理性的。心理学家和行为科学家观察了许多人在决策中的心理和决策行为,他们的结论是:人在做决策时,往往不会得到完备的信息,也不会做长时间的分析和计算,而是依赖自己的经验和直觉。人往往是依靠直觉来进行决策的。比如你去买汽车,很少有人对汽车的各种性能指标作以对比分析,最终选择一个最优结果。大多数人只是凭直观感觉,或者考虑几个重点因素如价格便宜、外观时尚、品牌知名等就决定了。

费汀格尔(L. Festinger)提出的认识的动摇理论[1]认为:决策者在进行决策时,对一个持肯定态度的方案往往还会考虑到它不利的一面,而对那些持否定态度的方案也会考虑到它有利的一面。因此,决策者对自己的决定一般会抱有疑虑。

另外,决策者的行为会自觉不自觉地加强对自己所选择方案的信心。而作为企业,也可以用一些方法来强化客户对自己的信心,例如对自己的产品进行积极的宣传等。这称为"强化认识效应"或"锚定效应"。另一个研究结果是决策的结果与决策者的承诺有关:如果决策者在采取行动之前进行过承诺,会使得他在决策过程中考虑更细致,失败更少。

根据决策活动的特征,可以将决策分为程序化的和非程序化的决策。程序化的决策是指:决策目标是明确的,决策过程是常规的,能够事先确定一系列决策准则,按照这些准则可以做出明确的决定。非程序化的决策是缺乏决策准则时进行的决策,它既包括那种一次性的决策(以往没有类似的决策经验),也包括那种虽然有多次类似的经验,但每次决策都需要制定不同的准则,以至于没有常规的决策准则的决策。

程序化的决策也称为结构化决策。如果一个决策活动的一些决策阶段是结构化的,而另一些决策阶段是非结构化的,那么称该决策活动为半结构化的决策。如果一个信息系统能通过提供简单的数学模型(如库存模型,订货点模

---

[1] L. Festinger. A Theory of Cognitive Dissonance. Stanford University Press, State of California, 1957.

型等)帮助管理者解决管理问题,那么这类系统就能够帮助管理者做结构化决策。对于非结构化决策,仅有预先制定的模型还不能满足决策者的需求,要有更为灵活的对话和信息处理机制为决策者提供支持。

12.1.3 决策活动的层次性

安东尼(R. N. Anthony)提出:根据决策者在组织中的地位和决策的性质,可以将各种决策活动分为战略性决策、管理性决策以及作业性决策3种[1]。战略性决策是指那些对组织整体活动产生较大影响的决策,例如企业的购并或业务转型。通常它们属于非结构化的或半结构化的决策,因为在战略性决策的各个阶段,所掌握的信息不一定是全面的,对构建模型的输入无法确定;或者是试错性的;由于决策产生的影响对组织整体的影响是多方面的,以至于无法计算出所有可能的结果;同时也不存在标准的求解过程。

作业性决策指对组织常规业务问题的决策。这类决策符合结构化决策的条件。通常企业基层和生产第一线的许多日常业务问题,诸如会计业务记账、订单处理、生产车间中的派工等都属于这类决策活动。这类决策符合结构化决策的条件。

管理性决策处于二者之间,其中一部分属于结构化决策,而大多数活动属于非结构化决策或半结构化决策。例如企业中管理会计的预算问题。

12.2 决策支持系统

20世纪70年代初期,斯科特·莫顿(Scott Morton)提出了"管理决策系统"的概念[2],他将管理决策系统定义为一种"交互式的计算机系统,可以帮助决策者使用其数据及模型来解决非结构化的问题"。斯帕莱格(R. H. Sprague)等人进一步完善了这一概念,他们提出决策支持系统(Decision Support Systems,DSS)应具有以下主要特征:[3]

---

[1] R. N. Anthony. Planning and Control Systems: A Framework for Analysis. Harvard University Press, Cambridge, 1965.

[2] M. S. Scott Morton. Management Decision Sytems Computer Based Support for Decision Making, Division of Research. Harvard University, Cambridge, Mass, 1971.

[3] R. H. Sprague Jr. A Framework for the development of decision support systems. MIS Quarterly, Vol. 4, 1980.

(1) 数据和模型是 DSS 的主要资源；

(2) DSS 是用来支持用户作决策，而不是代替用户作决策；

(3) DSS 主要用来解决半结构化及非结构化问题；

(4) DSS 的目的在于提高决策的有效性而不是提高决策的效率。

为了清楚地理解 DSS 的本质，可以将 DSS 与 MIS 的特征作一个对比。DSS 在以下 3 方面与 MIS 有本质上的区别。首先，DSS 适合在面临即时性的、不可预测的问题时使用。例如，DSS 可以用来对企业并购这种关系到企业前途命运的重大决策问题进行分析，而 MIS 只适用于解决日常的业务问题，或者按照常规对数据进行处理，产生预定格式的报表。其次，因为 DSS 具备模型库和提供很强的模型库管理功能，决策者可以使用 DSS 中的模型对问题进行分析，可以在系统的支持下操作或反复修改模型，参照所产生的结果来评价决策方案的合理性。而 MIS 中的模型一般是预先编制在程序中的，用户只能使用而不能灵活地修正它们，或者需要由专业程序员和专家来修正它们。最后，DSS 在复杂的问题环境下使用，决策者使用 DSS 的目的主要是提高问题解决的有效性。例如他可以在需要时创建一个模型，试验某个决策方案的效果。而使用 MIS 的目的却主要是提高工作的效率，对企业确定的业务进行处理。表 12.1 给出了 DSS 与 MIS 的一个简单比较。

表 12.1 DSS 与 MIS 的比较

比较项目	MIS	DSS
特征	信息处理	支持决策
目标	效率	有效性
处理技术	以机为主进行处理	以人机会话为主进行处理
驱动方式	数据驱动	模型驱动
信息的特征	响应组织全局的需要	响应决策者的特殊需要

依据 DSS 的结构特点和运用目的，对于 DSS 有以下几种分类方法。

12.2.1 根据系统的特征来分类

根据 DSS 的主要决策资源和工作方式，可以将其分成面向数据的 DSS 和面向模型的 DSS 两种基本类型。面向数据的 DSS 主要面向有大量数据处理要求的企业，其最主要的功能是自动对大量数据进行"智能化"处理，帮助决策者迅速地检索和有效地进行数据分析工作。例如，流行的商业智能软件包属于面向数据的 DSS。这种 DSS 的典型应用如金融投资公司对股票市场状况进行分析，或者电信公司用来对客户群体状况进行分析等。在这些类型的企业中，业务活动或客户群体都会产生大量的数据，并需要用 DSS 来帮助分析者做各种处理并最终做出理性的决策。

> **用 DSS 从数据中挖掘石油**
>
> 　　位于休斯敦的阿纳达科石油公司是一家美国石油勘探及生产公司。阿纳达科石油公司每 5 个小时就要在世界上某个地方开采一口新油井。为了决定一口油井的位置，公司的地质工程师需要查阅许多数据库，包括磁场数据、重力数据、现有油井中的传感器传来的信息以及对地表岩石结构进行勘测的结果等。做这类工作需要处理大量的数据。例如对墨西哥海湾一块约 23 平方千米海底的勘测产生了 5~6GB 的数据；而在阿纳达科石油公司多达 20 000GB 的数据库中有大量的勘探结果。
>
> 　　过去，公司的工程师们经常在大量数据库中查询，或者在 Microsoft Excel 电子表格上读这些信息。而近年来他们采用了星火公司的数据挖掘软件，能从大量地震数据中预测到石油和天然气的地下位置，并同时完成所有交叉测绘工作，以寻找石油的储藏位置。
>
> 　　星火公司的承诺是"简化决策程序"，公司的工程师贝恩说，如果没有数据挖掘软件，我每天要处理大量的数据。而这个软件使我变得非常聪明或者说是非常成功。它的理念是帮助我们以最经济的方法找到石油。我们喜欢说我们在有石油的地方开采，而不是在可能有石油的地方。星火公司的软件能帮助我们更快地找到答案。

　　面向模型的 DSS 主要提供基于模型的分析功能，诸如模拟功能、优化功能等。这类 DSS 通常有很强的模型库管理系统，针对某一类问题，用户可在线进行模型操作，在与 DSS 的交互过程中找到问题的解决方案。例如在交互式财务计划系统(Interactive Financial Planning System，IFPS)中有许多常用的财务数学模型，用户可以通过简单的命令使用它们。同时，对于复杂的问题，用户可以用一种类似于自然语言的建模语言快速建立所需的数学模型，也可以在与计算机对话的过程中不断修改该模型，并指定其中的某个变量进行 WHAT-IF 分析等。以后在微软的表计算软件中也体现了这种思想，通过提供各种分析工具，让用户快速地建立自己需要的模型。从而帮助经理做出相应决策。在微软

Excel软件包中,就提供了账务分析、统计分析、预测、线性规划等分析工具,足以用来分析和处理一般的商业问题。

12.2.2 根据使用目的分类

斯帕莱格提出,根据使用范围可以将 DSS 分为专用 DSS、通用 DSS 和 DSS 开发工具 3 种类型。专用 DSS 是针对特定的决策环境和特定的需求所开发的 DSS,例如为解决社会保险问题专门开发的 DSS。专用 DSS 又被称为"最终版的 DSS"。通用 DSS 常被称为 DSS 生成器,可以用来快速、方便、经济地生成各种专用 DSS。这类 DSS 通常用在需要快速生成决策模型的环境,而 DSS 生成器的开发通常需要较长的时间。由于专用 DSS,DSS 生成器都是使用 DSS 开发工具开发的,DSS 中也应包括专用的 DSS 开发工具。从开发的角度来看,DSS 开发工具主要是提供各种在生成专用 DSS 和制作 DSS 生成器时需要的比较固定的模块,如表计算、统计分析包、图形功能、屏幕管理和数据库生成和操作语言等。它们三者的关系如图 12.2 所示。

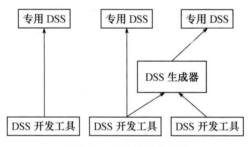

图 12.2 DSS 的 3 个层次

12.2.3 根据使用形态分类

根据使用形态可以将 DSS 分为常规的 DSS 和动态的 DSS。常规的 DSS (Institutional DSS)通常用在反复出现的决策环境中。例如,根据某股票证券市场的特点所开发的证券分析系统。由于这种系统是在购买股票证券日常业务中不断使用的系统,其工作形态是比较稳定的。尽管也需要根据决策环境的变化情况适当地修改其中的模型,但由于决策者面临的问题是重复性的和类似的,一般不必对其中的模型做太大的改动。

动态的 DSS(AD HOC DSS)是用来处理偶发的、很少重复的问题,因此系统必须具有快速构造模型的能力。例如管理咨询公司用这种动态的 DSS 生成企业模型来评价某个企业的效益状况;物流分析系统用于对特定的企业生成企业物流模型,分析该企业物流中的问题所在。解决这样的问题,不但需要系统具备用于数据分析和建模的决策资源,同时还需要提供方便的操作功能和对话功能,让用户有效地组织这些模型并很快地形成一个分析系统。

12.3 DSS 的结构

作为一种软件系统,DSS 应具有什么样的结构？斯帕莱格等提出的 DSS 结构是比较典型的一种观点,其核心在于 DSS 的各个主要成分以及它们相互之间的关系。如图 12.3 所示,一个 DSS 的主要成分是可以互相通信的、有机关联起来的 3 个子系统:数据管理子系统、模型库管理系统和会话管理子系统。

12.3.1 数据管理子系统

数据管理子系统的主要组成包括数据库、数据字典和数据库管理系统。数据库基于某种统一的数据模式组织和存储问题领域中的数据,数据字典对于数据库中的数据内容、记录形式、格式和约束条件等进行纪录。数据库管理系统则提供各种数据管理功能。

数据库中的数据通常可分为:事务数据、内部数据、外部数据和个人数据。事务数据记录企业日常发生的活动,如会计的现金收支账,市场投放货物的销售量等。根据数据的来源,数据又可分为内部数据和外部数据。内部数据的大部分都是事务数据,而外部数据来源于企业外部的经营环境,对于企业的各层次的经营决策具有参考价值。如企业所在的行业的统计数据、市场调研的结果、税务条例、政府的法律和规定等。个人数据是为特定的决策者收集和使用的数据,例如仅提供给财务总监的企业财务报表。对这类数据,通常 DSS 中应当有严格的保密措施和存取规则,以确保数据的安全性。

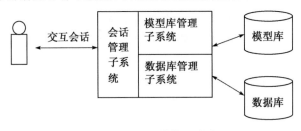

图 12.3 DSS 的核心成分

12.3.2 模型管理子系统

模型管理子系统包括模型库、模型库管理系统与 DSS 其他子系统的接口等。模型库中一般应包含在特定的领域中解决问题所需要的常用数学模型,这些模型决定了系统可提供的分析能力。一些通用 DSS 中的通用模型如表 12.2 所示。

表 12.2　DSS 中常用的模型

模型类别	模型例子	说明
财务模型	现金流计算、内部回报率计算、投资分析	财务模型是 DSS 中最常用的,也有专用的财务 DSS 生成器
统计解析模型	基础统计模型、趋势分析、相关计算、方差分析等	一般通用 DSS 中都有一些基础的统计模型,而某些面向统计问题的 DSS 如 SAS,SPSS 等则提供更为强大的统计建模功能,可以做复杂的统计计算,并表示为直观的图形
时间序列类	成长曲线、移动平均、指数平滑法、马尔可夫链	同上
多变量解析类	回归分析、主成分分析、因子分析等	同上
投入产出类	投入系数计算、逆阵计算、价格分析、诱发系数、依存度、综合系数	同上
数理规划	线性规划、整数规划、二次计划、非线性规划	如 LINDO 是专用于线性规划问题的软件包,可作为 DSS 生成器

模型库管理系统(Model Base Management System,MBMS)是该子系统的核心部分,所有模型库中的模型都受 MBMS 的控制。MBMS 也提供与用户会话的渠道,用户通过 MBMS 可以方便地操作模型。因此 MBMS 所提供的功能也经常被笼统地称为模型操作功能。MBMS 的模型操作功能包括:

(1) 模型构建。MBMS 提供某种建模手段,帮助用户迅速地构建决策模型。常见的建模方法包括建模语言、表计算形式或图形化建模。构建的模型可能是一个全新的模型,也可能是在某一个已有模型的基础上进行修改加工所构成的模型。

(2) 模型库维护。MBMS 对模型库中的模型必须有一套系统的管理工具，管理者可以用来对模型库进行管理维护，如对模型的登记、分类、删除、拷贝，对模型目录的创建、修正、删除等。

(3) 模型操作。例如将某些模型进行合并以构成新的模型，对模型执行情况进行跟踪的功能。模型跟踪在执行模型时十分重要，因为这时常需要了解执行的中间结果，以便发现特定的问题所在。

(4) 模型结果分析。MBMS 还提供对模型执行的结果进行分析、评价的工具。例如用敏感度分析方法对某一产品销售模型进行分析，从中发现敏感的变量。

有 4 种模型分析功能在 DSS 中是最常用的：因果分析、目标追寻、风险分析和模拟仿真。下面来看它们的作用：

(1) 因果分析(What-if Analysis)：因果分析的作用是允许用户对模型中的某个决策变量进行改变，从而观察目标变量所发生的变化。例如，决策者先构建一个公司预算模型。然后，尝试将产品的价格提高 1%，看看计划中利润可能增长多少。

(2) 目标追寻(Goal-Seeking)：目标追寻是因果分析的逆运算，即根据给定的结果计算出决策变量的值。例如，一个购买房地产的用户可能会问：这套房子 40 万元，我想用 20 年分期付款支付，第 1 笔现金支付 5 万元，那么我每月需要支付多少？由于房子的总价格是各月分期付款的函数，所以这里是用已知的目标值来求出决策变量值的逆运算。

(3) 风险分析(Risk Analysis)：风险分析是对不确定的环境变量设定设想的概率，从而观察对目标变量的影响。通常可以采用伪随机数发生法进行模拟后再进行分析。

(4) 模拟仿真(Simulation)：模拟法可以用来描述现实决策环境的状况。例如可以模拟顾客到达商店的情况，然后分析应设置多少服务窗口最为合适。最常用的模拟法是蒙特卡罗法，使用计算机发生的伪随机数对现实情况进行模拟。

12.3.3 会话管理子系统

会话管理子系统由系统提供的用户界面以及相应的信息处理机构所组成。该子系统的作用是使得用户与计算机进行会话的过程更为自然流畅。

用户界面的基础是计算机硬件设备和软件。用户界面中的信息包括文字的、图形的、听觉的和触觉的各种形式。

会话管理子系统处理的信息分为动作信息、响应信息和处理参照信息。动作信息是指对该子系统而言所有可能的用户输入信息集合,包括键盘输入、点击鼠标和从其他设备(如声音识别装置)输入的信息。响应信息是指系统上所有可能的输出信息集合。例如用于财务决策的 DSS 多以报表形式作为输出主要手段。随着图像处理和自然语言处理技术的进步,用户界面的输出将逐步改变为使用图像和自然语言等更容易被接受的形式。处理参照信息是用户在使用 DSS 时需要参照的信息,这些信息可以使用户更有效地使用系统。处理参照信息包括系统提供的联机使用手册,用户可以以命令行的形式或以超文本形式使用。用户界面的输入输出可以由专门的软件来处理,负责这项工作的是会话生成和管理软件(Dialog Generation and Management Software,DGMS)。DGMS 提供以下一些功能:

(1) 以菜单、会话窗口、选择表等各种形式与用户进行会话。
(2) 接受、存储、分析各种实用信息(如对输入信息的跟踪等)。
(3) 以适当的形式(如图表、文字、声音等)显示数据。
(4) 提供辅助功能,包括文本信息和提示信息以及诊断或提出建议等。
(5) 提供使用数据库或模型库的接口。
(6) 提供窗口软件以及各种操作调整手段的表示。
(7) 提供彩色图形功能、立体图形功能、动画功能等。

12.4 群决策支持系统

群决策支持系统(Group Decision Support System,GDSS)是一种会话型的计算机系统,它将计算机软、硬件设备和群体成员融合为一体,用来支持群体的决策活动。

12.4.1 群体决策活动

现代企业中的决策都是群体活动的结果,重大决策往往不是由总经理一人单独做出,而需要决策机构成员在充分交换意见的基础上通过某种机制(如进行表决)来决定。很多研究表明:靠个人"拍脑瓜"做出的决策是不可靠的。特别是在企业战略问题上,依靠群体决策可以减少风险。我们可以仿照赫伯特·西蒙的决策模型,将群体决策活动分解为以下 4 个阶段:

(1) 了解问题阶段：在此阶段中，所有成员都在探讨问题的实质，提出问题，或者对问题提出不成熟的解决方案，一般不会过早地做出明确的表态。

(2) 冲突阶段：在此阶段中，组织的成员已经明确了解到问题的实质，常常会为解决方案的优劣而争执。

(3) 浮现阶段：彼此之间的分歧仍然存在，但对于彼此可以相互接受或可折衷的观点有所认识。

(4) 合作阶段：群体成员达成协议，对决策形成了一致性的意见。

在这几个阶段中，根据问题的复杂性、决策成员的知识结构、彼此之间的了解信任程度的不同，做决策所需要的时间可能有很大不同。一般来说群体决策往往是非常费时、费事的。有调查结果表明：30%的会议都是低效的。造成这种现象的常见原因有：

(1) 缺乏事先准备好的会议议程。

(2) 缺乏必要的信息。

(3) 缺乏好的决策方案。

(4) 与会者花费很多时间提出问题，却不设法解决问题。

(5) 会议为少数人所控制，其他人没机会发表意见。

那么，在群体决策中使用 GDSS 是否可使这些"固有的"问题得到改善或解决？由于抱有这样的期望，GDSS 的研究从 20 世纪 80 年代中期以后一直受到 IT 业重视，也研发出许多实用性产品，在企业的实际决策活动中逐渐发挥了重要的作用。

12.4.2　群决策系统的构成

虽然商品化的 GDSS 有多种形式，但最普遍的还是专用于决策活动的决策室(Decision Room)，这种 GDSS 又称为视频会议系统(Video Conference System，VCS)。其使用目的在于改善群决策活动的效果和节省决策的时间。根据会议规模的大小和形式，决策室在房间的结构、桌椅的布置、计算机屏幕的摆放等方面进行特殊的设计，而且一般同时具备公用视听设备和个人会议准备工具。前者如电子白板、公共屏幕、音响或电视装置等，后者则主要是个人计算机上的各种软件工具以及计算机网络的通信功能和会议管理功能的支持。另外，GDSS 还必须能够向决策者提供相关的数据，包括公用数据和私有数据。一些常用的 GDSS 软件工具如表 12.3 所示。

表 12.3　常用的 GDSS 软件工具

工具名称	功能说明
电子征询	电子征询是以电子征询表格形式将问题发给有关与会者，产生提案，收集对提案进行评论的意见。常在会议之前的计划期间使用，以便发现与会者所关心的问题，保证一些重要的计划信息不至于在开会时没有讨论到
头脑风暴	头脑风暴原是一种群体活动的方法，它鼓励与会者自由发表自己的思想，禁止对任何思想的批评，以促使创新思想的产生。GDSS 提供的头脑风暴法工具可以让与会者使用计算机来准备提案，在会议网络上同时地、匿名地提出
观点组织	观点组织工具可以帮助用户组织目前已提出的观点、意见、主张等。例如根据某个主题将若干提案分类，将相近或有关的提案联系起来，以使得所讨论的问题更清晰、更有条理
投票和优先级别设置	投票工具用来帮助决策者们总结群体的意见。优先级别设置工具让与会者对不同的方案设置优先级别，以便系统对不同方案的支持情况进行统计。GDSS 提供对个人意见的保护措施，与会者也可以查看群体意见的综合结果。当与会者的个人意见与群体意见，或与上级领导的意见不同时，他可以保留自己的意见，而计算机系统则负责为提意见者匿名保密，从而使得管理者可以得到比较可信的决策结果
群体意见形成	群体意见形成工具使与会者可以围绕一个议题形成最后的文字材料，对其中重要的措辞和句子等进行推敲。系统可帮助用户记录与会者的意见，并提供一些结构化的技术手段来产生固定格式的合同、文档等

一个实际应用 GDSS 的过程如下：主持人用它先创建一个会议议程，然后与会者们可以用头脑风暴工具发表意见并对某些方案进行讨论，第 3 步进行意见归纳和排序，最后投票表决。GDSS 对所有这些活动都给出了一个预定的时间范围，并且提供各种有关的工具支持。

由于 GDSS 的用户可能是具有不同知识背景的决策者，因此系统的易学性和易用性十分重要。GDSS 一般具有友好的界面和方便操作的功能，还备有专用的数据库、模型库、知识库以及面向问题的程序设计语言等。GDSS 中也有专门设计的通信库，使得群体中的每一个成员都可以方便地与其他成员进行个别讨论。这不但对于在时间和空间上分离的群体决策活动来说十分有用,对于在同一时间同一个地点的决策活动来说,提供与会者彼此之间的即时信息交换功能也是十分必要的。

随着计算机网络和通信技术的进步,GDSS 越来越得到广泛应用。典型的应用包括各级政府的电视会议,公安部门的警情研判、应急救援,交通管理部门的指挥调度,医疗机构的远程医疗平台以及在商务、教育方面的应用等。

远程医疗平台帮助基层医院提供更好的医疗服务

远程医疗平台是通过实时传输远程医务数据,包括高清晰度照片、声音、视频和病历等。实现对医学资料和远程视频、音频信息的传输、存储、查询、比较、显示及共享,使得地理上的距离不再是医疗上不可克服的障碍。

远程医疗服务提供的应用有多种形式,包括远程专家会诊、远程手术室、远程医学培训、ICU 重症探视等。远程专家会诊是利用高清晰的视频、高保真语音的交互以及对各类医疗影像、检验单据的共享,帮助医疗单位开展病情诊断、专家会诊等新业务和新应用。系统具备高度融合及兼容性,视频通信系统可以实现与医院信息系统(Hospital Information System,HIS)、电子病历等现有系统的无缝连接。基层医院通过若干数字诊断设备以及实物展台,将患者病情的图像/声音通过视频会议形式发送给中心医院远程治疗室,中心医院的专家就可以据此和基层医院讨论病情并给出适合的诊断建议。

远程手术室可以实现手术室全景、生命体特征监护、手术图像、影像学诊断图像等信息实时传送给远端,使远程专家如同身在手术室一般了解到手术现场情况,实时、清晰、流畅地共享外科手术的全过程。基层医院可以与远端的专家团队实时对话和共享医学数据,中心医院的专家在专家室帮助指导、协助手术进行。为患者节约时间和费用成本的同时,提供一流的医疗协助。对于医学院的学生来说,也可以在不进入手术室的情况下,感受到手术的氛围以及高清晰度和多视角的手术现场教学。

远程医疗平台用于解决医疗资源分布不均和小城市及边远地区群众就医不便的问题,患者在医疗实力较弱的基层医院,可以享受到有实力的中心医院先进的医疗服务。目前这一服务模式正在许多省市开始推行。

12.5 经理信息系统

经理信息系统(Executive Information Systems，EIS)也称高管信息系统等,是综合了决策支持系统和信息报告系统的特色而形成的一种专为组织中高层管理者使用的信息系统。EIS 的作用是给企业高管提供经过过滤、处理、组织起来的信息,使他们能更为迅速、更为有效地得到一些"关键的"信息,诸如表明企业运作状态的关键绩效指标,与公司的关键成功因素相关的情报,有关重要竞争对手的活动情况等。这些信息有助于高管及时发现企业当前问题所在,找到新的发展机会以及预测未来的发展趋势。对于 EIS 的开发人员来说,系统提供的信息是否能满足高管人员的实际需求,是否方便操作,便成为 EIS 设计成功的关键问题。

12.5.1 经理的信息需求

亨利·明茨伯格(Henry Mintzberg)提出了一个经理在组织中的角色理论[1],他指出高管人员在组织中扮演的角色主要有 10 种,并可以分为 3 大类。第 1 类是人际关系角色,包括在社会上和法律上代表组织的"组织形象"角色、作为企业全体员工的带头人的"领导"角色和"联络人"角色等 3 种;第 2 类是信息角色,包括"监听者""传播者"和"发言人"等;第 3 类是决策角色,包括"创业者""处理动乱者""资源分配者"和"谈判者"等。

安东尼(Anthony)提出,高层经理的每项活动几乎都包括了对计划信息和控制信息的要求,而这些活动离不开信息系统的支持。从许多研究中也发现,高层领导的工作特点决定了他们对信息的需求是有一些特性的,与一般业务人员的信息需求有很大区别,需要有专用的信息系统辅助他们工作。麦克雷德(McLeod)和乔治(George)认为,用信息处理(发送和接收信息)的角色的观点来看,企业经理可以分为 5 种角色:① 监控者角色,② 代言人角色,③ 联络人角色,④ 领导者角色,⑤ 发布者。另外,企业经理获取信息的媒介或渠道有以下 11 种:分别是:① 外出调研,② 计划外会议,③ 电话,④ 计划内会议,⑤ 报纸杂志,⑥ 备忘录,⑦ 信函,⑧ 非计算机报表,⑨ 计算机报表,⑩ 商务用餐,⑪ 其他。这样,当考虑为企业经理提供信息时,就可以将各种不同的信息渠道或媒介与他的信

---

[1] H. Mintzberg. The Manager's Job: Folklore and Fact. Harvard Business Review.

息角色进行组合,如此可更为有效地提供经理们所需要的信息。

12.5.2　EIS 的特性

早期的 EIS 大多只是一个报表摘要系统。这种系统的主要作用是对提交给主管人员的信息报告进行预处理,将传统的固定格式报表转换为可以以高管所习惯的风格和形式。这样高管人员就可以在自己的桌面上用较少的时间快速浏览各种报表。以后,这类系统加强了人-机交互和信息的图形表示功能,并且加入了分析工具和多种信息处理手段。EIS 在界面设计、处理结果表示方式和内部的数据存储、数据处理等方面都考虑到高管人员的信息需求特征,并提供了一些适合他们使用的处理工具。常用的工具包括:

(1) 关键成功要素(Critical Success Factors,CSF)。由于主管人员不可能事无巨细地处理各种事情,抓住关键成功要素是他们普遍采用的方法。在 EIS 一般应当有一套企业的关键成功要素指标,这些指标主要有 3 方面来源:来源于组织内部、来源于行业以及来源于组织所在的环境。关键成功要素可以通过不同的表示形式提供给主管人员,其中关键绩效指标(Key Performance Indicator,KPI)是常用的方法。一些典型的 KPI 如表 12.4 所示。

表 12.4　典型的 KPI

KPI	说明
利润情况	包括根据部门、产品、地域等统计的利润情况,与竞争对手利润的比较
财务比率	平衡表分析,现金储备情况,投资回报率等
市场情况	包括市场份额,产品价格,顾客潜力预计等
人力资源	包括转职情况,员工对工作的满意程度调查等
经济分析	包括汇率,股票证券市场情况,行业发展趋势等
客户情况	包括对客户的了解情况等

(2) 状态访问(Status Access)。状态访问功能让高层主管通过系统及时掌握企业的最新情况。高层主管可以从称为"仪表盘(Dashboard)"的图形界面上直观地看到企业运营的状态,并随时可以查看一些有关企业关键指标的最新报表。有的企业高管可能需要按小时或按天的作业跟踪情况或处理报告,而大多数高管的注意力放在最新的数据上。

(3) 分析(Analysis)。企业高层主管可能需要一些方便的数据分析功能,例如对比查看不同地区的销售情况有什么特点和差别。高层主管对信息的分析可以使用 EIS 的内嵌函数,如现金流计算函数或预测公式等。有的 EIS 与现成的 DSS 软件结合起来,让主管人员可以从 EIS 上直接使用 DSS 中的模型。

(4) 例外报告(Exception Reporting)。例外报告功能是基于这样的思想开发的:主管人员没时间去一一了解企业各部门的运营情况,他们通常只将注意力放在例外事件的处理上。因此,企业只要发生了例外事件,就应当在该功能上反映出来。例外事件的条件可以由主管人员来事先设置。

(5) 信息导航(Navigation of Information)。信息导航使得大量数据便于使用和快速处理。

从系统结构来看,EIS 很多是在数据库系统和通信软件的基础上构成的,普遍采用客户端-服务器结构。系统安装在服务器上并进行大量数据的处理,处理结果可以从高层主管的计算机上浏览或下载。EIS 的数据大多来自企业的 ERP 或事务处理系统等。从分散的业务信息系统中获取大量数据汇总到 EIS 数据库中再进行整理和计算,这是一个繁杂的预处理工作。另外,一些办公自动化功能(如日程安排等)也可以加入系统中,这样 EIS 就具有更强大的功能。

目前大多数 DSS 都是将各种图形、表和其他人机会话形式组合起来,针对不同问题和用户操作的不同阶段提供相应的用户交互手段,使得人机会话具有更好的连贯性和自然的交互过程。

DSS 中经常使用仪表盘上特定的图形来表示状态变化。例如在图 12.4 的仪表盘中,采用了地图、立体柱状图和仪表指针的方式向企业管理者报告企业运营状况。在企业正常运营的情况下,仪表指针将指在绿色范围内,而当需要警示管理者时,仪表指针则改变为红色等能够提示管理者注意的颜色。

为了实现更方便的人机交互,操作者还可以在不同的视窗提供联动的操作信息。例如在 A 视窗提供企业各部门的视图,在 B 视窗输出该组织的销售数据表,在 C 视窗上提供相应的对比图形。甚至可以将外部的有关信息如股市的状况和经济指数变动等也一起显示在屏幕上。这种方式已经成为如绩效管理系统、作战指挥系统等常用的方式。从今后的发展来看,这种混合交互模式应当是发展的主流。

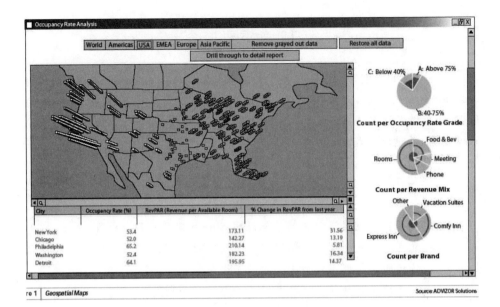

图 12.4 EIS 的仪表盘界面

第12章重要概念

Simon决策模型,理性决策,直觉决策,结构化决策,非结构化决策,半结构化决策,战略性决策,管理性决策,作业性决策,决策支持系统,面向数据的DSS,面向模型的DSS,DSS生成器,制度化的DSS,动态DSS,GDSS,EIS,关键成功要素,关键绩效指标,例外报告

第12章复习题

1. 用一个实际决策活动的例子来说明Simon模型的各个阶段。
2. 决策者具有完全理性的假定有什么局限性?举出一个反例。
3. 用认识的动摇理论说明决策者的某个行为。
4. 决策支持系统和管理信息系统主要有什么不同?
5. DSS有几种主要的分类方式?
6. 决策支持系统提供哪些手段辅助管理者解决半结构化和非结构化的问题?
7. 决策支持系统的主要成分是什么?它们之间的关系如何?
8. 什么是GDSS?GDSS有哪些主要的硬件配置和软件工具?
9. 经理信息系统的主要特征是什么?
10. 经理信息系统如何帮助高层主管进行决策?

小组活动课题

研究一个股票分析系统的图形界面,分析它是如何帮助决策者的。它的各项功能是否有改进的余地?

第 13 章 商业智能和数据仓库

随着信息系统在企业应用范围的扩大,所产生的数据越来越多,如何解决数据的整合性和提高分析的有效性,成为企业信息系统应用普遍面临的难题。但商业智能技术使人们找到了一条解决该问题的新路。商业智能(Business Intelligence,BI)一词在 20 世纪 90 年代末由加特纳集团(Gartner Group)首次提出。商业智能被定义为一系列的概念和方法,通过应用基于数据的分析来辅助商业决策的制定。商业智能包括数据仓库、数据挖掘等一系列技术和方法,帮助用户方便地收集、管理和分析数据,将这些数据转化为有用的信息。

本章中先介绍数据仓库的基本概念,然后介绍两种最常用的数据处理工具——OLAP 和数据挖掘。

13.1 数 据 仓 库

13.1.1 什么是数据仓库

数据仓库(Data Warehouse)是数据库技术的进一步发展,在近年来获得了广泛的应用。数据仓库和数据库是用于不同目的的,其结构和用途都有所区别。数据仓库的数据可能有多种来源,企业内部的事务处理系统产生的业务数据,企业外部的经营环境数据,办公自动化系统的工作流数据等,这些数据统称为作业性数据(Operational Data)或操作性数据。在跨地域的企业中,数据库往往采用分布式结构,在业务发生的地点进行收集和处理数据。而从数据整合的角度来考虑,决策支持系统则要将各个分布地点的业务数据进行集中,在统一的数据仓库服务器中进行管理。

如图 13.1 所示，当作业性数据进入到数据仓库后，数据仓库便根据既定的原则对它们进行整理、转换和处理，使其成为具有整合性的结构化数据。数据仓库系统在获得作业性数据的同时，还可以根据既定的方针对这些数据进行过滤、筛选、分类和概括等处理，根据决策的要求，按不同维度和特定的要求分别存储起来，以便决策者或应用系统直接调用。

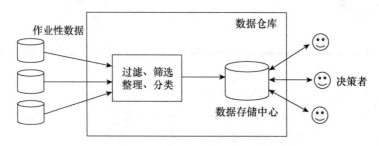

图 13.1 数据仓库的基本工作方式

一个数据仓库能否有效地帮助决策者，取决于数据仓库的结构设计和它内部的数据处理功能是否合理。成功的数据仓库的设计经验说明：90%的数据都要经过变换、抽象后才能得到有意义的信息，只有 10%的信息是可以直接从作业性数据得到的。因此，数据仓库的关键在于其数据存储中心的结构设计以及它的数据转换和操作机制。这使得作业性数据能够以恰当的形式进入数据仓库并得到妥善的管理，在决策者需要的时候能有效地利用它们。

数据仓库概念创始人因蒙（William H. Inmon）提出了一个重要的定义[①]：数据仓库是一个用于支持管理决策过程的数据集合。数据仓库中的数据具有以下 4 个重要的特性：① 是面向主题的；② 是整合的；③ 是时间性的；④ 是非活性的。表 13.1 是对数据仓库 4 个重要特性的进一步说明。

表 13.1 数据仓库的主要特性

特性	说明
面向主题的	在数据仓库中，数据是按主题进行整理和存储的。主题是数据归类的标准。每个主题对应一个分析领域，如客户、商店等，通过这些主题，将决策者所关心的多个部门不同系统的大量数据整合起来

---

① William H. Inmon. Building the Data Warehouse. John Wiley & Sons, 1996.

续表

特性	说明
整合的	数据仓库中的数据可能来自不同的数据源,但是进入数据仓库之后,应当经过一致性命名。对于它们采用的不同度量单位也可以经过转换后统一。这样,使得来自不同应用的数据在形式上取得整合性
时间性的	数据仓库中所有的数据都有时间属性。数据的时间属性可能显式地表示,也可能隐式地表示。一般说来,数据仓库内的数据时限为5~10年,主要用于时间趋势分析
非活性的	经数据整理后进入到数据仓库的数据是很少更新的。数据仓库的数据量很大,是一般作业性数据库数据量的100倍以上

13.1.2 数据集市

数据集市(Data Mart)是部门级的数据仓库,或者是为某种专门的用途开发的数据存储系统。和一般的数据仓库比较起来,数据集市的规模比较小,成本较低,同时针对性更强。数据仓库的数据来源于各个部门的不同应用系统,数据仓库要保证这些数据的整合性,但数据集市却不一定具有这种性质。因为数据集市是为某种用户和某些用途专用的,数据的可用性和工作效率更为重要。

数据集市有两种基本的形式。一种是从属的数据集市(Dependent Data Mart),也就是说它的数据是从企业的数据仓库获得的,可以将其看作是数据仓库的一个子集,如图13.2所示;另一种形式是独立的数据集市(Independent Data Mart),这种数据集市没有一个数据仓库作为它的数据来源,而是直接从各个应用系统取得数据。

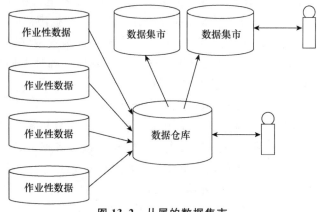

图13.2 从属的数据集市

从属的数据集市具有较好的数据整合性。因为它的数据都是从数据仓库中得来的,而数据仓库本身具有数据整合性。但是,如果用户需要的某种数据是数据集市所没有的,这时必须先修改数据仓库的结构,让这种数据进入到数据仓库中,然后才能进入数据集市。一般说来,这种数据集市适合用在对数据仓库的访问量比较大的关键业务部门。独立的数据集市成本低,灵活性好,需要一种新的数据时,不必修改企业级的数据仓库。可以用来提供个别部门所需要的数据,但其整合性较差。虽然在数据量大小和服务对象上不同,独立的数据集市和企业级的数据仓库在逻辑结构上是一样的。这就是把数据集市称为部门级数据仓库的主要原因。

13.2 数据仓库的体系结构

13.2.1 数据仓库结构

一个数据仓库系统从逻辑上可分为数据源、数据仓库管理和分析工具3个基本部分。数据仓库的数据来源于组织的多个数据源,包括企业内部的事务性数据和企业外部数据源。数据仓库管理部分对存储在其中的数据进行各种管理工作,例如数据的安全性保证、新数据的整理和归档、数据备份、数据库维护、恢复等,这些工作通常利用数据库管理系统(DBMS)的功能来完成。分析工具包括各种查询、检索工具,多维联机数据分析工具,数据挖掘工具等,以实现决策支持系统的各种要求。

在数据仓库系统具体的实现上多采用3层结构,数据仓库的数据存储在数据仓库服务器上。数据仓库服务器中存放着从不同的数据源抽取的数据,并且要根据元数据对这些数据进行整理。这一过程常称之为抽取、转换、装载(Extract,Transform,Load,ETL)的过程。这一层还要提供各种不同层次的数据整理,提供各部门所需要的数据集市的数据内容。

在客户与服务器之间是联机数据分析(Online Analysis Processing,OLAP)服务器。OLAP 服务器的作用在于进一步提高分析操作的方便性,可将数据仓库服务器所做的 OLAP 操作工作转移到该服务器上,这样可降低系统中的数据传输量,使得工作效率更高。而客户端的功能在于与用户进行交互会话。将用户的要求转换为服务器可以理解的方式送到服务器,取回查询的结果进行显示和提供报表等。数据仓库的结构如图 13.3 所示。

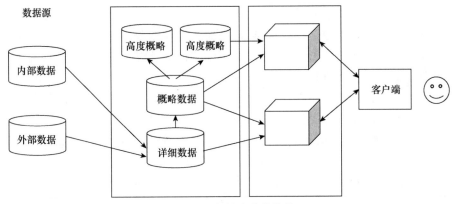

图 13.3 数据仓库的结构

13.2.2 数据的存储层次

数据仓库的最主要的特点,就是可以根据用户的需要将数据存储为不同抽象程度的层次,使得数据的使用者更加方便地决策。高层决策者浏览抽象度高的数据来掌握企业的整体情况,中低层的管理者则通过直接操作数据仓库来发现企业的具体问题。当然,根据需要,也可以从抽象程度较高的数据访问开始追踪到具体的事务数据。

图 13.4 表示了数据仓库的抽象存储结构。从作业性数据源获得的数据进入到数据仓库,并根据决策者所需要的主题进行存储。这一层的数据存储称为当前基本数据层,内容是详细数据(Detail Data)。在此基础上,可以对详细数据进行不同程度的汇总和抽象,形成概略数据(Summary Data)层(又可分为轻

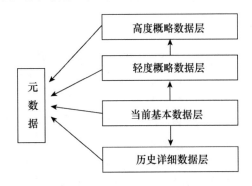

图 13.4 数据仓库中的数据层次

度概略层和高度概略层)。随着时间的推移,通过时间控制机构将当前基本数据层转化为历史详细数据层。这样,一个数据仓库中的逻辑结构,就可看作是一个具有 4 个层次的数据。为了将它们有机地组织起来,还需要通过有关每一个数据层的元数据来进行控制。

考虑一个商店中的销售活动,每天都有大量的事务数据产生,这些数据传送到数据仓库时就存储在当前基本数据层中。详细数据中包含许多有价值的内容,从中可能发现对决策有用的信息。例如,从详细数据中可以发现一位售货员在某日中午销售了 50 件商品,这就很容易使我们想到顾客可能有什么特殊需要,继而我们也许会考虑是否应当找一下这位顾客的购买记录,看看他还买过什么商品,最终可能会发现其中隐含的逻辑。这就说明只要条件允许,每一条交易记录都应当完整地保存起来。但是这样一来企业中很快就会产生大量的详细数据。同时为了存储和处理这些数据,还需要有功能强大的数据传输设备和数据存储设备。

为了对数据进行有效的归纳和整理,详细数据通常只保存一定时间,超过期限时就转化为历史详细数据。这是因为详细数据随着时间而大量积累,如不及时整理这些数据就会影响处理效率。因此,需要根据事先确定的一些规则对它们进行处理,按照不同的属性来分类汇总,得到相应的概略化数据。例如,根据时间属性可以将上述详细数据汇总为"各分支店每天的销售情况""各分支店每周的销售情况"等。当数据仓库中有各种不同抽象程度的数据时,管理人员依据概略信息就可以做出决策,不必再通过各种繁杂的操作获取相应的结果。当他们需要时,也可以先通过数据仓库的功能发现抽象数据,然后再"顺藤摸瓜"寻找到有关的详细数据。

13.2.3　元数据

元数据(Meta Data)是关于数据仓库中数据的数据。元数据提供了对于数据仓库中内容进行整理、归纳、分类、化简等活动的说明和指南。如果没有元数据或者元数据发生了错误,用户就可能失去整理数据的依据,无法对事务性数据进行处理,也无法理解数据仓库中数据的真实含义。因此,可以说元数据是一个数据仓库中的命脉所在。

元数据通常是根据不同的系统、不同的应用需求来设计的,一个数据仓库中的元数据对于另一个数据仓库可能完全没有意义。但是,元数据的常用类型是有普遍意义的,某些常用的元数据在数据仓库的应用中也具有普遍性。下面是几种常用的元数据类型。

(1) 数据源描述。元数据首先用于记录和说明进入数据仓库的数据源，例如数据的属主、数据的别名和数据容量等。记录属主的目的在于保证数据的安全性，数据别名则可以让用户更方便地操作数据，数据容量让用户知道他们要操作的数据规模有多大。另外元数据还用来说明数据源的其他结构特征。如数据的来源、数据的结构、数据词典、表之间关系的描述和索引信息等。

(2) 数据模型描述。数据仓库中的数据模型是组织数据所依据的逻辑结构。例如数据的实体、关系、有效值和存取规则等都需要记录在元数据中。随着数据仓库的应用，数据模型也可能需要修正，这时就要根据这些元数据来对数据仓库中的内容进行调整。

(3) 转换映射。转换映射元数据用来记录数据源的数据在进入到数据仓库之前经过了哪些处理。例如，数据源的标识、属性之间的映射、属性的转换、转换的规则、变形加工的信息、版本信息、简历信息和监控项等。

(4) 应用性元数据。应用性元数据用来记录有关数据仓库的应用历史、用户类型、使用频率等。例如通过这类元数据可以看出：谁在什么时候对数据仓库的哪些数据项进行了什么操作。通过分析应用性元数据，可以找出数据仓库被应用的模式，从而进一步改进数据仓库的结构，提高数据服务的质量。

13.3 联机分析处理

用事务处理系统进行数据查询时，用户通常是使用系统中预设的查询命令进行查询。例如"上个月销售量超过1 000件的日用品有哪些品牌？"这种查询的规则是在系统开发时根据业务人员习惯事先设计的。但是在现实中，企业管理者所需要的查询并非一定是已经经历过的事件，有时可能是在一系列随机查询中发现的新信息。例如，经理可能要先看看总体数据有什么问题，整个的市场走势如何，然后，他可能发现某一类商品的销售情况与市场的走势有明显的差别，继而他就要去详细调查这一类商品中究竟哪些商品的销售量最大。而这样随机的查询过程不是事先设计好的，而是提供一系列数据操作功能，让用户自己操作，从需要的数据中发现问题。在商业智能系统中，设计者根据某些预定的决策目标，从大量事务数据中抽取出数据，并将其整理、转换为一些新的存储格式，并提供方便的联机操作手段，让决策者在新的存储方式下联机操作获得决策信息。决策者可以根据自己关心的事项（称为主题）将事务性数据整合起来,用多维数据库的存储机制来保存,并在其上进行有关的数据操作。这样的机制称为联机分析处理。

OLAP最早的理论基础是由关系数据库的创始人埃德加·弗兰克·科德(Edgar Frank Codd)提出的。在关系数据库得到广泛应用后,科德继续有关数据库的研究。他发现关系数据库的功能还远远不足以支持管理者的实际决策需求。从提高关系数据库的应用性考虑,他提出了进一步完善数据库功能的一些设想,并将它们归纳为12条重要的数据操作性质:① 多维视角;② 对用户是透明的;③ 可访问性;④ 无矛盾的报告;⑤ 客户机/服务器结构;⑥ 可泛化的维度;⑦ 动态处理稀疏矩阵;⑧ 支持多用户;⑨ 跨维度的作业;⑩ 直觉的数据操作;⑪ 灵活的报告;⑫ 对于维度和聚集的程度无限制。

根据科德的这些开创性的思想,一些数据库厂商对原有的数据库系统进行升级,开发出了新的数据库软件工具,也就是现在的OLAP。对比一下OLAP和OLTP,就可以看出OLAP的特性所在,如表13.2所示。

表13.2 OLAP 和 OLTP 的性质比较

	OLTP	OLAP
使用目的	企业的业务处理	企业的决策支持
面向用户	事务人员,数据库管理人员	经理、分析人员等知识工作者
主要功能	处理日常发生的业务数据	产生决策所需要的信息
数据的时间性	当前的	历史的
数据的抽象程度	详细的、分散的	汇总的、整合的
视图	关系表	多维数据立方体
处理方式	添加、排序、求和、查询等	切片、切块、上钻、下钻等
基本的处理操作	读/写	只读
访问记录的数量	数十个	数百万个
数据库规模	MB 到 GB	GB 到 TB
系统性能度量	事务吞吐量	查询吞吐量

13.3.1 多维数据库

为了让用户方便地进行数据操作,需要将所操作的数据组织成具有多个维度的数据库。下面先介绍多维数据库（Multi-Dimension Database）的基本概念。

1. 变量

变量又称为事实（Fact），是数据库中数据所描述的实体。在多维数据库中，变量是用户所关心的客观事物或事件。变量往往需要进行合计或分解，因此必须是数值型的，是一个可度量的量。例如，"商品数量""销售额"等都可以作为变量，而"地点""商品名称"等不是变量。

2. 维

维是变量的某种性质，它是决策者用来观察变量的依据。例如，决策者需要了解销售额随时间变化的情况，时间就是一个维。如果一个变量"销售额"有 3 个相关的维，即"时间""商品"和"部门"，我们就可以形象地用一个立方体来表示这些数据（"时间""商品"和"部门"分别是立方体的 3 个维）在现实世界中，与一个变量有关的维往往不止三维，但我们仍可以在概念上将它们看作是一个 N 维立方体。因为三维立方体是二维数据表在第 3 个维上的排列，因此 N 维立方体也可看作是 N－1 维立方体的一个排列。这种数据立方体也称为超立方体（Hypercubic）。

3. 维的层次

决策者对于数据的观察往往是从抽象到具体的。例如，根据时间维来观察销售量，可能先从年销售量出发，然后深入到月销售量和季度销售量。也就是说，根据问题的需要，将各个维分解成不同抽象程度，这称为维的层次。在上面的例子中，年、季度、月构成了时间维的 3 个层次。显然，这种层次可以不断细化。一般说来，维层次可以是全序（Total Ordering）的或者是半序（Partial Ordering）的关系。

在某个维上取的值称为维成员，在一个维上不同层次的维成员构成它们的一个组合。例如，"北京市海淀区万柳路"是一个地理位置维的维成员组合。

在多维数据库设计中，决定应当有哪些维以及各个维层次结构是一项复杂的工作。这项工作必须由数据仓库的设计人员来做，同时又必须征求用户的意见，根据用户常见的决策问题需求来详细地设计。

4. 多维数据集

一个多维数据库的数据集合称为多维数据集。在多维数据集中，各个维和变量的数组形式称为多维数组，例如，"（时间，商店，商品，销售额）"是一个多维数组，这个多维数组也可以与一个三维立方体相对应。

多维数组的值称为一个数据单元。例如,上述多维数组的一个数据单元为(2003,国美电器,电视机,1230)。

13.3.2 数据建模

数据模型是对现实数据的一种规范化的表示。建立数据模型有助于用户更直观方便地掌握数据的形态,明确有关数据项之间的相互关系,并且可以在后续的数据分析中帮助用户更好地理解和操作数据。建立数据模型要求用户对底层数据和数据库设计有较好的了解,因此这类工作通常由数据库管理人员或系统开发人员来完成。

一个数据模型同时具有商业和技术意义。从商业的角度看,一个数据模型表示了一个特定的商业活动中涉及的所有数据实体。例如,一个销售数据模型表示一段时间内在不同商店的某种商品的销售量和购买它们的顾客等。而在技术意义上,数据模型表示一组查询以及相应的数据表的连接方式。

查询也可看作是一组预制的数据库指令,用来得到一个提问的回答。一个查询的处理结果是一个数据集合,集合中的每一行都是问题的一个答案。根据所提问题不同,返回的结果集行数可能不同。建立数据仓库的目的是使查询更加方便快捷。建立数据模型的目的之一也是帮助用户容易地建立查询。

一个星型数据模型由主题和维组成。主题是该数据模型要表示的主要内容,一般是数值型数据,如销售额等。维是与主题相关的某种性质,例如品名、数量、分店名、时间、地点等。用户的数据操作要通过这些维来进行。一个星型数据模型用来描述一组数据表的相互关系,其中包括事实表和维表,如图 13.5 所示。

事实表是与数据仓库的主题所对应的一个表,而其中的事实是与数据仓库的主题所对应的变量。事实一般必须是可计算的数值型数据。事实表必须包含事实的名称和值以及与各个相关维表相连接的关键字。

维表是与数据立方体的每一个维对应的一个表,它可以用来进一步描述该维的一些性质。例如,在一个"商品"维表中有品名、商标、商品类型等字段,可以用来描述商品维的详细性质。在维表中有与事实表相关联的关键字。

图 13.5 是一个使用 BI 软件包来定制查询的例子。在数据建模窗口用户只需将有关的数据库中的表(主题)拖入模型区,并指定主题之间的联结字段,就可以构成一个星型数据模型,进而得到所需要的查询结果数据集。图中表示

的模型就是将"时间""产品"和"商店"作为3个维表,将"销售事实"作为事实表的一个星型数据模型。

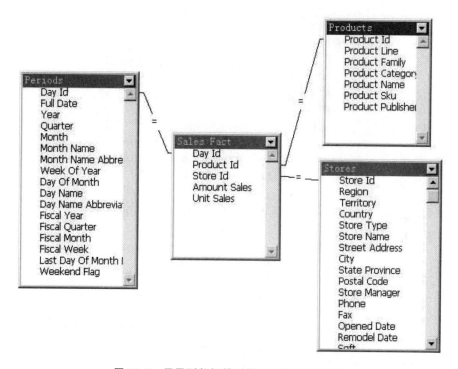

图 13.5　用星型数据模型表示的事实表和维表

13.3.3　数据操作

如果我们已经将数据组织起来,构成了多维数据库,那么就可以在这个数据库上进行各种 OLAP 操作。OLAP 可以通过图、表或命令语言方式来进行。在许多表计算或 DSS 软件系统中,采用数据透视表用来做数据分析工具也很普遍。

如图 13.6 所示,数据透视表是一种十分方便的数据操作工具,被广泛地用在许多数据操作过程中。数据透视表提供了在一个动态的数据立方体上可以进行的各种操作,例如对数据进行切片、切块操作,或者用于实时的交互式多维数据分析。在数据透视表上,用户可以通过旋转其行或列,来查看对源数据的各种汇总结果,还可以筛选数据,或者显示所关心区域的数据明细。

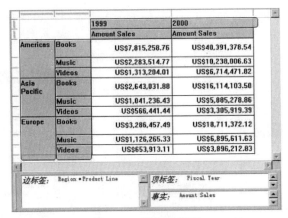

图 13.6 数据透视表

OLAP 的基本分析功能包括切片、切块、旋转、上卷、下钻等。表 13.3 总结了 OLAP 的 5 种基本操作。

表 13.3 联机分析处理的基本操作

操 作	说 明
切片 (Slice)	切片就是在多维数组的某一维上选定一个维成员后得到的结果。例如,在一个三维数据立方体(时间,商店,商品,销售额)选定时间为"2004",我们就可以得到所有商店、所有商品的 2004 年销售额数据
切块 (Dice)	切块是切片操作的泛化,即在多维数组的某一维上选定一个维成员区间的操作。对于数据立方体的一个切块相当于多个切片叠合起来的结果。例如,在上面的例子中,我们可以用切块操作对 2000 年到 2005 年 5 年间的数据进行查询,从而得到一个数据子集
旋转 (Pivot)	旋转是从不同的角度来观察同一个数据立方体。例如,在一个数据表(时间,商店,商品,销售额)中,将当前显示的行"时间"和列"商品"进行交换,或者将"时间"维与当前没有显示的"商店"维进行交换。这样用户就可以从不同的角度观察数据
上卷 (Roll Up)	上卷是在数据立方体上进行的聚集操作。它是指从某层数据出发,根据某一维的层次,得到其上一层的数据总计。例如,当前操作的维是"地区",通过对维成员"海淀区"的上卷操作,得到"北京市"的销售情况
下钻 (Drill Down)	下钻是上卷的逆操作。下钻从数据立方体的某一层出发,根据其中一维的概念分层,得到其下一层的数据立方体。下钻是从一般到具体的对象操作。从数据立方体可以直接下钻到概念层次的底层,这称为"钻透"

如图 13.7 所示，显示了一个 OLAP 的例子。在图 13.7(a) 中显示亚洲地区两种商品的销售额，通过对亚洲的地理位置维的"城市"进行下钻，便得到了如图 13.7(b) 所示的 4 个城市的销售额。这一操作也可以再利用上卷操作来复原为图 13.7(a)。然后，操作者又在图 13.7(b) 的基础上，进行旋转，得到了如图 13.7(c) 所示的结果。

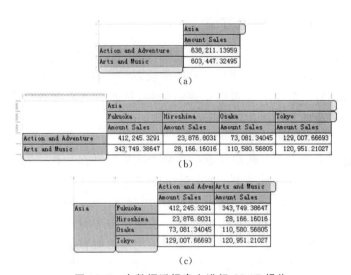

图 13.7　在数据透视表上进行 OLAP 操作

13.4　数 据 挖 掘

13.4.1　数据挖掘的概念

数据挖掘(Data Mining，DM)是通过某种算法，使用诸如神经网络、规则归纳等技术，从大量的、不完全的、有噪声的数据中，提取隐含在其中的信息和知识的过程。从发现知识这一点来看，数据挖掘和 OLAP 有些类似。不同之处在于数据挖掘是通过计算机实现的一套自动处理大量数据的算法，找出数据中隐藏的内在模式。在此过程中，通过预制的自动操作过程，发现一些深层次的知识。它是基于统计学原理和人工智能方法等计算和检验所得出的结果，例如发现两组数据之间的关系等。在此意义上，数据挖掘又被称为知识数据发现(Knowledge Data Discovery，KDD)。

数据挖掘可以根据所采用的数据库类型、发现的知识类型、采用的技术类型等进行分类。按数据库类型分类，可以分为关系数据库挖掘、事务数据库挖掘、Internet 信息库挖掘等；按发现的知识类型分类，可以分为关联规则挖掘、分类规则挖掘和时序规则挖掘等；按采用的技术类型分类，可分为基于归纳的挖掘、基于模式的挖掘、基于统计理论的数据挖掘以及集成数据挖掘等。

13.4.2 数据挖掘的典型方法

在数据挖掘中有一些常用的技术，如模式发现、预测建模、归类、路径发现等。在数据挖掘中也经常使用统计分析手段，如回归预测、分类、聚类、周期分析等。通过用数学模型对大量数据进行处理，从而得到数据的归纳性表现形式。下面简要介绍几种主要的数据挖掘方法。

1. 模式发现(Pattern Discovery)

在大量事务数据中往往隐藏着某些数据间的关联性。有些数据的关联性我们是可以根据日常经验猜测到的，例如很多购买面包的顾客会同时购买牛奶。但有些关联性可能是我们从未想到的，例如玩网络游戏最多的顾客，他们的职业是什么？他们的平均收入是多少？发现这些隐藏的关联性就是数据挖掘的一个重要的应用。通过某种关联规则发现算法对数据库中大量数据的分析，找到数据中隐藏的规则。这些可以通过数据挖掘发现的关联性称为数据模式(Data Pattern)或关联规则(Association Rule)。关联规则是描述数据库中数据项之间存在潜在关系的规则，形式为：

$$A_1 \wedge A_2 \wedge \cdots A_m \rightarrow B_1 \wedge B_2 \wedge \cdots B_n (\text{with } C\%)$$

其中 $A_i(i=1,2,\cdots,m)$ 和 $B_j(j=1,2,\cdots,n)$ 都是数据库中的数据项。数据项之间的关联意味着根据一个事务中某些项的出现，可推导出另一些项在同一事务中也出现。规则 $A \rightarrow B$ 的置信度(Confidence)表示包含 A 项同时也包含 B 项的可能性。

有多种发现数据模式的算法，最常见的如 APRIORI 算法和 APRIORI_TID 算法，其基本思路是采用循环检查，从一个维开始计算下一维的大数据项集，以检验两者是否有高概率关联的可能性。另外还有 AIS 和 SETM 算法以及 DHP 算法、PARTITION 算法、动态数据项计算算法等。由于在关联规则发现中总要处理大量数据，因此各种算法都是尽量减少数据库扫描次数以及抽样、关联规则的增量修改等，以提高工作效率。

在大型数据库中，数据中隐藏的模式是非常多的，不可能通过人工来一一检验。数据模式发现技术有效地提高检验效率,程序可以主动地发现隐藏在数据中的数据模式,然而所发现的数据模式是否有意义,最终仍需要用户的判定。一个很好的例子是:城市交通中经常发生交通事故,交通事故的原因也很复杂,许多是人为因素,但是也有一些因为道路、天气或标识设计上的隐患所导致的。通过对大量交通事故发生的数据进行关联规则分析,可以发现在某些路段是经常发生事故的。如果在一个路段多次发生同样类型的事故,则说明在此路段具有某种隐患。经过实地勘察,找出发生事故的可能因素,在这些地段加强警告提示,就可以减少事故的发生概率。

2. 数据归类(Classification)

在管理活动中,我们经常需要根据某些规则对大量数据进行归类。例如,银行对客户数据进行分析,可以将他们分为几种典型的类型。根据客户的年龄、职业等属性,可以判断出他们对于购买某种金融商品是否有兴趣。这样可以有的放矢地进行营销,从而避免了无效的工作。

数据归类是通过一个映像函数,将一个数据集合中的数据与既定类别映像的过程。数据归类经常是一种"有方向的分析"过程,或称为"有指导的学习"过程。在数据归类中首先由"教师"用一些样本数据(称为训练数据集)来建立一个用于归类的映像函数。然后,用一些测试数据来评估运用该归类函数所得结果的准确率如何。如果结果是满意的,就可以运用该函数对大量数据进行归类,否则对得到的函数进行修改。数据归类的主要方法包括决策树分类方法、统计方法、神经网络方法、Rough 集方法等。

3. 分类(Segmentation)和聚类(Clustering)

分类分析是根据事先定义的一些数据组将数据分类,并从中发现各组中数据的公共特征。例如,根据购买图书类型将顾客数据分类,可以分为"购买科技图书的顾客群"和"购买法律图书的顾客群"等。再对每一组顾客从性别、职业、收入等方面进行分析,从中可能发现"购买科技图书的顾客"的某些共同特征。

一个典型的例子是,某家电厂通过返修数据分析发现,VCD 损坏的概率和顾客的年龄有关,而且年轻的夫妇在购买 VCD 后 3 个月中返修的概率很高。经过调查发现,家中新购买的 VCD 被小孩弄坏是这一类事件的主要原因。

聚类分析是从数据中发现一组聚类规则,用这些规则将数据分组,构成相似的对象类。这样就可以更好地对各组对象进行相应的处理。和数据归类的不同点在于,数据聚类是一种"无指导的学习"过程,即完全由系统自己来发现数据中是否存在某种有意义的公共特征。例如,对互联网网站用户的行为进行分析，发现对一个网站的访问时间超过 1 小时的用户往往是玩游戏的用户。这一类数据挖掘技术还包括贝叶斯方法、神经网络方法等。关于数据挖掘方法和技术的更详尽深入的介绍可参阅其他文献[①]。

　　数据挖掘对于某些行业的作用十分明显。例如在商店的商品分析中，商店需要不断地关注其主要客户群的构成和客户爱好的变化。如果企业能发现新的客户需求，就可以创造出新的市场。许多商业公司都已经开始使用数据挖掘方法，在大量数据中找出特定的客户需求，帮助企业进行决策或发现那些能够引导企业未来行为的模式和规则。数据挖掘技术的商业应用如表 13.4 所示。

表 13.4　数据挖掘技术的商业应用

应用	说明
市场分割	找到从公司购买某类商品的顾客群的共同特征，将自己的市场进行细分
顾客辨识	发现重要的客户和不产生利润的客户，预测哪些顾客可能背离公司而投向公司的竞争对手
欺骗检验	发现哪些交易数据最可能是不正当的数据
直接市场	识别哪些因素应当被包含在数据挖掘清单中，以获得高回报率
交互市场	预测哪些通过 WEB 来访问的顾客是真正对本公司有兴趣的顾客
模式分析	发现哪些产品或服务通常是被顾客一起购买的
趋势分析	发现本月的情况和上月的情况有什么显著的不同

13.5　BI 的发展方向

13.5.1　大数据

　　大数据（Big Data）是企业在信息系统建设中面临的新挑战。管理咨询公司麦肯锡对"大数据"给出的定义是：一种规模大到在获取、存储、管理、分析方面大大超出了传统数据库软件工具能力范围的数据集合，具有海量的数据规模、快速的数据流转、多样的数据类型和价值密度低的 4 大特征（4V）。对这些特点可以理解如下：

　　（1）Volume：数据量是海量的。大数据的数据量至少是 PB(1 000 个 TB)

---

① 　（加）Jiaveitan, Micheline Kamber. 数据挖掘：概念与技术. 北京：机械工业出版社, 2007.

数量级,甚至是 EB(100 万个 TB)或 ZB(10 亿个 TB)数量级。

(2) Velocity:对大数据的处理,需要有时效性。比如个性化推荐算法尽可能要求实时完成推荐,这是大数据区别于传统数据挖掘的显著特征。

(3) Variety:大数据种类和来源是多样化的。包括结构化、半结构化和非结构化数据,如文本、网络日志、音频、视频、图片、地理位置信息等等,这就要求有更强大的数据处理能力。

(4) Value:大数据是有价值的,但是由于数据量十分庞大,数据价值的密度相对较低。如何结合业务逻辑并通过强大的机器算法来挖掘数据价值,是大数据时代最需要解决的问题。

企业应如何应对大数据的挑战?最基本的思路还是要懂得大数据在创造价值方面的作用,例如精准营销、提高效率、防范风险等,同时要有相应的信息技术能力,从数据中挖掘价值。一些有基础的大企业早已在数据仓库的基础上进一步构建企业的大数据平台,包括大数据基础平台、大数据门户以及针对内部不同用户需求的服务等。随着技术的专业化程度不断提高,许多企业依靠内部的技术能力无法自行构建企业大数据平台,在这种情况下可以请专业公司开发适合自身需要的大数据专用平台。TB 公司电商分析案例就是一个很好的例子。

TB 公司的电商销售分析

TB 公司(化名)创立于 1995 年 10 月,总部设在广州市萝岗区科学城。TB 公司 2002 年将膳食营养补充剂引入中国非直销领域后,迅速成长为中国膳食营养补充剂的领导品牌和标杆企业,年销量超过 1 000 万瓶。2010 年 TB 公司在深圳交易所创业板挂牌上市。2017 年 TB 公司营收达 31 亿元,同期增长 43%。近年来随前电子商务的发展,TB 公司的"电商品牌化"战略也为公司整体业绩贡献了较大增量。通过复制线下的差异化竞争优势到线上,不断强化公司在电商渠道的竞争优势。

2017 年 12 月,为了进一步加强电商业务的竞争优势,TB 公司启动了电商大数据分析 BI 项目。经过严格的多方比较和甄选,TB 公司决定和深圳的大数据处理专业公司——云智算公司合作来完成该项目。

双方经过充分沟通,决定对 TB 公司自营电商产品和电商竞争产品进行多维度的综合分析,找出不同平台不同品类的成功商品的特点,从而优化 TB 公司的电商决策,以提升电商产品的收入、利率及市场占有率等各项销售指标。包括以下几个子项目:

(1) 使用维度建模的方法建设 TB 公司的电商数据仓库;
(2) 对维生素、植物精华等常见营养补充剂进行全行业分析;
(3) 对竞争对手进行综合分析;
(4) 对自营的店铺及产品进行综合分析,包括与竞争品牌的对比分析;
(5) 根据综合分析的结果改善 TB 公司的电商决策,从而提升其收入及利润率。

在项目开始实施之前,项目组从各大电商平台收集的保健品销售数据已超过 6 亿多条,考虑性能要求及未来数据的增长幅度,决定在此基础上建立数据仓库。

(1) 数据采集:利用爬虫工具将一些大型电商平台的保健品数据采集至 ODS 数据库[1],然后再使用 ETL 工具将 ODS 的数据整合至数据仓库。

(2) 数据仓库:数据仓库使用 Hadoop[2] 的 Hive 作为数据仓库的载体,分布式部署,并且根据性能情况创建聚合表[3]。

(3) BI 分析:使用云计算工具通过 Spark 计算引擎连接 Hive 数据仓库,建设电商销售语义层,语义层针对聚合表定义聚合感知度量,展现报表及仪表盘。

项目团队按照以维度建模为基础的 BI 项目实施方法论进行了实施。通过从多维度多层次钻取方式分析 TB 公司自身产品以及与竞争对手的电商销售情况对比,找出了细分行业的销售爆品,从店铺装饰、价格策略等多方面分析其成功因素,对比自身不足并且进行改善,从而提升了销售决策的

---

[1] ODS(Operational Data Store):作业性数据仓储。
[2] Hadoop:一种分布式系统基础架构,可用于分布式系统部署。下文中的 Hive 和 Spark 分别是基于 Hadoop 的数据仓库工具和计算引擎。
[3] 即根据维度的不同粒度在关系型数据仓库中生成汇总表,以提高分析操作效率。这种汇总表称为聚合表(Aggregate Table)。

精确性、有效性。在 BI 系统上线半年内，TB 公司电商销售的市场占有率总体提升了 4.68%。

在销售部门建立数据分析的氛围，提升了销售部门的决策有效性。原来销售部门的决策很多依靠销售主管的经验判断，BI 系统上线后，所有的决策在执行之前都对电商历史数据及竞争对手的销售数据进行充分的分析；每一次做出重要的销售决策后，销售部门都通过 BI 系统进行滚动运营分析，以监控决策的执行效果并进行适当的调整；原来每次进行月度分析时都需要向 IT 部门申请资源，用 3 天左右的时间加班加点进行数据准备和编写分析报告。现在销售助理使用 BI 系统不用 1 个小时就可以完成详细的数据分析；在进行销售沟通讨论时，他们也使用 BI 系统的报表来分析论证。有时缺乏相应的报表，销售人员甚至可以即时创建相关报表，来支持自己的主张或者对稍纵即逝的思考进行交流；销售人员出差到平台公司或经销伙伴处时，也可以通过手机的 BI 系统即时查看和分析销售情况。不管是在办公室还是在商务途中，无处不在的数据分析使他们如虎添翼。

13.5.2 BI 的发展方向

BI 是一种面向最终用户的决策支持系统。业务人员和管理者们每天面对动态的业务环境，熟悉业务问题且深谙数据的含义，本应由他们来主导设计 BI 应用，然而在实际的 BI 应用开发过程中，由于要经过数据收集、数据整理、ETL、数据仓库等复杂的过程才能实现，需要较多的技术性知识，因此很多企业中的 BI 项目却是由 IT 人员来主导设计的。在这样的开发过程中，BI 应用一般是基于业务系统中的结构化数据，IT 人员按照业务部门的需求设计成常规的报表。这就在某种程度上削弱了 BI 决策支持的作用。现在，这种情况正在改变，一种"自助式"的 BI 正得到更为广泛的应用。企业业务人员通过使用先进的 BI 工具，可以在其权限范围内对数据进行自助式处理，由此取得业务数据分析效益的最大化，进一步发掘数据中存在的业务价值。这种新系统在具有学习能力的组织中得到应用，将深刻地改变各行各业的竞争态势。

大数据改变了商业智能的内涵和外延，BI 越来越需要从数据层面的顶层进行设计。由于 BI 需要及能处理数据的规模快速增长，以业务系统中结构化数据为主的数据使用模式已越来越不适应客观需求，多源异构数据的关联融合

将成为设计和应用 BI 时不可缺少的新因素。目前 BI 应用上有这样一些值得注意的发展趋势:

(1) 统一数据模型。要利用商业智能高效地解决复杂的业务问题,就需要在建立起企业内部的统一数据模型,打通各业务系统之间的数据割据和数据冲突。无论是技术发展的推动,还是日益复杂的社会经济环境的影响,对业务问题的决策和分析,仅仅依赖某几个业务子系统中的数据不可能得到准确快速的解,新的方式是需要梳理自身数据,建立统一数据模型,合理使用内、外部数据进行决策分析。

(2) 数据资产管理和共建数据生态。商业智能越来越要求企业内外之间的数据协作和交流。对业务问题的预见和解决,除了基于内部数据外,还将越来越多地依赖于公用数据库、商务网站、社交媒体、大体量交易等产生的外部数据。现在我国政府和企业都已开始采取措施管理自身的数据资产,数据资产管理将是商业智能应用的重要内容,企业也应在数据安全管理(脱敏、设权、备份、防篡改等)的基础上,开放自身数据,实现数据资产变现,共建数据生态系统。

(3) 对半结构化、非结构化数据的分析。BI 处理的数据类型正在多样化、融合化。以往 BI 主要建立在数值数据的基础上,以统计分析、数据挖掘算法的结构化数据为主。今后将向结构化、半结构化、非结构化数据相融合的方向发展。

(4) 更加友好灵活的人机交互过程。传统的功能菜单选择、固定语法格式、既定数据输入的交互模式正在被人工智能、探索性分析所替代,展现形式也更生动直接。对使用者在 IT 技能、业务能力上要求降低,商务智能应用面向更广泛的使用者。如用户可以用自然语言面对屏幕图形下达命令。

(5) 云计算和商业模式创新。BI 正在基于数据仓库的桌面系统向移动端应用延展,由本地化部署向云端开放共享转变。新的自助式分析、功能植入的软硬件,将进一步拓宽 BI 的行业受众和应用场景。

(6) AI 及数据治理新技术。一些日益成熟的人工智能技术如自然语言处理、语音识别、图像识别等以及数据治理等新技术,已成为影响 BI 发展的重要角色。

传统的企业信息系统只有前、后台处理子系统,但随着数据量和系统复杂性的增加,这种架构往往难以应付大量的业务。近年来,一些国内的 IT 企业正在尝试一种新的架构即构建企业的"中台"。所谓"数据中台"是指通过数据处理技术,对海量数据进行日常的采集、计算、存储、加工,同时统一标准和口径等工作，而后汇集并存储为标准数据，形成企业的大数据资产层，进而为客户提供高效服务。而"业务中台"就是企业级的业务处理功能复用平台。比如一个新零售企业，它有很多电商渠道平台，而每个平台的账号系统、交易系统、营销系统等模块基本都是相同的，如果每个团队都用自己的一套系统就是对资源的严重浪费。因此，理想的状态是将通用系统放到中台，再分配给每个产品线，就可以做到资源的最大化重复利用，同时又可以将各条产品线的数据集中沉淀到一起。将数据中台与业务中台结合的模式称为"双中台"，其特点在于打通全域数据并按需形成不同的应用模型，这对于许多行业都有着重要的应用价值，已引起广泛的注意。

第13章重要概念

商业智能,数据仓库,作业性数据,数据集市,从属的数据集市,独立的数据集市,数据仓库管理,多维联机数据分析,当前基本数据,概略数据,历史详细数据,元数据,多维数据库,多维数据集,数据建模,星型数据模型,事实表,维表,多维数据操作,数据挖掘,数据模式发现,数据归类,数据分类和数据聚类,大数据

第13章复习题

1. 商业智能与数据仓库有什么不同?
2. 企业为什么要建立数据仓库,主要解决什么样的数据问题?
3. 什么是数据集市?数据集市有哪些基本的形式?
4. 一个数据仓库系统有哪些基本的组成成分?
5. 举例说明什么是数据仓库中的数据层次。
6. 数据仓库中的元数据包括哪些主要的内容?
7. 请给出多维数据和多维数据库的定义。
8. 什么是联机数据分析?它和联机事务处理有哪些不同?
9. 说明数据仓库、联机数据分析以及数据可视化三者的关系。
10. 大数据给企业带来的挑战是什么?

小组活动课题

对一个现实的业务活动构造出其多维数据模型。

第 14 章 客户关系管理

本章学习目标
(1) 理解什么是客户关系管理
(2) 客户关系管理的基本架构和工作原理
(3) 客户关系管理的典型的发展模式
(4) 在客户关系管理中如何运用信息资源和IT工具

客户关系管理是近年来得到广泛应用的一种信息系统模式。客户关系管理的目标是提高客户满意度和对企业的忠诚度,加强企业与客户的相互信任与合作,从而减少企业获取客户的成本,减少客户的流失,提高企业的效益。在本章中我们将介绍客户关系管理的基本概念,并通过一些实际的例子来说明客户关系管理系统的应用以及若干理论性问题。

14.1 什么是客户关系管理

14.1.1 以客户为中心

客户关系管理(Customer Relationship Management,CRM)既是一种"以客户为中心"的理念,又是企业中一系列业务活动、工作流程和信息技术应用的总和。在"以客户为中心"理念的实现过程中,需要企业中各个部门的业务活动达到有效的整合,为客户提供高质量的专业服务。这不仅仅是企业中那些与客户打交道的部门所必须做到的,也是其他部门如销售部门、市场部门等不可或缺的理念。通过强化客户与公司间的结合来改变客户行为的一个过程。客户关系管理寻求给客户关系带来附加价值,从而通过关系价值的最大化使客户受益,并给公司带来利润。

研究发现,对于任何企业来说,其客户都可以按不同的视角来分类。例如一个商店的顾客可以分为几种不同的类型:

(1) 潜在的顾客,新顾客,老顾客;

(2) 给商店带来损失的顾客,给商店带来利益的顾客;

(3) 偶尔光顾的顾客,忠实的顾客,流失的顾客。

管理学中有一个著名的二八法则,即 20% 的客户为企业贡献了 80% 的收入。另外根据统计,通信公司最有价值的前 10% 的客户的利润率为最后 10% 客户的 10 倍,而零售业的这一数字甚至达到了 16∶1。如果对所有的客户不加以区分地对待,不仅企业不知道自己的利润来自哪里,同时也会使企业的利益受损。因此,最好是针对有可能购买企业商品的客户来促销,将企业为获取客户所计划的资金投放到那些有价值的客户身上。在一些行业中,某些客户不但不能为企业创造利润,反而会给企业带来损失。有研究发现[①]:在银行业中,排名最后的客户往往是造成企业损失的原因。来自客户的利润可以进一步细分为具有正态分布的特征:20% 的客户带来 80% 的利润;剩下的 60% 的客户产生 40% 的利润;而最后的 20% 的客户会带来大于 20% 的损失,如图 14.1 所示。

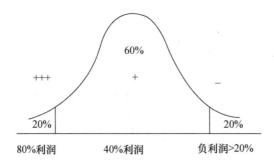

图 14.1　企业客户带来利润的分布

在没有信息系统支持的情况下,企业只能了解少数重点客户,而在 CRM 的支持下,企业就可以更加清楚地了解客户、建立起自己与客户的合作关系,从

---

① Jim Harris, Blindsided. how to spot the next breakthrough that will change your business forever. Capstone Publishing Ltd, 2002.

而更好地实现3个目的。

1. 获取优质客户

客户对于任何企业来说都是十分重要的经营资源。但是获取客户的成本是很高的,市场营销部门必须投入广告费,举办各种形式的促销活动,让客户体验商品或试用等,这些费用都是获取客户的投入。根据计算,获取一名新客户的费用往往是维系一位老客户费用的10倍。如果能够用信息处理的方法获取客户,特别是能够有针对性地获得一些优质客户,肯定能够提高企业的利润率。

2. 维系与客户的关系

即使获得了新客户,如何保留住这些客户也是一个问题。有研究发现:在某些行业中,新客户带来的风险较高。以银行为例,银行的新客户所产生的坏账占坏账总数的70%,而3年的老客户所带来的利润,要大于其第1年带来利润的3倍。在日本等一些国家,有些手机销售商以大大低于成本价的价格销售手机,或者以一种数年服务签约的方式将手机送给消费者,其目的就是通过维系客户关系来获得利润。显然当获得客户的成本被覆盖后,这些老客户就将为企业产生持续的利润流。与此同时,由于学习曲线的效应,企业在为老客户提供服务时更为有效,服务成本降低,对保留老客户的投资也相应地减少。这说明保留一个老客户甚至比获得新一个客户还重要。

航空里程累积奖励

现在航空公司已经普遍实行了里程累积奖励政策——只要顾客利用本公司的飞机飞行到一定的公里数,便可以获得相应的免费里程奖励,或根据顾客要求提升舱位等级等其它优惠服务。

航空公司的里程累积奖励有助于提高顾客的忠诚度,但要实现这一理念必须有一个客户关系管理系统。每次顾客要购票时,航空公司的信息系统都能实时查出这位顾客曾坐过他们的航班多少次,顾客已经累积的里程数是多少,如果累积数达到了航空公司的规定,系统会主动地给顾客提升等级,或给予免费公里数奖励、兑换商品等。通过这些方式使老顾客保持满意度,加强与顾客的联系。

> 现在航空公司吸引顾客的方法也被零售企业、通信企业所采纳。一家美国润滑油公司采用的方式是提供顾客优惠卡——只要顾客1年内光顾该公司2次以上，第3次就可以享受比正常价(24.95美元)低3美元的优惠，第4次可以享受低5美元的优惠。结果，90%的顾客成为回头客。这个方法看上去会降低收益，但实际上企业已经计算过，这样做可以使老顾客提高忠诚度，企业又不需要花钱做广告吸引新顾客，实际上可以获得新的利润增长点。而给老顾客寄发提醒通知、提供优惠卡等服务，比通过广告来吸引新顾客的市场费用少得多。

3. 提高客户对企业的贡献率

对于目前的客户，可以通过数据分析来提高客户对企业的贡献率。例如戴尔(Dell)进入中国后，使用其电话销售系统，让大量工作人员在销售对话中获得消费者特征、购买历史、产品需求、未来购买计划和反馈等信息，从中分析出中国客户的需求特点，结果几年后，戴尔便了解了中国客户，采取有针对性的促销措施，获得了大量订单，市场占有率从最初的1%上升到9%。

交叉销售(Cross Sell)是一种传统的提高客户贡献率方法。例如一位顾客购买了一台计算机，销售人员就可以向他们推荐相应的应用软件。但是这种传统的营销方式并没有建立起与客户的关系。实际上随着时间的流逝，顾客对于计算机的性能越来越熟悉，可能需要新的软件，也可能需要打印机等外围设备。销售人员就可以向顾客推荐他需要的产品。这种销售称为晋级销售(Up Sell)。另外，忠实度和满意度高的老客户还会介绍他的熟人和朋友成为企业的新客户，这种销售方式也称为口碑效应(Reputation Effect)。但这些销售方法都需要有一个前提，就是要与客户建立起长久的联系，这就是CRM能够大显身手的潜能所在。

14.2 客户关系管理模型

在CRM技术运用过程中遵照的基本理念是唐·佩珀斯(Pepper)和玛莎·罗杰斯(Rogers)提出的IDIC客户关系管理模型。在IDIC模型中，CRM活动被分解为4个阶段：① 识别客户(Identify)；② 对客户进行差异分析(Differentiate)；③ 与客户保持互动(Interactive)；④ 客户化(Customize)。下面我们从

4个阶段来考虑系统如何工作。

14.2.1　识别客户

在"大众营销"时代，企业对于客户是不做区分的，大多数企业的成员不认识客户，不了解客户，提供的是"无差别服务"。为了适应新的经营环境，企业必须改变以往的对待顾客方式，转变为先认识顾客，以培养忠诚的固定消费者为企业的目标，针对不同类型的顾客，提供有针对性的服务，从而培养出企业自己的消费群体，最终提高企业的利润率。

为了识别客户，最基本的方法就是建立客户履历（Customer Profile）。所谓客户履历就是一个系统地记录客户消费信息的数据库。例如顾客的人口统计信息（年龄、性别、职业等）、消费特性（如购买范围、兴趣、价值观等）、消费行为（消费的时间、地点、金额、类型等）以及信用情况等。一些服务性企业通过发行顾客会员卡，对于使用会员卡购物的顾客，通过收款机旁放置的会员卡识别系统，记录每一次顾客消费的信息。这样，不仅可以了解到每一位顾客对商店的贡献程度，而且还可以得知顾客的购物习性，从而为客户提供更有针对性的服务。

例如，从购买超市商品的客户数据中可能挖掘出诸如"买面包的顾客同时购买牛奶的概率是50％""春季感冒药的销售量比其他季节高10％"之类的经验型规则。这些经验规则对于商店的今后经营起到重要的指导作用。

14.2.2　客户差异分析

对客户差异分析是指根据客户的消费需求或服务特征，将客户分类为不同的客户群。一般地，可以按照客户所能创造的价值将他们区分为3个层次：最有价值的顾客，有价值的顾客和负价值的顾客。企业应当对不同的顾客采取不同的服务方针：对于第1类顾客，企业的方针是发展和维系与他们的关系；对于第2类顾客，企业应当促进他们向第1类顾客转化；而对于第3类顾客则应当予以减少和淘汰。

有些商店出现过这样的现象：商店推出了一些促销的策略，本来是希望吸引更多的客户来购物，但是事与愿违，他们吸引来的是一些专门为购买减价商品而来的顾客。例如一个超市规定在每天下班前1小时，将当天卖不出去的蔬菜以半价出售。可是这种政策实行了一段以后，他们却发现白天的蔬菜销售量越来越少，而到下班之前的销售量却大增。原来顾客们已经摸到了商店的规律,等着下班前1小时专门来买半价的蔬菜,这使得超市的利润率大打折扣。因此企业如果采取了错误的客户服务方针,和与客户的关系就会是一种"零和博弈"关系。为了改变这种情况,企业必须了解自己的客户,从双赢的角度出发来提供最适当的服务。

14.2.3 与客户互动

仅仅是有了客户的信息和知识,如果不加以利用仍然不会产生价值。我们在商店中也经常看到这样的情况,当顾客在选购商品时,售货员对她态度很亲切,可是当顾客购买的商品发生了问题,顾客再次找到商店时,售货员的态度就截然不同了。这种对待顾客的方式显然断送了与顾客关系今后的继续发展,也不可能再从顾客那里得到利润。因此抱着与顾客建立良好关系的愿望,与顾客进行互动是前面两个步骤的自然延续。

通常企业面对的客户千差万别,企业应当怎样对不同的客户采取正确的应对措施呢?下面的分类矩阵可以帮助我们思考,如图14.2所示[1]。以客户盈利情况为横轴,客户忠诚度为纵轴构造2×2矩阵。第一种情况是客户既盈利又忠诚,如果客户在这个象限内,企业应该深化与客户关系,寻找最佳盈利模式,例如进行交叉销售等。第二种情况、第三种情况的客户分别位于矩阵的左

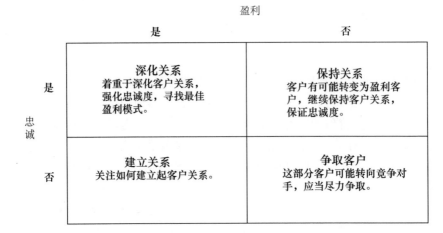

图 14.2 对客户关系的分类

---

[1] Jon Anton, Natalie L. Petouhoff. Customer Relationship Management: The bottom line to optimizing your ROI. Pearson Education, 2002.

下角和右上角，前者是客户给企业带来利润但并非忠诚客户，比如一个客户只和企业做过一次交易，对于本企业还不了解；后者是忠诚的客户但不盈利，比如这个客户只购买少量或利润率低的产品。对于盈利但不忠诚的客户，建立关系是主要任务；而对于后一种客户，企业的策略是保持关系。因为这样的客户现在虽然不盈利，但他们仍然有可能转变成为盈利客户。第四种状态就是既不盈利也不忠诚的客户，这有可能是企业投入成本最高的一部分客户。对于进入到这个区域的客户要进行分析，如果仍有可能变为盈利客户，则对他们应当尽力争取，否则他们可能要转向企业的竞争对手。客户关系管理系统通过对顾客的交易数据进行分析，可以对客户的潜在流失迹象做出警示。

IT 的应用给企业提供了丰富的与顾客互动的方式。现在企业可以通过电话、电子邮件、互联网、面对面接触等各种方式与客户进行沟通，以发展与客户的关系，增进相互了解。但是，究竟采用何种方式才是最合适的呢？另外，是否可以同时采用多种方式与客户沟通呢？实际上，由于企业的销售渠道增加，不同的渠道之间可能缺乏整合，结果带来了顾客的误解。因此，区分不同渠道各自的优势和需要克服的障碍也是很重要的。

实际上，在 CRM 采用之后，企业可能的渠道有 3 种：面对面营销、电话营销和网上营销。3 种方式都有各自的优势。企业应当根据业务特点来选择合适的服务方式。表 14.1 总结了面对面营销、电话营销和网上营销三者各自的优势和需要克服的问题。例如，呼叫中心的话务员在和客户对话时，首先要判断客户的服务要求是什么？采取什么方式能够快速准确地满足客户的要求？如果顾客提出的是一个常见的问题，就可以告诉顾客通过网页上的常见问题（Frequently Asked Questions，FAQ）获得问题的答案。如果是一个复杂的问题，就需要将问题转给专业技术人员解决。这样不但提高了服务效率，还可以最大限度地发挥专业人员和智能网络的作用。

表 14.1 3 种营销方式的比较

	优势	问题
面对面（商店、柜台、上门服务等）	可以详尽地相互对话，发现问题，解决问题，并可进行交叉营销等	成本高，效率低
电话营销（呼叫中心、服务台等）	可以跨越地理条件的约束，在一定的时间范围内相互对话	不能观看实物或现场，不能看到对方表情，对于描述不清楚的问题难以解决
网络营销（网页、电子邮件等）	不受时间、地点的约束，可以随时进行，成本低，工作人员负担小	只能在预期的问题范围内解决

企业与客户互动的阶段中应注意以下几点：① 直接和客户打交道的一线员工应充分了解各种与客户互动方式的利弊；② 一切以客户利益优先为原则；③ 与客户互动应综合考虑成本和效果，尽可能对常见问题、多发问题采用自动化和IT手段；④ 要正确地使用客户信息，不得泄露客户信息；⑤ 每次互动都尽量利用过去所有积累的客户信息。

销售团队自动化(Sales Force Automation, SFA)是可供企业营销部门使用的客户关系管理模块，广泛地用于企业的营销活动中。SFA系统中通常有一个统一的中心信息库，其中存放着企业的产品信息、市场信息、客户服务和技术支持信息等。销售人员用手机或笔记本电脑就可以随时登录到系统的中心信息库访问，从而能及时准确地取得相应的信息，与客户进行更好的沟通。例如，一家保险公司打算改变传统的保险推销方式，改为上门服务，根据顾客的要求为之定制相应的保险细则，如保险年限和特定条款等。但是，这样一来制定保单的业务就会变得很复杂，对于推销人员的要求很高，如果没有相应的知识和经验，很难得到顾客的认同。使用SFA系统则可以帮助销售人员，他们可以直接登录到系统中，找到相应的计算公式，按照顾客的要求进行各种计算，当面解决顾客的问题。另外，在SFA中还提供一些自动销售模式，销售人员选择相应的模式，在有可能销售的识别客户阶段就可以开始对产品的整个销售过程进行监控和管理。例如，当销售人员访问一家企业时，发现这家企业有接受服务的可能性，但是他并不了解一些相关的技术细节。这时他就可以将这家企业放入潜在的客户名单，然后让懂技术的相关人员去谈技术细节问题；这样就提高了销售的效率。

SFA的另一个作用是促进销售团队成员之间的沟通。不仅销售团队成员之间需要信息交换，而且销售人员还需要与其他部门的人员打交道。采用SFA可以更好地管理各种活动中的信息和整个业务流程。如果能通过最合适的渠道给每位客户提供他所需要的商品和服务，就需要将通过各种销售渠道取得的顾客数据综合起来。另一方面，销售人员在企业外部活动，他们的活动也是企业获得市场和客户信息的重要途径，通过给销售人员提供技术手段，就可以及时地采集到行业内一些最新的信息，并将这些信息整理后发给团队的成员。

14.2.4 客户化

在客户化阶段，企业通过与客户的互动已经详细了解到客户的需求，从而就可能为客户提供"量身定制"的服务,特别是对自己的忠实客户,应当提供优质的服务。另外,如果发现具有某种需求的客户数量很大,还可以提供大规模定制(Mass Customization)服务。

一家银行通过将各个店面的顾客数据库和网络银行的呼叫中心的顾客数据综合起来,自己开发并实施了一个新的服务项目,以争取更多的顾客。在此项目中,首先根据顾客与本银行进行交易的数量将顾客分成不同的等级,对于达到一定等级以上的顾客给予优惠的待遇。其次,他们根据存款额(交易额)将顾客分为三类,存款额越高的人优惠程度也就越高。例如,将这些顾客的存款利率比通常规定的利率提高1%,并免掉一些手续费,大幅度减少使用网络银行顾客的手续费,免除顾客信用卡年费等。这样就逐渐培养了一批忠实顾客,对银行来说也可能将交易渠道转换为低成本的网络银行形式。

在许多行业中都经常会开展一些大规模的展销会,在会上向大众介绍新产品或新的服务方式。这也可以看作是营销活动的第一阶段。然后,企业会致力于找到一些目标顾客,对他们进行更加有针对性的宣传。然而,前来了解企业新产品的客户毕竟是市场的一小部分人。在定制化生产越来越引起重视的时代,针对顾客的需求提供交互性的沟通和个性化的产品或服务的新的营销方式出现了,这种营销方式称为"一对一营销"。在这种先进的营销方式中还包括运用各种技术手段,从传统的电话沟通到现代的互联网技术以及电子邮件、短信、微信、微商广告等。通过这些信息技术的应用,目的是给顾客以更好的体验,让他们可以更为方便和自由地来检索信息,或者按他们的需求来定制产品和服务。例如儿童教育机构针对儿童的性格特征和父母的希望来设计课程,将顾客的愿望、爱好等都体现在课程服务中,才能满足顾客的特定需求。

14.3 CRM 中的数据处理

14.3.1 数据资源的获取和加工

在 CRM 系统中,虽然需要有强大的分析工具,但数据仍然是一切工作的基础。CRM 搜集的客户数据项目应根据企业的特定要求来具体设计。一般来说,系统中有关客户的数据内容越丰富,可以进行的分析就越多。但是如果将客户的数据项设置的太多,收集起来就会更困难,数据的质量也可能下降。因此,只能根据具体的情况和企业的收集数据的能力来决定数据的种类和内容。

以保险业为例,常用的客户数据项目通常应包括以下 3 部分内容:

(1) 人口数据(Demographic Data)。人口数据反映客户的基本情况,是进行各种分析和联系的基本数据,必须获取并保证其真实性。一般的人口数据包括客户的姓名、年龄、性别、婚姻状况、联系方式、家庭情况等。

(2) 态度数据(Attitudinal Data)。态度数据反映了客户的性格和心理状态。通常包括客户对保险商品的态度、期望的商品特性、价值观和个人爱好等。

(3) 行为数据(Behavior Data)。行为数据反映顾客实际的活动习惯和消费方式。包括购买行为、地点、金额、品牌偏好等。

另外,获取数据要与为客户提供服务结合起来。例如,通接电话为客户提供服务的过程中可以获得客户的数据。在互联网环境支持下,传统的电话服务可以与其他手段如电子邮件、传真、手机、网页等结合起来,通过这些方式获得数据。客户的自助服务也是一种常用的数据获取渠道,而且在互联网环境下有增加的趋势。CRM 系统应当充分利用各种渠道,在提供给客户相应的知识和信息的同时,也记录下他们的问题和要求。企业获取客户数据的技术手段还包括:

(1) POS 系统:通过 POS 系统,在客户进行交易的同时获得信息。这是一般的零售业经常采用的方法。

(2) 会员卡:许多企业发行会员卡,并承诺给持卡的会员一定的优惠条件。当会员顾客消费时,企业就可以获得会员的信息,对于会员顾客的情况加深了解。

(3) 虚拟社群:通过互联网可以建立虚拟社群,让企业的客户在互联网上开辟一个专区,对企业的产品和服务进行讨论。

(4) 电子邮件或手机短信:通过电子邮件或手机短信息,可以与客户加强联系,为客户提供有关的服务知识和信息。

另外,企业还可以通过专门的一些会议、访谈、调查等手段来抽样调查客户的需求,了解客户整体需求的变化。

最后,对于获得的客户的数据必须进一步加工和完善。客户数据的来源是多种多样的。如果这些数据是零散的就没有什么大作用,但如果从多条渠道收集起来的交易数据都集中到一个数据库中,并对它们进行整合性处理的话,就可以深入了解顾客了。

产品概念测试

宝洁公司经常要了解消费者对他们经销的产品的知晓程度,他们称此为"产品概念测试"。以往宝洁公司的产品概念测试是依靠中心小组的形式来完成的,他们定期地请一些消费者来公司,公司的有关人员先要与客户沟通,讲清楚他们是如何进行产品概念测试的,让客户对产品进行评测。因为对一个产品至少要做 4 到 5 次这样的活动,最后得到结果往往是在 12 到 16 周之后,这样做的调查成本很高。

现在同样的工作可以全部在网上完成。宝洁公司找到一些典型的消费者,让他们在互联网上回答公司的调查问题。这样调查的速度提高了,从上午开始进行调查,到中午时就可以得到几百个调查对象的反馈,从而大大降低了调查的费用。

现在,足不出户就可以在公司总部完成所有产品概念测试,成本和耗费的时间只有以往的十分之一到二十分之一。但是这样得到的数据的可信度如何呢?网上概念测试足够完美和理想吗?

14.3.2 数据的完整性和整合性

通过前台系统获得了客户数据之后,需要通过数据仓库的机制,根据既定的原则对这些数据进行整理、转换和处理,使其成为具有整合性的结构化数据。

一般地,前台获得的数据属于未经过处理的原始数据,不可避免地带有一些错误,也不可能一次性地保证其完整性。因此,CRM 系统在获得原始数据之后,可以通过有关的工具,根据一些既定的方针对这些数据进行过滤、筛选、分类和概括等处理。对这些经过整理的数据还必须按照决策的要求,根据不同维度和特点存储起来,以便用户或应用系统直接调用。

另外,针对企业不同部门的需求,还可以采用数据仓库或数据集市的方式。数据集市是部门级的数据仓库,或者是为某种专门的用途开发的数据存储系统。和一般的数据仓库比较起来,数据集市的规模比较小,成本较低,同时针对性更强。数据仓库的数据来源于各个部门的不同的应用系统,数据仓库可以保证数据的整合性。但数据集市却不一定具有这种性质。因为数据集市是为某种用户和某些用途专用的,数据的可用性和工作效率对于它们更为重要。

14.3.3 客户数据的分析模型

一个商店在安装了 POS 系统和制作了会员卡之后，一般来说就可以收集和分析顾客的消费信息了。但是，CRM 的真正挑战在于所收集的顾客数据是否对企业的经营管理产生了效益，是否能够通过对客户的情况进行分析，对企业的运营产生指导性的建议。

RFM 分析是一种常用的顾客信息分析方法。所谓 RFM 分析就是指以最新购买日期(Recency)，一段时间内累计购物次数(Frequency)，一段时间内累计购物金额(Monetary)3 个指标计算顾客对企业的贡献度，将顾客分为若干等级。例如，顾客在每一个指标上的贡献度都分为 5 级，这样从贡献度最低的"141"到贡献度最高的"555"共分为 125 个等级。而 3 个指标上的贡献度则可以根据行业的特性来设计，对于一个商店的顾客数据进行分析后分成 4 类：第 1 类是偶尔来店，消费很少的顾客；第 2 类经常来店，但是消费不多的顾客；第 3 类是虽然来店次数不多，但消费却比较多的顾客；最后一类就是经常来店同时消费又很多的顾客。对于一些难以用 RFM 指标来描述的顾客，也可以采用其他的指标组合来进行有效分类，然后将这 125 种等级的顾客分成几个类别。例如 S 代表贵宾，B 代表优良顾客(4 类)，C 代表一般顾客(2,3 类)，D 代表非消费卡顾客(1 类)，Z 代表停用消费卡客户等。以后便可以针对不同类型的顾客，采取不同的待客策略，设法促使各类客户的转化，这种策略也必须反映到信息系统的功能上。例如 POS 机通过刷卡便可判断客户的类型，从而给予不同的待遇和信息处理机制。对于 S 类的顾客给予较高的折扣，从而提高顾客的忠诚度。对于其他等级的顾客提供适合顾客的信息，形成一种将 B 类顾客转变为 A 类顾客，A 类顾客转变为 S 类顾客的机制，这样就可能培养出更多的"忠实客户"。如图 14.3 所示。

另一种常用的分析方式是运用数据挖掘技术，让系统从大量的数据中自动提取有用的模式。例如，运用相关分析可以发现某些数据量之间存在着相关关系。美国一家超市的经理通过数据挖掘就发现啤酒和尿布之间存在着某种相关关系，后来他亲自到店铺调查，发现了啤酒和尿布都是在周末特别畅销，这说明平日超市的顾客很忙，只有到周末，才有时间轻松消费和购买啤酒，这时往往想起应当购买婴儿的尿布。这位经理决定将这两种商品摆放在显眼的位置，在方便了客户的同时也提高了企业的销售额。

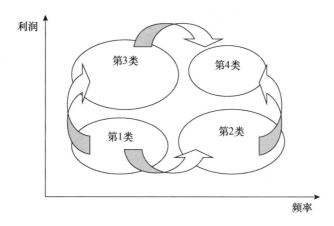

图 14.3 对客户关系的分析

14.4 CRM 系统

14.4.1 CRM 系统的三种类型

目前已经有多种基于客户关系管理理念的产品问世。从各种应用系统提供的功能以及在与客户打交道中所起的作用来看，可以分为 3 种基本类型：运营型 CRM、分析型 CRM 和协作型 CRM。运营型 CRM 的重点是对企业涉及客户的各种业务流程进行管理，促进企业中市场、销售和售后服务等各种有关客户的业务活动的整合；分析型 CRM 通常是提供给专业人员在后台使用，通过数据挖掘等工具，从客户的大量数据中分析得到商业情报，为企业的经营决策提供有用的信息；协作型 CRM 主要用来实现企业和客户之间的双向互动交流，为客户提供个性化的服务。

实际上，商品化的 CRM 软件包通常都具有这 3 方面的功能模块，用户可以根据需要灵活地组合。只不过对于特定的行业和企业来说，业务的特性决定了其中某些方面需要有较强的功能，因此，企业应当从自身的需要出发来考虑选择相应的功能或构造特定的系统。一般来说，运营型 CRM 属于基础性的 CRM，通过这种 CRM 可以搜集客户的数据，从而为进一步进行客户分析打下基础。分析型 CRM 是企业对数据的加工，从而积累客户知识，用于维系与客户的关系和提高服务的质量。而协作型 CRM 主要用于快速准确的互动，缺少这种系统的支持,企业的个性化服务难以实现,人工处理信息使得服务效率大大降低。

14.4.2 呼叫中心

呼叫中心是直接与客户打交道的前台系统,是运营型或协作型 CRM 的重要组成部分。呼叫中心是一个公司和客户互动的平台,在给客户提供信息服务的同时也可以获得相应的客户信息,从而长期地维系与客户的关系,为客户提供量身定做的服务。呼叫中心的规模可以根据企业所制定的客户关系规划来设计。对于一个中小规模的企业来说,用一台小型程控交换机作为基础设备,设置一些预先准备好的语音回答,就构成了最简单的呼叫中心。而一个大型的呼叫中心通常包括智能网络和多个员工工作站,并具有多种综合性技术,可以为各种客户提供不同的服务。

呼叫中心常用的技术包括:交换机、排队机、交互式语音应答、来话呼叫管理、去话呼叫管理、业务计费系统、监控系统、管理/统计系统、客户数据库以及 Web 服务器,E-mail 服务器等。

1. 交换机和排队机

交换机(Private Branch eXchange,PBX)或排队机(Automatic Call Distribution,ACD)是呼叫进入呼叫中心的门户,智能化的自动呼叫分配器可以根据预先制定的规则将呼叫分配到相应的话务台席或自动语音应答系统,而普通的排队机只有简单的接入/分配功能。交换机增加了排队机功能后,能够提供全面的呼入管理、呼出管理和呼叫分配功能。交换机的资源,如各种接口比例、信令系统等,可根据呼叫中心的需求进行配置,能够保证呼叫中心的话务处理能力和服务等级。

2. CTI 服务器

呼叫中心的方案中经常提到的一个术语是计算机和电话集成(Computer Telephone Integration,CTI),或者计算机和通信的集成。CTI 服务器是连接交换机和计算机网络系统的设备,它可以根据企业的需要制定不同的路由策略,提供免费呼叫服务等。其主要作用是使交换机和计算机系统实现信息共享,传送、转发、管理各类呼叫相关的数据。CTI 可以根据呼叫者、呼叫类别、客户服务等级、呼叫所处的时间段和呼叫中心的通话状况等来选择呼叫路由和更新数据库。当一位客户打来电话时,信息系统就通过来电号码检索出该客户的历史记录,系统可以在同一个账户下做本次服务的记录。如果有一位客户过去曾经通过网络输入过订单,业务代表就可以从屏幕上看到他的订单号、订货内容等信息。虽然他们是第一次通话,也可以马上提供有针对性的服务。这样的网络也被称为是为智能网络。

3. 交互式语音应答

交互式语音应答(Interactive Voice Response,IVR)系统提供自动语音服务,是企业为客户提供的自助服务的主要设备。IVR 系统在航班查询、外汇查询、证券委托等领域具有广泛的用途。通过交互式语音应答功能,可以通过电话按键或语音选择方式,为客户提供预先录制的数字或合成语音信息。使用 IVR 可以提供 7 天 24 小时(简称为 7×24)的信息服务,当客户来电仅仅是普通查询或询问惯例问题时,IVR 可以提高客户服务的效率。另外,作为企业客户服务的前端,IVR 还可以引导客户到达指定的技术人员,使客户的疑难问题也得到有效的解决。先进的 IVR 甚至具备语音信箱、语音识别功能,可以利用驻留在数据库中的信息筛选来话并选择传送路由,也可与计算机连接,使呼叫者得以直接访问主机数据库。如果在呼叫中心使用了 IVR 系统,大部分的呼叫可实现自动化,据估算这样可以节省 60% 的费用,同时还能减轻话务员的负担。

14.4.3 后台系统

一个 CRM 系统经常可以设计成两部分:由前台的服务性功能和后台的数据仓库构成。从前台来看主要是通过各种与客户打交道的手段获取客户数据,同时为客户提供相应的服务,将企业的客户关系理念体现在这些活动之中。从后台来看,主要是对客户、市场、产品、交易等信息的存储和分析,将其中与客户有关的知识进行挖掘和存储。

CRM 系统的后台主要由数据存储和数据分析两部分构成。前者包括多维数据库、数据集市等;后者包括报表提供、统计分析、预测、数据挖掘、OLAP 等。有关该部分在前面章节已有介绍。

应当强调的是,CRM 是一种"整体解决方案",即采取一系列综合措施,最终获得顾客的忠诚度。仅仅靠建设一个数据库或引进一个软件包是远远不够的,必须从企业运营理念的角度全面地运用 CRM,同时将这种理念和相应的技能融合到企业的每一个员工的意识和行为中去。

Salesforce

Salesforce 成立于 1999 年，当时美国已有一个 CRM 巨头——Siebel，而且其 CRM 软件包做得非常成功。当时 Siebel 的产品定位于大型企业的应用，Salesforce 就把自己的 CRM 产品重点放在中小企业市场上。

Salesforce 的 CRM 是一款很受销售人员欢迎的软件工具。市场营销人员可以用该系统来做营销计划，通过多媒体目录查找产品、配置产品和服务方案、下订单、确认订单的有效性和可交付性、检查订单状态通过该系统还可以评估市场营销活动，浏览由在线数据分析产生的图表报告，评估团队、个人以及各种活动的有效性及回报等。

2004 年，很多中小企业都购买了 Salesforce 的 CRM。在推出了 SaaS 版本后，Salesforce 进一步降低了使用门槛，于是有了十几万家付费企业。这些付费企业里不仅仅是中小企业，还有很多大公司的分公司。如惠普、沃尔玛等，它们的一些分公司都采用了 Salesforce 的产品。随着 Salesforce 的中小企业客户和大企业的分公司甚至部门级用户越来越多，很自然地，一些大公司也了解了这个软件，干脆整体采购 Salesforce 产品。

在有了市场知名度之后，Salesforce 进一步深入挖掘 CRM 行业特性，推出定制化的 CRM。例如一家旅游公司在和顾客签订合同后，需要把旅游日程和相关的一些资料做好发给顾客，并帮助客户办理签证等手续；而一个管理咨询公司在成交后，则要和顾客进行另外一种形式的沟通。诸如此类，公司的业务流程不同，就需要有相应的定制化 CRM，而且可能需要和公司的其他信息系统直接关联。而 Salesforce 针对客户的要求，在自己的 PaaS 平台推进定制 CRM。现在它已经成为全球最大的 CRM 厂商。

第14章重要概念

客户关系管理，交叉销售，晋级销售，口碑效应，客户履历，IDIC 模型，呼叫中心，程控交换机，管理交互式语音应答（IVR），计算机和电话集成，客户关系管理模型，客户履历，RFM 方法，运营型 CRM，分析型 CRM，协作型 CRM，销售团队自动化

第14章复习题

1. 为什么保留老客户比获取新客户更为重要？
2. 改善服务质量是否肯定能够提高客户的贡献率？
3. 说明 CRM 系统对于你们企业的作用主要有哪些。
4. 企业花费大量投资建立呼叫中心的意义何在？
5. 说明面对面营销、电话营销和网上营销的优缺点。
6. 企业应当如何搜集客户的数据？
7. 通过哪些数据项目才能够较好地掌握客户情况？
8. 如何对客户数据进行整理和完善？
9. 说明对顾客进行信息分析所用的 RFM 方法。
10. 采用 CRM 为何能够帮助企业提高营销业绩？

小组活动课题

到互联网上查找一个 CRM 系统的介绍，分析该系统所具有的功能以及它适合于哪些企业的什么部门使用。

第 15 章 信息系统的开发

本章学习目标
(1) 理解信息系统开发的基本过程
(2) 了解常用的信息系统开发方法
(3) 信息系统项目管理的基本概念
(4) 对信息系统成本和效益的基本计算方法

信息系统开发是一个牵涉企业外部方方面面的系统工程,它是企业和开发商的一个合作过程,也可能关系到其他第三方企业,如监理公司、咨询公司以及企业的供应商、客户等。信息系统开发过程中也关系企业内部的业务流程和组织结构的变革,需要运用各种开发工具和软件包,同时也牵涉开发过程的项目管理、资金运用等各方面的问题。正因为信息系统开发是这样一个全方位的系统工程,如果缺乏方法论的指导,企业在整个开发过程中不能做到心中有数,与开发商的合作不默契,可能最后得到的是一个不尽如人意甚至是失望的信息系统。不但给企业带来了经济上的损失,也造成了未来的隐患。

本章对信息系统开发的过程、组织机构、运作方式以及围绕信息系统开发的一些基本问题进行讨论,并介绍有关信息系统效益计算的研究成果。

15.1 信息系统的开发过程

15.1.1 信息系统开发的推进方式

站在企业的角度来看,开发信息系统通常采用以下 3 种方式之一:① 企业自行开发;② 由软件开发公司主导开发;③ 企业和软件开发公司合作开发。3

种方式各有利弊。

对一些技术力量比较完备的企业来说，自己有信息技术部门，也有相当的信息技术人才，因此会选择第 1 种方式，即由企业的信息技术部门（或下属的信息技术子公司）来主导企业信息系统的开发。自行开发的好处是系统的灵活性比较好，可以根据企业的需求来设计系统，同时随着企业经营环境的变化对自己的信息系统进行修改和升级。同时，企业也逐渐培养起自己的信息技术人才，积累了开发经验。但问题是在信息时代，由于信息技术发展更新的速度十分快，企业在技术进步和系统更新上的压力很大。只有在设备更新、人才培训等方面不断投入，才能保持自己的技术水平不会被淘汰。

自从专业的企业管理软件开发商出现以后，企业管理软件包因其技术先进、功能完备而逐渐成为市场主流。目前企业信息系统的开发大多是由软件开发商来承包。也有些企业考虑到今后的系统维护升级等问题，采用与软件开发商合作开发的方式。无论是采用承包方式还是合作开发方式，在整个开发工程中都需要企业与开发商紧密合作。另外，让第三方公司作为企业信息化的咨询顾问或者作为工程监理机构参与到整个开发过程中也是很普遍的方式。如果没有第三方参与，那么通常的推进方式是由开发商先提出一个方案，由企业进行评价和批准。在此过程中，双方对于开发信息系统所具备的知识是不对称的，开发商对于企业的业务可能比较陌生，而企业也不了解开发商的技术能力，这样就可能在认识上产生一些不利于工程推进的隔阂和误解，给今后的开发埋下隐患。

15.1.2　信息化组织机构

在企业管理信息系统的开发中，如果是跨部门的大型项目（如 ERP 等），则应当成立一个由企业最高领导为首的企业信息化指导委员会。企业信息化指导委员会虽然是根据企业自身特点来组织的，但也有一些规律。一般来说，应当有负责信息化项目的高层领导（如 CIO）、各主要业务部门的负责人以及 IT 部门有关人员参加。同时在 CIO 的领导下应当根据工作性质再分为若干小组，如专门负责信息战略规划的小组、信息化项目实施的工程项目小组以及专门负责 IT 管理的系统管理小组等，如图 15.1 所示。信息战略规划小组的任务是辅佐 CIO 工作，提出信息化的实施方案，将 CIO 提出的设想具体化。工程项目组可以由开发商为主构成，或者由企业内技术人员与开发商技术人员混合构成，负责整个系统的开发和实施。系统管理组负责信息资源的管理，对用户的使用提供服务和支持。在这些小组中,如果牵涉各个部门的业务活动,最好有各部门的代表参与。信息化指导委员会的职责是审议企业信息化的发展战略,看其是否符合企业的整体发展战略;听取各项目小组的工作进展报告,同时对信息化中的重大问题进行决策,例如审批大型的信息化项目、决定有关的资源投入以及是否采取某些创新的重大变革等。

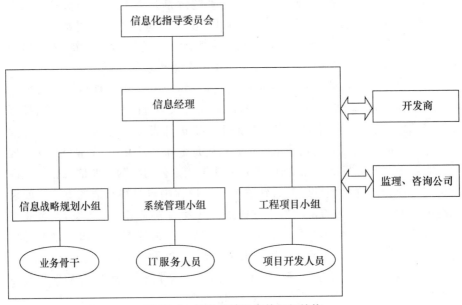

图 15.1　信息系统开发的组织结构

在委托外部开发商进行开发的情况下,工程项目小组通常是以开发商人员为主构成的。从技术角度来说,项目开发工程应当是从提高开发人员的工作效率以及合理调配资源为出发点,这时企业人员也应当积极地参与到项目小组中,配合开发商的要求,提供有关的业务流程资料和信息需求,同时还必须注意工程的工期进度和对质量等方面的要求。工程项目小组由项目经理、系统分析师、系统设计师、程序员等角色组成。项目经理是开发队伍中该项目的领导者,一般具有丰富的开发经验,同时又具有与用户方决策人物对话的资格,在重要问题上能协调与用户方的关系。项目经理还负责信息化项目的计划和推进,协调开发中的各种工作的顺利进行。其职责包括对开发工作进行详细分解,设立各种项目管理计划,决定资金的使用和分配,对开发工作任务的分配,制定任务完成的计划时间表,对技术人员工作进度进行掌握和调整等。对于大型公司和大型项目,则应有专门的管理机构进行辅助管理。

无论采用什么样的组织机构,系统开发人员都要经常和最终用户进行沟通,保持紧密的合作关系。开发人员只有在理解企业的业务活动和管理方法的基础上,才能运用自己的信息技术知识开发出适合用户的系统。而最终用户如果缺乏关于信息资源和信息化的基本知识,就不能很好地与开发商配合。所以双方的沟通就成为开发成功的不可缺少的前提条件。

15.2 信息系统开发方法

信息系统开发是一个复杂的系统工程。它既涉及各种软件、硬件、网络等技术设备的部署、设计和实施问题,也涉及时间、经费和人力资源的分配问题,还涉及与企业内部各部门以及外部商业合作伙伴的协调合作问题,必须采用某种系统的指导思想来指导我们有序地推进整个过程,防止各种错误决策而产生工程的隐患。信息系统学术界和管理咨询公司都提出了一些信息系统开发指导思想,统称为信息系统开发方法论。在采用编程语言来进行信息系统开发的时代,一种最基本的方法称为生命周期法。而近年来随着各种软件包的流行,软件开发商一般采用的系统开发方法称为软件包法。下面对它们分别做以介绍。

15.2.1 生命周期法

生命周期法又称结构化系统分析与设计法(Structured System Analysis and Design Methodology,SSADM),是一种传统的信息系统开发方法。20世纪90年代以前,绝大部分企业信息系统都是使用生命周期法开发的。按照这种方法来开发时,我们将信息系统的存在过程视为一个生命周期(Life Cycle),也就是若干个顺序连接的阶段,每个阶段都有此阶段明确的任务,并在完成后产生相应的文档。而上一个阶段的文档就是下一个阶段工作的依据。由于工程上游阶段的工作对于下游阶段的工作产生影响,故这种方法又称瀑布法(Waterfall Method)。最后,系统开发出来了并不意味着整个系统生命周期的结束,而是进入到系统使用和维护阶段,仍需要根据组织的要求对系统进行维护和修改,保证系统的正常工作。

一般认为:一个信息系统的开发过程可划分为5～7个阶段,如系统规划、系统分析、系统设计、系统实施和系统维护等。为强调数据库设计和程序设计,我们将整个系统开发分为3个工程(上游、中游、下游)和6个阶段(系统调查、系统分析、系统设计、程序开发、系统实施、系统维护),各个阶段的主要工作内容如表 15.1 所示。

表 15.1 各开发阶段的主要内容

系统开发工程	系统开发阶段	主要工作内容
上游工程	系统调查	收集企业的信息,明确当前组织所面临的问题,决定为解决这些问题进行信息系统开发所采用的基本策略、基本方法等
上游工程	系统分析	调查企业的业务流程,明确用户的信息需求,设计信息系统的基本结构和工作方式,并对其进行成本效益分析
中游工程	系统设计	进行信息系统的总体设计和详细设计,包括数据库结构、信息处理方式和用户界面等。确定新系统的功能和使用方法
中游工程	程序开发	进行物理数据库设计,软件编程、调试、检错
下游工程	系统实施	准备系统规程,实施系统的安装与转换,对终端用户的训练
下游工程	系统维护	使用并维护系统,对系统进行评价,计划对系统的升级、改进

在以上每个阶段中,系统开发的主要负责人和参与者并不是一成不变的。例如在系统分析阶段,主要是由懂得企业业务的系统分析师负责;而进入到系统设计和程序开发阶段,则变为由工程技术人员负责。但在各个阶段的开发负责人都有一个主要任务,就是要产生各阶段工作的文档。这些文档既是该阶段工作的描述和总结,同时又是开展下一阶段工作的基础和依据。它们之间的关系如图 15.2 所示。

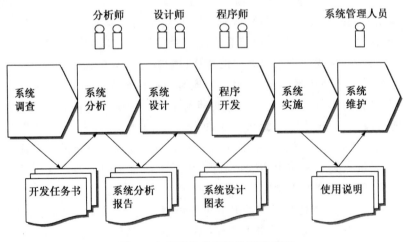

图 15.2 管理信息系统的开发周期

生命周期法是一种"面向功能的"系统开发方法,其特点是强调工程进展的结构化、规范化、文档化;强调在不同的开发阶段中由不同的人员从事专门的工作,产生各阶段的文档。这样,一旦在某阶段发现了问题,就转到其上一阶段进行修正,可以避免较大的损失。在系统开发的上游阶段,开发人员将调查企业的运营环境、组织结构和业务流程等,并用形式化方法描述企业的信息需求、数据模型和业务流程,使得现实世界的问题变为规范的信息模型表示。系统开发人员通过和企业管理者的讨论,形成双方认可的系统开发任务书和系统分析报告。根据这些上游阶段的工作,转入到系统设计和开发阶段。根据企业对于业务功能的需求来进行软件和模块的设计,并转换为软件程序,并产生一系列系统设计图表。最后在下游的实施阶段主要是进行软件的安装、调试和转换,最后进入到系统维护阶段。另外,从信息系统的软件结构上来看,整个系统是以功能模块为中心来进行设计和编写的,例如生产模块、库存模块、财务模块等。使用生命周期法,各个阶段的资源分配也是很重要的工作。在上游阶段只需要少数系统分析人员,而在系统设计和程序开发阶段却需要大量的开发人员,因此需要开发公司采用项目管理的方法,对于现有的人力资源进行充分利用。

生命周期法虽然是一种传统的方法,但对于其后提出的各种开发方法仍有很大影响,它的一些基本思想仍被一些其后的开发方法如快速应用开发法(Rapid Application Development,RAD)、软件包法等沿用。采用生命周期法开发时,开发人员必须手工作业完成各种文档以及程序设计等工作,开发效率较低。在计算机辅助软件工程(Computer Added Software Engineering,CASE)这样的开发工具发展起来之后,这些工作就不需要开发人员手工完成了,而是代之以用软件开发工具帮助开发人员来从事这类工作,从而使开发效率大大提高。下面我们对生命周期法中的 6 个阶段的主要工作分别进行介绍。

15.2.2 系统调查

在系统开发的上游工程中,开发人员首先要对最终用户进行调查,熟悉企业的经营环境、组织结构、业务内容等,了解其希望解决的关键问题。为了解企业的经营环境,可以从行业的一般情况,企业的客户、供应商、主要的合作伙伴和竞争对手等因素的了解开始,继而了解企业的组织结构,企业领导班子的组成,各主要业务部门的负责人等。通过与企业中各级管理人员的访谈以及收集有关资料,开发者可以得到有关企业整体状况的一些重要的信息,明确企业对信息系统的需求,最终撰写一份"系统开发任务书",提出对企业未来信息系统的基本形态以及企业信息化发展的整体设想。

在这一阶段,开发人员对企业面临的管理经营方面的问题的理解,开发人员和最终用户之间的沟通是最重要的任务。开发人员应采用多种调研方式,从不同的角度深入了解企业。包括:

(1) 访谈:有个别访谈和座谈两种形式。在了解企业的整体情况时,为获得信息的全面性和公正性,可采用召集有关用户座谈的方式。而为了高效率地获取和验证一些重要的信息,可以对重要的人物进行个别访谈。

(2) 资料收集:即收集现行的管理资料、账册、报表等,同时应注明这些资料在当前业务中所起的作用。

(3) 发放问卷:为了深入了解企业管理者对于某些问题的想法,还可以设计有针对性的问卷,向企业中有关人员进行调查。调查的基本方式包括抽样调查和全体调查两种。抽样调查中有随机抽样和系统抽样等方法,回答方式包括判断、填空、选择、问答等。

(4) 现场考察:现场考察是了解用户的最直接的方式。当开发人员对于企业有了一定的了解后,到现场实际体会一下是非常重要的。在现场一定能发现许多在资料上没有写入的东西。

通过以上各种调查手段的实施,开发人员应当能够回答以下一些问题:

(1) 企业的经营理念、发展目标、竞争战略是什么?企业对自己是如何认识和定位的?

(2) 企业有哪些主要的业务?它的主要客户群是谁?主要的业务协作伙伴是谁?有哪些主要的经营资源?

(3) 企业目前面临的主要问题和挑战是什么?企业希望用信息系统来解决自己的什么问题?

(4) 信息系统的主要用户是谁?他们将如何使用该系统?使用系统后对企业原来的业务可能产生什么影响?

根据对于这些问题的理解,开发人员撰写一份"系统开发任务书",并交给企业信息化指导小组审批。

15.2.3 系统分析

系统分析阶段的主要任务是用信息工作者的观点和方法,将用户提出的信息需求进一步明确化,对企业的信息处理过程做出清晰地描述,为后续的系统设计打好基础。系统分析是上游工程中一个重要的阶段,这一步的成果往往会影响到以后很长一个时期的系统开发和维护工作。例如，如果在此阶段没有准确地描述用户的信息需求，由此产生的问题就会在今后的开发过程中被进一步固化，只有在使用中才暴露出来。而在整个信息系统开发过程中，最容易犯错误的也就是在用户信息需求分析过程。如果系统分析人员在这个阶段的工作不够细致扎实，没有得到完整准确的分析结果，那么开发出的软件必然难以符合用户的期望，最后不得不推倒重来。

在进行信息需求分析时，系统分析人员的主要工作是深入了解企业的各项业务活动是如何进行的，特别是在这些活动中有哪些信息处理活动。然后，用形式化的方法对企业的现行业务和信息处理活动进行建模。由于在这一阶段所建立的模型只是起到描述系统中各元素相互关系的作用，并不涉及用什么技术去实现它们，从这个意义上讲，在此阶段建立的模型称为系统的逻辑模型。

常用的系统逻辑模型描述方法有实体-关系图（Entity Relationship Diagram，ERD），常用来描述静态的数据结构；数据流图（Data Flow Diagram，DFD），用来描述对数据的处理活动；随着面向对象开发技术（Object Oriented Technology，OOT）的成熟，统一建模语言（Universal Modeling Language，UML）等面向对象的描述方法也得到广泛应用；一些软件工具商也提供专用于逻辑建模的图形化软件开发工具如 ARIS 和 IDEF0 等。无论采用何种方法和工具，都应当在充分理解和认识企业业务的基础上能够描绘出完整准确的企业逻辑模型，而单纯提高逻辑建模的工作效率或者容易地画出美观的逻辑模型并非是用这类工具的主要目的。系统分析和建模的主要技术如表 15.2 所示，我们在前面的业务流程再造一章中已经介绍过其中的部分方法。

表 15.2　系统分析和建模的主要技术

主要建模内容	方法
数据建模	实体关系图数据字典
流程建模	业务流程图 程序流程图 数据流程图
对象建模	对象关系模型 类说明
综合建模	ARIS（集成化信息系统架构） IDEF0 UML（统一建模语言）

在信息需求分析的过程中,开发人员要先收集和整理企业的两类数据:静态数据和动态数据。静态数据是比较稳定的有关用户单位业务活动记录,如企业中的劳动定额、工资评定标准、生产计划指标、固定资产数据等。大部分静态数据都可以通过现有的信息载体获得,例如从用户单位现有的账本、资料、文档中得到。动态数据则是在具体的工作中产生、记录或修改的数据。例如在信息化以前,生产车间每天的生产状况可能是用写在公用告示板上的方法来记录的,还有一些信息则是使用电话、口头汇报等方式进行信息交换的。所以这类数据很难从现有的文件中发现,必须通过跟踪实际的作业过程才能发现。

在业务流程分析中,可以将每一项业务活动都看作是一个业务处理子系统,并把每一个业务处理子系统都看作是由输入、处理、数据存储和输出所构成的。通过这种描述,就可以将用户单位中有哪些需要处理的数据,当前使用数据处理的方法以及处理能力等事项表达清楚,然后决定其中哪些处理可以用计算机来实现,继而确定整个系统的功能。

15.2.4 系统设计

信息系统设计可以分为总体设计和详细设计两个阶段。总体设计是在明确当前业务流程和系统目标的基础上,设计新系统的基本结构。主要包括:

(1) 信息系统的整体架构设计;
(2) 计算机和其他硬件设备的配置;
(3) 网络的选择;
(4) 系统软件的选择;
(5) 应用模块的结构和主要功能;
(6) 数据库的选择。

在总体设计取得共识后,可以进一步进行详细设计。信息系统整体架构设计考虑的主要内容是计算机系统的构成、网络设备的性能以及网络的构成。计算机系统的构成包括所采用的计算机类型和性能。例如,需要在主机上处理的数据量、主机的数据吞吐能力和处理速度。随着全社会网络化的发展,企业不但需要得到有关政府管理部门的信息,还要与行业中的合作伙伴等频繁通信,或通过EDI进行贸易,或建立企业网络主页,发放电子广告等。因此在信息系统基本结构设计中,不但要考虑局域网的结构,还要充分考虑外部计算机网络的发展趋势,考虑如何与企业外部有关部门进行信息交换的问题。一个发展趋势是通过互联网和移动设备如笔记本电脑、智能手机等来实现无处不在的连接。

除了主机和网络设备外,还包括许多信息系统配套设备的设计。如数据采集设备、数据存储设备、数据传送设备、数据显示设备、打印输出设备等。这些设备的采用关系到业务活动的类型和信息系统的工作模式,企业的业务是在哪儿发生的?是如何进行处理的?是集中处理还是分布式处理?是实时处理还是批处理?等,根据客户业务特点选用相应的配套设备。例如交通管理部门经常采用大屏幕的显示器,将重要地点的车流情况一目了然地显示在指挥所中,便于管理者的实时指挥。

系统基本架构设计、硬件和软件设计都是技术性工作,要求设计者有丰富的信息技术知识和经验,综合考虑多种相关因素。应根据企业的需求和资源投入,请有经验的信息技术专家、咨询顾问等与企业人员共同讨论决定。为了充分讨论所设计系统的结构和优缺点,最好做几套方案,由用户单位和开发单位一起选择决定。表15.3说明了系统设计的9个主要方面的工作内容和要完成的基本任务。

表15.3 系统设计的主要工作内容

工作内容	要完成的基本任务
系统输入设计	确定信息系统的数据源,估计数据量 选择数据输入设备和决定输入方式
系统输出设计	决定系统的输出设备和输出介质 确定输出内容、格式 确定输出时机
用户界面设计	设计用户界面的风格 编写联机帮助,准备错误信息清单
数据存储设计	建立系统的逻辑数据模型 决定文件的组织形式 生成系统物理数据模型
处理过程设计	程序模块的分解 关于计算过程、处理逻辑的说明
手工作业设计	对业务活动的说明 决定作业的执行者、时间、场所、工作方式等
控制方式设计	处理控制,数据的一致性保证 对设备、数据等的接触控制 输入输出控制

续表

工作内容	要完成的基本任务
安全性设计	踪迹审计 权限设定 灾难恢复
文档设计	操作手册 系统手册 用户指南

15.2.5 程序开发

程序开发阶段主要根据系统设计阶段的结果，对软件模块进行编程。这一阶段的工作由开发商的程序员来完成，他们的经验、技能和对于系统设计思想的理解水平，会对信息系统的完成质量产生直接影响。在这一步中，程序员必须忠实地贯彻系统设计的思想，从细节上加以完善。高水平的程序员对于程序设计技术有深刻的了解，同时能够清楚地理解他要完成的任务实质，编写的程序简单明了，容易理解，便于今后系统的维护和修正，而缺乏经验的程序员却往往会写一些逻辑性不强的程序，使得以后的维护人员很难理解和修正。

在传统的信息系统开发中，软件编程需要很长的时间。后来因为软件开发工具的出现，在程序编制中多采用调用现成组件的方法，使得编程的速度大大加快，系统开发的效率大为提高。

在系统编制完毕后要进行细致的系统调试工作。这一工作通常分成几个步骤：错误检测、单元测试和系统联调。错误检测(Debugging)是通过某些测试方法发现编程中的错误，包括语法错误和语义错误。目前语法错误大多可以由系统自动检测，而语义错误则要程序员来检测。一般的软件开发工具都提供错误检测工具，程序员或监测人员可以在程序的必要之处设置断点，让程序单步运行来监控变量的变化，直到发现错误为止。

单元测试(Unit Testing)是指对每一个逻辑程序单元进行测试，这通常是设法让程序在一些不太常见的数据输入或操作下进行工作，以保证一个程序单元确实完成了系统设计所设想的功能。这一过程又称为静态测试，目的在于测试该模块是否按设计者的要求动作。

最后，系统联调(System Testing)或动态测试则是将整个系统联合起来调试,也就是对系统的各子系统或模块进行联调,看相互之间是否会产生意想不到的影响,是否整个系统在性能上达到了所预想的性能,各个模块的结合是否良好。

当一切测试完毕,还可以进行接收测试(Acceptance Testing)即让用户对系统进行试验性使用。系统只有得到了用户的认可,才可以正式安装使用。

15.2.6 系统实施

系统实施是将以上的设计结果付诸实现的过程,包括新系统的安装、对用户的培训和系统转换等。系统转换是指用户单位从旧系统向新系统过渡的过程。这里简单叙述一下系统实施中 3 种形式的系统转换方式:直接转换、并行转换、部分转换。

直接转换(Direct Conversion)指彻底抛弃旧系统,从一个确定的时间开始使用新系统。这种转换有一定风险,因为新系统可能有隐患,只有在使用中才可能发现和纠正。通常,采用以下两种策略更加安全。

并行转换(Parallel Conversion)是指让新旧系统并行工作一段后再使用新系统。这是一种安全的策略,因为一旦发现新系统有问题还可以用旧系统来解决。但有时这种策略很难实行,因为它要求工作人员同时用新旧两系统工作,相当于在这一时期内他们的工作量加倍。

部分转换(Pilot Conversion or Phased Conversion)是经常采用的策略。实际上,这是以上两种策略的一个混合。也就是将整个系统的转换分成一些步骤,每次转换部分子系统。例如,每次转换一个分店的系统。

15.2.7 系统维护

系统维护可以由企业 IT 部门人员来负责,也可以交给外部的软件公司负责。现在的发展趋势是将信息系统服务外包。系统维护与信息系统管理的关系十分密切,有关内容将在本书后面的信息系统管理一章中详细讨论。

15.2.8 生命周期法的局限性

相对来说,生命周期法更适合用于事务处理等信息系统的开发。这一类系统的特点是:信息需求是结构化的、稳定的,需要严格的需求分析、事先定义的规格说明、严格控制开发过程。生命周期法也有一些固有的问题。包括:

(1) 需要大量时间来写文档,浪费人力物力。

（2）缺乏灵活性，不容易修正。生命周期法中各项工作是基于各阶段的工作文档展开的，这些文档一旦确定后就被"冻结"了，很难根据需要进行修正。

（3）不适合面向决策的应用开发。由于面向决策的应用需要不断对已建立的系统进行试错和修正，而生命周期法基本上是基于一系列文档来推进项目的，因此仅适合于稳定业务的信息系统开发。

15.3 软件包法

由于信息系统的复杂性，过去人们一般认为不可能用购买的现成软件包作为企业级的信息系统。但从20世纪70年代开发出了制造业软件如MRP和MRPII以后，这种认识发生了改变。MRPII系统被认为具有革命性的意义。到90年代以后，基于软件包的ERP系统开始广泛地被企业所采用。

管理软件包通常是根据企业的常规需求而设计为多种典型的应用模式。比较流行的有"会计电算化软件包""进销存软件包"和"ERP软件包"等。这些软件包的共同特点是针对企业典型的业务模式，通用性强。软件开发商通常汇总了一些企业信息化应用软件的共同特点，针对其中最典型的业务，开发出一些通用的软件模块。这些模块可根据企业的要求拼接为整体的系统。企业也可根据自身的情况购买所需要的软件模块，例如只购买生产、财务和采购模块。然后，软件厂商再根据企业的特定业务，对这些软件模块进行改造和定制，使之最终成为符合企业要求的系统。通常，一个软件包并不能完全满足企业的所有需求，这就要求企业也要对自己的工作方法进行改造。如果软件包和企业的需求比较吻合，就能够较好地实现信息化的目标。所以，如果采用软件包作为企业信息化的工具，就需要将企业的管理模式加以改造，使之标准化，符合软件包中所设计的管理模式。

基于软件包来开发企业信息系统，可以显著地缩短开发周期。通常开发一个小规模的ERP系统只需要2~3个月，一般中等规模的企业也只需要6个月到1年时间。例如德国SAP公司的R/3系统曾是企业广泛使用的ERP的系统，其82%的项目都是在一年以内完成的。另外，在软件开发商开发软件包的过程中已经对管理模式进行了深入的研究，软件包中所体现的管理思想也是许多企业管理经验的总结，使用这样的软件包相当于拷贝现成的作业流程。而这样做对于提高企业的管理水平也有所帮助。从开发成员来看，与传统的软件开发显著不同的是：传统的信息系统开发是以信息技术人员如系统分析师、系统设计师等为主,先学习企业的业务知识再进行开发。而利用软件包开发时,则是由软件公司或管理咨询公司中懂得业务的顾问人员为主,以信息技术人员为辅,同时在整个开发过程中需要最终用户的紧密配合。

由于 ERP 通常是企业级的软件包,这种软件包的引进比起单纯功能性的软件包来要复杂得多。在引进中的主要困难不是来自系统开发的技术问题,而是如何将这样一个抽象的系统与企业具体的业务结合起来。在 ERP 的引进中牵涉企业的业务范围较大,在业务流程的变化和改动问题上往往需要有企业的高层领导来决策,同时在许多具体的做法上需要由懂得管理的人来主导,因此在系统实施过程中更多的问题是如何正确地实现规范化的业务流程而不是代码开发。

如图 15.3 所示,ERP 的一般引进过程可以分为 5 个阶段。下面我们介绍一下各个阶段的主要工作。

图 15.3　ERP 的引进过程

1. 系统规划

在 ERP 实施之前,企业必须要决定引进 ERP 的方针战略。在此阶段,企业的所有高层领导都应当在思想上做好准备,从战略上理解 ERP 对企业的作用。可以通过到已经安装了 ERP 的同类企业观察学习等方式,在未开发之前对系统的功能、作用、工作形态等有所了解,对引进 ERP 的目的、战略和要解决的问题等有明确的认识。

在这一阶段应当做的重要工作还包括对 ERP 厂商的调查和对管理咨询公司的了解。在充分咨询了有关的产品、价格、服务等信息的基础上,企业可以通过招标或专家评审的方式来选择自己的合作伙伴。这一项工作决定了以后很长一个时期中的信息化工作和路线,应当经过详细的资料收集和拜访开发商等活动,了解候选 ERP 开发商的业绩、特点、承诺的条款细节,并与之进行面谈。表 15.4 列出了应当考察的主要内容。

表 15.4　对 ERP 厂商的考察内容

事项	考察内容	项目
开发商	企业开发能力	企业的资本、开发能力、人员、规模、国际性、发展性、技术能力等
	支持能力	对支持的承诺、系统工程师的能力、对企业业务的理解能力等
合作伙伴	技术水平	咨询公司对于企业管理业务的理解力、对 ERP 的了解程度、自身 IT 技术水平和能力
	过去的成绩	是否有成功的开发经验
	承诺的内容	提供服务的内容、范围
软件包	功能	业务功能的多样性、安全性
	适合性	是否适合本企业的特殊要求
	使用方便性	使用起来是否容易理解,系统维护是否方便
	价格	总体价格,包括用户许可证、软件维护费用等

在系统规划阶段,企业应当成立推进信息化的组织体系(参考本章的第一节内容),根据以上考察的情况,由信息化指导委员会来决定所选择的 ERP 厂商。企业决定和某个 ERP 厂商合作后,由 ERP 厂商提出一份 ERP 实施安排的建议书。为了降低风险,保证以后的合作顺利发展,企业应当积极参与 ERP 厂商的调查活动,双方经过充分的讨论,决定项目的目标和具体内容,明确双方在项目推进过程中的责任和义务以及有关的 ERP 实施组织结构、项目进度等。以上这些内容必须以文字的形式表达出来,并由信息化指导委员会批准。

2. 系统分析

流程分析就是对企业当前的业务流程进行调查研究,了解企业信息资源的分布和需求,分析当前业务中需要改进的活动,以便在系统设计阶段能够有效地工作。有关业务流程分析的具体内容请参考本书中业务流程再造一章。

3. 系统设计

系统设计是根据业务流程分析的结果,对 ERP 软件中的功能进行设计,并提出针对企业的解决方案。同时,在规范企业流程的基础上,还应当对企业的数据进行整理和编码,做到企业数据的规范化、标准化。

这一阶段以及后续几个阶段的活动,除了不必编程之外,很多步骤都与上述生命周期法类似。在此过程中,一般还需要根据企业的特定情况进行一些特定功能的设计,即二次开发。信息技术人员在这一阶段要发挥主要的作用。对于以上的工作都需要有详细的文档,以便今后进一步完善。

4. 系统测试

当整个系统设计完成之后,需要用一些模拟数据来对系统进行测试,模拟数据可以用企业的财务数据和主要的生产数据。特别是对自己二次开发的项目,在此阶段可能要进行测试和改进。

5. 系统切换

当系统测试通过后,就可以切换到新系统,这时仍然要不断对系统进行维护。在一些大型企业中就出现过这样的现象,虽然在小规模的测试过程中没有问题,但是真正投入运行后,就产生了反应速度太慢的问题。另外随着业务的发展和变更,对原系统的更新和完善是必不可少的。一些大型ERP厂商对其产品不断升级,在每年版本更新的同时也会向企业收取升级费用。

必须要强调的是,引进ERP是一项大规模的系统工程,大型企业的ERP系统往往需要投资数百万元到数亿元,而且关系到全体员工的工作和对企业未来很长一段时间的运作产生影响,因此企业必须做周密的计划和严格的控制。企业"一把手"要主持和推动这项工作,同时还要责成得力的助手做细致的调查和科学的管理。ERP的成功与企业的管理水平密切相关。如果企业自己缺乏上ERP的准备,管理上不到位,数据不准确,或者没有得到员工的理解,那么在开发过程中就会有很大风险。

德维实业有限公司用ERP进行企业资源管理

1. 德维实业有限公司

成立于1995年的德维实业有限公司(化名),是一家集房地产开发经营、信息咨询、投资咨询、商品和技术进出口等为主要业务的企业。经过十多年的发展,德维实业有限公司的业务范围也经过几次调整,现在有下属的3个独立核算的事业部和7家分公司,即服装、贸易、自动化事业部以及独立经营的德维房地产经纪有限公司、德维建材有限公司等。该企业在上海、苏州、无锡、常熟、成都、天津等城市都建立了分部。

德维实业有限公司刚成立时,主要业务是为跨国公司来华投资企业的人员提供住房中介服务。公司有几座服务式公寓,同时还为跨国公司提供一些服务外包等业务。经过多年的积累,德维实业有限公司的业务范围不断扩大,并逐步形成了自身独特的业务经营方式。目前,公司有员工1000余人。在企业的组织结构上,德维实行以总部为中心的财务、业务纵向管理。即分公司的经理、财务、行政人员均由总部派出,并对各分公司的业务负责。

在发展中,德维实业有限公司逐渐认识到管理信息系统的重要性,他们希望找到一套适合自己的ERP软件,能够帮助企业管理者及时掌控各种资源及资金情况,并且满足集团的业务数据处理要求,规范企业管理的所有流程。2004年,这项工作排上了日程。

2. 产品的选型

实际上,德维实业有限公司在成立之初就已经开始了自己的信息化建设,先是引进了某软件公司的财务软件系统,并通过定制开发的方式在其下属的建材、房地产等子公司或事业部进行了应用部署。当时引进的这个系统对于解决财务和物流等业务领域中的问题是很有帮助的,不过,由于各个分公司的业务不同,软件应用呈现出各自为政的情况。总部感到对分公司资金及资源的及时掌握十分困难。进入21世纪后,随着德维实业有限公司的业务范围不断扩大,如何通过应用业务和财务一体化的解决方案来获取企业的整体效益,就成为德维实业有限公司发展中的一个新目标。此时,引进ERP系统的问题被提上了公司的议事日程。

负责行政和人事的副总经理杨祯是该ERP项目的总负责人。经过对国内、国外多款管理软件的考察后,他提出采用SAP公司的Business One (SBO)解决方案。在向董事会报告时他强调:"尽管有些软件更适合某些分公司的业务需求,但上一个系统不能只解决某一个环节上的问题,要帮助我们企业在整体上或是在绝大部分环节上解决问题。"他建议采用SBO来做公司的内部管理。董事会经过讨论同意了他的方案。

在谈到ERP选型实施的经验与教训时,杨祯认为,加强前期调研、决策层意见统一、重视和实施方的配合是项目成功的3个关键因素。他表示,企业上ERP之前的前期调研非常重要,这包括对目标软件的了解和对企业自身的分析,二者的结合能够帮助企业选择合适的产品;而在决策层,不仅意见要统一,对企业实施ERP的目标有着清醒的认识,还必须对企业内部员工的能力要有充分的了解;而和实施方的良好配合就更不言而喻了,一个优秀的实施方已解决了一半的问题。在这方面,他们通过招标,选择了达鸿信息技术有限公司作为其实施伙伴。这是因为达鸿信息技术有限公司一向在

SAP 产品的实施方面有较好的声誉。而以后的事实也说明，达鸿信息技术公司派出的两名咨询顾问，由于分别具有很好的技术和企业运营的专业背景和实施经验，对德维实业股份有限公司的项目调研、分析和实施，起到了很关键的作用。

3. 系统实施

2004 年 12 月，德维实业股份有限公司的 ERP 实施拉开了序幕。实施方达鸿信息技术公司提出了一个整合的业务解决方案，通过在 SBO 系统中建 8 个账套的方式，来实现德维实业股份有限公司总部及 7 家子公司或事业部的业务流程统一管理。同时，对 3 个办公场所用 VPN 相连，构建一张属于德维实业股份有限公司自己的"ERP 应用网"。

德维实业股份有限公司覆盖的业务种类比较多、业务逻辑也较复杂。为保证实施的成功，公司双方共同组成项目小组，对项目实施的全过程进行了多次讨论。德维董事长亲自参加了包括需求调研、原型测试、数据准备、权限讨论、最终用户培训等在内的所有重要环节。财务总监及总部财务部工作人配合达鸿的实施人员对业务流程进行了详尽的分析，所有分支机构管理层均参加了自己分支机构的关键实施过程。经过双方从上到下所有员工的共同努力，该项目仅用 70 多天就宣布顺利竣工。

对公司内部人员的培训也是一个很重要的步骤。德维实业股份有限公司的培训分为在上线前和上线后两个阶段，分别面向作业层和管理层来进行。针对管理层的培训利用两个双休日进行，根据不同的业务，分别由总部的总经理、主管业务的副总和财务经理，再加上相关子公司的经理参加。通过培训所有的管理人员掌握了如何使用 SBO 系统来辅助他们做企业的经营管理工作。此外，德维实业股份有限公司还指定了公司内部的系统管理员角色，定期了解各部门使用系统的情况并汇总和汇报，以保证系统的顺利运行。

4. 系统应用效果

通过应用 SBO 解决方案，德维实业股份有限公司的财务和业务的管理比过去方便多了。经过一段时间的运行，系统已经完成了整个集团的财务整合，各独立法人及独立核算分支机构可以实时生成财务报表，总部可根据需要进行组合，实时获得集团报表；实现了对其下属子公司 68 万种代理产品的资料管理及销售分析,并与上游供应商系统进行了对接,可同时管理供应商库存;实现了对德维房产整个销售过程的客户关系管理,对房屋中介行业特殊的"死合同、活合同、半死半活合同"的全面有效管理;实现了对德维建材的零售、批发及工程3种不同客户类型及流程的管理,等等。

  对于公司的业务人员来说,他们也体会到了信息系统的效益。例如,业务员小刘过去的工作任务是让领导了解各分公司业务的具体情况。她必须不定期地到业务部、财务部等多个部门,分别调阅租赁信息保存档案以及应收账款等资料,并按照公司领导的要求进行报表汇编后提交给领导。由于德维实业股份有限公司采取的是总公司领导下的独立管理,当总公司的管理人员也需要了解房地产公司的具体业务运行情况时,小刘就更忙了,她必须制作多份表格才能满足上级的要求。其中,到多个部门分别调阅资料并统计汇总,是最费时间的过程。自从公司应用了SBO系统后,她就从这项繁重的工作中解脱出来了。该系统采用信息集中管理的方式,由前端办理业务人员和财务人员实时输入相关信息存入数据库,而分公司和总部的经理们只要直接在自己的电脑上连线查阅,就可快速获得包括租赁客户情况、应收账款、应收周期、合同周期等在内的各种新鲜数据,从而对经营决策产生直接的帮助。而小刘则被委任以房地产经纪方面的业务工作,发挥了自身优势,收入也增加了。这个系统还具有多语言版本的功能,不仅中国员工,其10%的外籍员工也可以很方便地使用外语的界面来直接工作。

  杨祯说,除了这些直接的效果之外,他更看重的还包括使用ERP软件后所带来的管理人员理念和工作方式的转变,大家的团队合作精神与协同工作意识有所提高,从而带动了企业整体员工素质的提升。"企业实施ERP的效果不是一蹴而就的,我们坚信ERP系统能够帮助我们规范企业管理,在未来几年内看到信息化的更明显的效果。"

15.4 对系统开发的项目管理

  对于开发过程的管理也是一种项目管理(Project Management)。项目管理法过去经常是用于工程项目和建筑项目,现在也广泛用于软件开发项目。一般的工程项目具有这样的特点:第一,必须在一定的时间范围内完成;第二,受到人力、财力和物力等资源的限制;第三,它需要施工队伍的人员按照一定的计划进行有效的合作。信息系统项目同样具有这几个特点。但是应当看到信息系统项目与通常的工程项目相比有其特殊性。例如，项目的目标更难以清晰定义。信息系统项目往往在启动时还不能明确地描述出将来所达到的质量标准，在项目开始实施后客户也可能会提出一些新的要求。同时，信息系统项目牵涉的知识性、技术性更强，如果关键技术的掌握程度不充分，技术人员的变更和调动可能引起项目进度的延迟。在信息系统项目中如果遇到技术难题，即使动用更多的开发人员也不一定能够解决，相反却可能使得开发费用超过预算。因此，信息化项目管理比起一般的工程项目管理来更为困难。

在项目管理中，最基本的管理是根据时间来控制开发活动，也就是进度管理。在系统开发项目计划书中，一般都会说明信息系统开发所有的具体步骤和如何分工以及各步骤完成的具体日程。信息系统开发一般是团队作业，开发队伍中的成员应当互相沟通和协作，了解彼此在各项任务中所担当的角色和分工。因此，每个成员都必须知道何时开始某项任务，何时结束以及在该任务的过程中自己应当做什么。通常，要画出一张任务时间计划表，用来对整个开发计划的进展情况进行监控。实际建立任务时间计划表有多种方法，常用的有甘特图(Gantt Schedule)和网络计划图(Activity Network)等。在实际工作中，常常使用项目管理软件包来帮助建立任务时间计划表。在实践中，完整的信息系统项目管理应当包括以下 7 个方面：

（1）进度管理：在实际的信息化项目推进中往往有各种各样的变动，完全按照计划日程推进工程是不现实的。当项目的进度计划需要调整时，调整的重点应放在对近期内即将发生的活动加强控制；或者对工期估计最长或预算估计最大的活动进行调整。

（2）人力资源管理：信息化项目是知识密集型的项目，与项目组人力资源关系密切，项目组成员的构成、责任心、能力和稳定性对信息化项目的质量以及是否成功有决定性的影响。项目主管应有效地使用人力资源，明确主要开发人员的职责和任务，提前做好有关人员力量的搭配，尽量使各个工程阶段人员的波动不要太大。

（3）成本管理：首先，对项目按系统、子系统以及生命周期分解，分别估算出各个子系统在各个阶段的成本，然后再把这些成本汇总，估算出整个项目的成本。在实施过程中，对实际的费用进行控制，使项目成本不至于超出预算。

（4）质量管理：信息化项目的质量管理不仅仅是项目完成后的检查，而应包括在信息系统实施过程中的全面质量控制，保证在整个开发过程中各个阶段性工作成果质量。项目小组应组织有关的管理者和员工对阶段性工作成果进行审查和测试,这又称为里程碑式审查。通过保证各阶段性成果的质量,最终保证整体系统的质量。

(5) 知识资产管理：在信息化项目实施过程中,不可避免地要将许多工作成果制作成文档或电子文档。为了获得高质量的文档,需要将此工作制度化、规范化、标准化。另外,这些工作成果牵涉企业的知识资产和业务信息。必须设置专人保管,并建立借阅制度,防范这些工作成果和业务信息流出企业。

(6) 风险管理：信息化项目牵涉组织变革的风险、经济风险、心理风险等。在项目推进过程中应提前对这些风险有所认识,一旦有关问题发生时,可从容冷静地处理解决。

(7) 沟通和范围管理：信息化项目经常牵涉多个公司的合作,例如,将部分工程委托给其他公司实施。在合作过程中,一定要将各自的工作范围和责任范围书面化,并不断进行信息交换和阶段性成果确认。

15.5 ERP 的效益评估

15.5.1 ERP 系统的效益评估

早在 1987 年,经济学家罗伯特·默顿·索罗(Robert Merton Solow)就提出过所谓的"生产率悖论"问题,到 21 世纪初又引起了学术界的广泛讨论。索罗说：你可以在世界任何角落和生活的各个领域看到计算机时代的影子,但是在经济统计年鉴上却除外。后来有学者调查了美国几百个企业的经营数据,发现在企业的 IT 投资和投资回报率之间没有正相关关系。对此应当如何解释呢？这一问题后来被更为明确地提出,即信息系统投资问题：一套 ERP 软件售价几百万,加上实施费用可能上千万。那么,企业投资 IT 是必须的吗？投资 IT 能够带来什么样的收益？应当如何计算 IT 投资的回报？

从企业信息化实践的角度来看,通常在信息系统引进的前期阶段,企业常会要求开发商提交一个整体解决方案,并给出相应的可行性分析报告。系统可行性分析中通常要对备选的信息系统方案的成本、效益等进行比较,以便企业做出选择决定。而这一步实际上无论对于开发商还是用户都是困难的工作。最主要的难点在于缺乏一种简单明了并且得到公认的信息系统的成本/效益计算方法。一个常用的方法是使用企业通常使用的财务指标来做理论上的分析计算。例如根据企业的现金流、净利润、净现值等来评价 ERP 系统的效益。对这些方法的一个简明的总结和说明如表 15.5 所示。

表 15.5 基于企业财务指标的投资评估

方法名称	公式	简要说明
投资回收期法（Payback Method）	$Y=I/C$	投资回收期法等于初期投资和年现金净流入量之比。这里，Y,I,C 分别是信息系统的投资回收期（年数）、初期投资和预计的年现金净流入量
投资回报率法（Return On Investment, ROI）	$NB=(TB-TC-D)/L$ $ROI=NB/TI$	首先计算出净利润 NB。NB 等于毛收益减去总成本和折旧后，与使用年限的比值。这里 TB,TC 和 D 分别代表毛收益、总成本和折旧的预计值，L 为预计使用年限，然后可以计算 ROI。这里 TI 为全部初期投资
净现值法（Net Present Value）	$NPV=PV-IC$	用预计现金流入值与初期投资比值来计算 NPV。这里，NPV 是净现值，PV 和 IC 分别是预期现金流的现值和初期投资。内部回报率（IRR）是净现值法的另一种表示形式。内部回报率的定义为投资的净现值为 0 时的利率
成本-效益比率法（The Cost Ratio）	$PI=PV/C$	用现金流的现值与总成本之比来表示成本-效益比率。这里 PI 是成本-效益比率，PV 和 C 分别是现金流的现值和总成本
效益指数（Performance Index）	$P=PV/I$	效益指数用现金流的现值与总投资额之比来表示。这里 PV 和 I 分别是现金流的当前价值和投资额

但是经过研究发现，这类计算往往缺乏实际意义。有学者研究过数百个企业的信息系统与企业绩效之间的关系，结果却未发现两者之间有明显的相关关系。也有学者研究发现在信息技术上投入较多的企业在绩效上呈现出明显的"双峰性"。即其中一部分企业的绩效显著高于平均水平，而另一部分却显著低于平均水平。

"生产率悖论"的实质是企业对于 IT 投资的困惑，即计算机系统的引进是否真正能够使企业获得效益？或者信息系统是否真正具有商业价值？由于信息技术和企业业务的结合是一个十分复杂的过程，ERP 系统在实施中也存在一些失败的案例，因此企业的决策者对于 ERP 不免存在各种困惑。例如是否值得对 ERP 软件投入？企业在引进了 ERP 之后，又应当如何去评价投资的回报?这一类问题属于既有普遍性又有学术价值的问题,吸引了学术界和管理咨询公司长时期的研究,并提出了一些相应的理论性成果。

15.5.2 信息系统的总体拥有成本

一个信息系统成本应当如何计算?通常在企业中都是按照信息系统开发项目来做其投资预算的。然而,从企业对信息系统使用的角度来看,它是一个从开发、实施、应用直到最后被淘汰替代的有生命周期的"人工系统"。对于这样一个系统,不但要考虑在系统设计、开发和实施等过程中所发生的成本,同时也应包括在使用和更新阶段所发生的成本,即总体拥有成本(Total Cost of Ownership,TCO)。按照 TCO 的观点,在信息系统建设和使用中发生的费用应该包括 3 个方面:

(1) 信息系统基础设施的设备购置费。这一类费用包括硬件设备购置费、网络设备费、软件和数据库购置费等,这些费用都是显性的,也比较容易计算。比较集中地发生在系统引进或安装期间,一般可以准确地预计。值得注意的是许多企业过去往往重视硬件的性能而忽视软件的作用,愿意在这部分内容上投资,而对软件投资不足,结果使高性能的硬件设备不能发挥作用。

(2) 信息系统开发或实施费用。这部分主要是人工费用,包括管理咨询顾问费用(包括企业战略的制定、业务流程的建模和改造等)、开发技术人员费用(包括系统的安装、调试和升级等)、企业用户的培训费用等。随着 IT 人才价格的升高和知识获取成本的上升,现在企业在实施 ERP 时人力资源成为总成本中较高的部分,特别是管理咨询费用可能比硬、软件设备的费用还高。

(3) 信息系统运行维护的费用。这一部分费用虽然发生在系统建设完成以后,但是对于信息系统的规划来说是不能缺少的。主要的费用是对信息系统的管理成本、操作成本和许可证以及升级费用、培训费用等。一些软件厂商的许可证费用甚至高达软件价格的 20%。

15.5.3 信息系统的投资回报

那么,应当如何计算信息系统给企业带来的效益呢?尽管信息系统所带来的某些效益是可以量化计算的,或称显性(Tangible)效益,但更多的效益却是隐性的(Intangible)。表 15.6 是对信息技术所产生效益的一个总结。我们将效益分成两类:左边一列的显性效益,通过信息技术引进前后数值的对比,或者通过某些实验性的预测,可以得到比较明确的计算数字。前面提到的基于企业财务指标的投资评估，就是一种显性效益。而表中右边一列的隐性效益，通常并不能简单地用现成的企业数据来表示，而只能采用某些定性评价的方法，或者采用一些间接的指标来评价。

表 15.6 信息系统的效益

显性效益	隐性效益
单位时间内产出量的增加	增强了组织的竞争力
数据处理正确性的提高	增加了组织的灵活性
制定生产计划时间缩短	增加了组织的学习能力
工作人员的削减带来人工成本减少	增强了员工的向心力
平均物料在库存货量减少	增加了工作的满意度
坏账率降低	改善了决策的效果
服务速度提高	提高了顾客满意度
生产提前期缩短	树立起更好的公司形象

信息系统的效益并非是如记账般可以通用的。如尼葛·梅维勒[1]（Nigel Melville）认为，企业对 IT 投资所取得的效益主要产生于 3 个方面：即降低成本、改进企业内部资产的运营效率、改善与客户之间的关系。如果在这些方面企业能够合理地利用 IT 资源，就能够取得相应的效益。但究竟如何做才算是合理地利用了 IT 资源呢？显然不同的行业、不同的经营环境就有不同的答案，需要企业因地制宜地找到具体的估算方法。下面的联想公司信息化的效益测度就是一个实际案例。

> **联想公司信息化的效益测度**
>
> 联想公司在实施了 ERP 系统之后，在生产方面取得了明显的效益。他们的效益主要来自两个方面：一是增强了市场应对能力，从而提高了客户满意度；二是改善了内部管理水平。联想公司在实施 ERP 系统前后的统计数字表明了企业信息化的效益所在，如表 15.7 所示。

---

[1] Nigel Melville. Review: Information Technology and Organizational Performance: An integrative Model of IT Business value. MIS Quarterly vol. 28. No. 2, pp. 283-322, June 2004.

表 15.7 联想公司在信息化前后的对比

	效益测度	实施 ERP 前	实施 ERP 后
外部市场方面	平均交货时间	11 天	5~7 天
	应收账周转	23 天	15 天
内部运作方面	订单平均日处理量	13 件	314 件
	集团结账天数	30 天	6 天
	平均打款时间	11.7 天	10.4 天
	订单周期	75 小时	58 小时
	结账天数	20 天	1 天
	加班人次	70 人	7 人
	财务报表	30 天	2~5 天

还有的学者通过对大量企业的投资和绩效的数据分析发现,企业引进信息系统的效益并不是立竿见影的,而是通常发生在信息系统实施完毕的数年之后,即 IT 投资效益具有滞后性。学者们给出的解释是：企业需要时间来学习和消化 IT 技术,这是产生效益滞后的一个重要原因。

学术界的信息系统学者们通过深入研究,终于找到了对"生产率悖论"的回答。现在人们普遍接受这样的思想：对信息系统的投资应当既有账面上的计算,也有对其隐性成本和效益的考量。账面上的计算可以作为一种参考标准,而实际上更重要的却是要根据企业的特性来取得隐性效益。这就涉及企业管理者和员工的学习能力以及运用信息系统的知识水平等。另一方面,信息系统的社会化、商业化计算能力也给企业提供了新的工作方式。越来越多的企业特别是中小企业开始采用云计算服务,这样减少了企业的初始投入,通过"按需使用"的方法,还提高了企业运用信息系统的灵活性。从而减少了成本,提高了效益。

第 15 章　信息系统的开发

第 15 章重要概念

生命周期法，系统规划，系统分析，系统设计，系统实施，系统维护，软件包法，逻辑设计，物理设计，总体设计，详细设计，业务过程分析，数据存储设计，用户界面设计，处理设计，项目管理，甘特图，回收期法，投资回报率，净现值法，成本-效益比率法，有形效益，无形效益

第 15 章复习题

1. 在信息系统开发中涉及的企业有哪些？如何分工合作？
2. 将生命周期法与利用软件包进行开发的方法进行比较，说明两者的异同点。
3. 为什么采用现成的软件包会成为企业引进信息系统的主流？
4. 企业的高层管理者，对于信息系统的引进应起到哪些作用？
5. 什么是系统设计？系统设计要完成什么任务？
6. 说明什么是项目管理。
7. 说明什么是生产率悖论。
8. 说明信息系统的成本是如何构成的。
9. 说明信息系统给企业带来的效益有哪些。
10. 举例说明为什么隐性效益是难以计算的。

小组活动课题

请一个有开发企业信息系统经验的软件企业介绍他们的一个实际开发项目，如开发团队的构成、开发中遇到的问题以及他们是如何与用户方沟通解决的。

第 16 章 信息系统的管理

本章学习目标
(1) 懂得信息系统安全的主要问题
(2) 懂得保障信息系统安全的重要性和防范风险的基本方法
(3) 理解如何对信息资源进行控制和系统审计
(4) 了解 IT 治理的典型概念框架
(5) 信息系统带来的有关伦理问题和社会影响问题

在系统与信息系统一章中我们说过,企业信息系统从其诞生之日开始,它的熵就在不断增加。随着信息系统在企业应用的普及,相应的问题也会接踵而来,对信息系统的管理维护问题也是 IT 管理者的重要职责。除了应当高效有序地做好日常信息技术服务工作,我们还应当懂得组织的信息系统有哪些风险因素,应当如何去控制和管理,如何建立企业 IT 的管理规则,如何解决信息系统建立后产生的伦理和社会问题等。本书的最终章对这些涉及信息系统使用中的管理问题进行讨论。

16.1 信息系统安全问题

随着信息系统的普及,数据和信息成为企业的关键资源。越来越多的金融信息、企业客户信息、技术信息、个人信息等记录在信息系统内,使得它可能成为内、外部犯罪者攻击的目标。信息系统的风险也与网络互联环境有关。黑客、企业间谍等都可能通过互联网窃取企业的重要数据,也可能通过传播病毒和破坏性的恶意攻击程序造成企业信息资源的重大损失。另外,自然灾害造成的计算机系统故障也可能给组织带来严重的后果。例如火灾、水灾、地震、电压不稳或突然断电等都可能使系统在瞬间损坏,大量数据在顷刻间化为乌有。信息系统中常见的信息安全问题如表16.1所示。为防止这类事件的出现造成企业重大的损失,组织必须对信息系统安全问题有系统地认识,同时应制定相应的信息安全保障计划,并在日常的运行维护中切实执行。

表16.1　信息系统中常见的安全问题

问题类型	说明
信息流失	犯罪者偷窥用户击键或屏幕,获得重要信息,使得用户身份信息流失,文件被拷贝,口令被破译等
硬件破坏	犯罪者对计算机、存储设备、网络设施、电源等实施物理破坏,删除软件或存储数据等
软件破坏	犯罪者通过互联网上的软件工具,拦截企业数据;以不正当方式造成网络堵塞,使用伪装的节点和系统,隐藏物理地址或路径等,在电子邮件中植入特洛伊木马、逻辑炸弹、蠕虫病毒等有害程序,对计算机系统进行破坏;为以后的破坏制造机会,非法获取企业资源等
非法入侵系统	犯罪者对系统的越权访问,用伪装的身份或利用操作系统漏洞进入计算机系统,对信息系统的用户进行攻击等
误操作	由于击键错误、读取错误、缺乏校验等造成重大后果
自然灾害	由于断电、地震、风灾、火灾、水灾等造成的信息资源损失

国际标准化组织(ISO)将信息安全定义为信息的完整性、保密性、可靠性、可用性。根据国际上一般公认的信息安全准则,对大部分组织来说,信息安全的目标主要是要保证企业的信息资源具有以下性质:

(1) 可用性(Avaliability):信息在需要时可用和有用,提供信息的系统能适当地承受攻击并能在失败时恢复;

(2) 保密性(Secrecy)或机密性:即信息只能被有相应权限的人提取和使用;

(3) 完整性(Interity):未经授权,信息是不能被修改的;

(4) 可靠性(Reliability):组织之间或组织与合作伙伴间的商业交易中,其信息交换是可信赖的。这关系到真实性(Authenticity)和不可否认性(Non-repudiation)。

要真正保证企业信息资源具有这些性质并不是一件轻而易举的事情,关系到企业信息系统的日常运营和管理活动的各个方面,需要在企业中建立起完备的管理规章制度,也需要长期坚持不懈的工作来强化员工的信息安全意识。例如在企业中应当建立起安全风险的预案,也称为业务连续性计划。但在许多企业中,信息系统安全并没有得到应有的重视。根据英国业务连续性研究院(Business Continuity Institute)的调查报告,不少企业在真正遭受损失之前都比较满足于现状,超过50%的企业没有建立自己的业务连续性计划。

实际上,信息安全问题并不是一个单纯的技术性问题,而是企业的管理和控制问题。应当从人的行为、思想和组织的政策、规则的设计制定等方面入手来对此进行管理。国际会计师联合会(International Federation of Accountants,IFAC)曾经发布了管理信息和通信系统风险的国际指南《管理信息安全》,提出与信息安全相关的6个主要活动是:

(1) 政策制定:以组织的安全目标和核心理念为框架,围绕这个框架制定安全政策;

(2) 角色和责任:确保每个人清楚知道和理解各自的角色、责任和权力;

(3) 设计:开发由标准、评测措施、实务和规程组成的安全与控制框架;

(4) 实施:适时应用方案,并且维护实施的方案;

(5) 控制:建立控制措施,查明安全隐患,并确保其得到改正;

(6) 安全意识、培训和教育:培养信息安全意识,宣传信息防护的必要性,通过培训让员工具有安全使用信息系统的技能,提供系统安全评估和推行实务教育。

16.2 政策、规则和组织保障

16.2.1 信息安全政策和标准

没有规矩则不成方圆。为保障信息安全首先需要有相应的信息安全制度法规,凡违反者将视其危害程度予以惩处。我国已制定的相关法律法规有《中华人民共和国计算机信息系统安全保护条例》《计算机信息网络国际联网安全保护管理办法》等。其中《中华人民共和国计算机信息系统的安全保护条例》明确规定:"任何组织或者个人违反本条例的规定,给国家、集体或者他人财产造成损失的,应当依法承担民事责任。""对于故意输入计算机病毒以及其他有害数据危害计算机信息系统安全的行为,公安机关可能处以警告、停机整顿或罚款等措施"。另外,全国信息安全标准化技术委员会也发布了《信息安全技术 信息系统安全管理要求》GB/T 20269—2006,该标准对信息和信息系统的安全保护提出了分等级进行安全管理的要求,阐述了安全管理要素及其强度。企业可根据业务性质将信息安全管理工作落实到该标准所规定的相应等级上,以便各级组织对信息安全工作实施、评估和检查。《信息安全技术 信息系统安全工程管理要求》GB/T 20282—2006 是另外一个标准,它规定了信息系统安全等级保护工程管理的要求,是对信息安全等级保护工程中涉及的甲方、乙方与第三方工程实施的指导性文件,各方可以此为依据建立安全工程管理体系。

除了国家的政策法规之外,企业也可以根据自己业务的特点,制定一系列有关信息安全的工作程序和规章制度。包括在聘用合同协议中,要明确相应的商业机密责任条款以及在企业建立相应的信息发布制度、信息使用制度、信息保密制度、奖惩制度以及对于信息技术人员的管理、使用、评价、培训制度等。企业通常还需要建立有关内部人员在接触信息系统、特别是重要的控制系统时应遵守的规章制度。例如对于具有系统管理员权限的用户的认定手续;对系统用户的权限分派和修改等,都必须按照事先规定的工作步骤和有关的规定来进行操作。另外,对于涉及组织机密信息的工作,则应设定具体的工作程序和责任制度。

如何保管信息系统中的个人信息、保证个人信息的隐私也是信息系统管理者负有责任的重要问题。现在,由于互联网商业的普及,使得个人信息数据很容易暴露和被不法分子利用。因此一些发达国家立法规定,诸如网上电子商务等企业对于顾客个人信息不但有保密的义务,而且如在正常交易之外使用就应当通知顾客本人。美国政府 1997 年公布的《全球电子商务框架报告》中就强调,对个人信息搜集者应当告知本人他们搜集了什么样的个人信息以及将做何种程度和范围的使用。如果因不当使用或发布个人信息,或基于不正确、过时、不完整的相关个人信息做出的判断造成了消费者的精神和财产损害,消费者应该得到补偿。

基于这样的认识,企业 IT 部门应当采取相应的预防措施,对于顾客个人信息的安全负责。例如,一般顾客的信息对企业外部用户必须是保密的,而内部员工也不能随意拷贝到 U 盘。有的信息不仅对外部用户是保密的,对系统内部的某些工作人员也应是保密的。例如对于企业员工的工资信息就应当设置多种保密级别。由于工作的需要,技术人员可能会接触到一些组织内部个人隐私信息,在这种情况下必须明确他们对于这些数据具有哪些权力以及负有哪些责任。例如哪些人只可以读,哪些人可以改写,哪些人可以复制等,都必须给出严格的、明确的规定。另外,在信息系统中还应当建立信息使用日志,敏感数据库的内容每一次发生变化时都应当完整地记录在日志中,并及时通知有关的数据管理人员。

16.2.2 信息部门组织机构

有相应的政策和法规还需要建立起专门的信息系统控制组织机构。必须明确诸如这样一些风险防范问题:对于有关的设备和信息资源,谁对它们的风险负有最终的责任?是否设置了相应的风险防范措施?发生问题后应当如何报告和处理?每一种独立的风险防范措施与业务单元是如何关联的?通常责任人应遵循检查规则定期检查,并定期提交安全检查报告。

在技术上,对于信息系统资源的管理操作往往是通过分配访问对象权限来实现的,但其前提应当是信息系统的目标与组织的目标一致,技术人员应当对系统控制有相应的权限,但同时他们又应受到组织领导层的管理和制约。

信息技术部门中工作人员的职责和分工是需要仔细划分的问题。企业的信息技术部门中不仅工作任务很多,同时这些任务之间也没有清楚的界限。CIO 根据组织的具体情况设置适当的职务,技术人员根据自己的情况做出选择,是比较有效的分工合作方法。有学者对信息管理部门的职务进行了详细分类,提出了 16 种类型[1],如表 16.2 所示。这种职务设计给我们提供了一个很好的思路,使得在设计信息系统管理部门的组织结构时有一个思考的起点。现在随着技术的进步,显然这种分类方式不一定适合所有企业。很多企业是不需要开发系统的,遇到类似的问题时只能求助于外部公司。而网络安全、数据管理等工作的责任越来越重要,以至于是否需要设置首席信息安全经理(Chief Security Officer,CSO)、首席数据经理(Chief Data Officer,CDO)等职务也引起了广泛的讨论。

---

[1] G. B. Davis, M. H. Olson. Management Information Systems. 1985,pp. 483-484.

表 16.2　信息管理部门的职务

工作职务	说明
信息分析人员	同用户一起进行信息分析,具有组织、管理和决策方面的知识
系统设计师	设计信息系统的人员,需要懂得更多的技术知识
系统分析师	兼任信息分析人员和系统设计师
应用程序员	进行程序设计、编码和调试,并能编写技术文件
系统维护人员	维护现有的系统
程序库管理员	对程序库内容进行维护管理,当程序库内容发生变化时,要向管理部门书面报告
系统程序员	维护操作系统,精通硬/软件
数据通信专家	为数据通信和分布式处理方面的专家
数据库管理员	管理和控制公共数据库
用户联络员	在规划信息系统和进行新系统开发时,协调用户与系统分析员进行交流
办公自动化协调员	需要有办公自动化各方面的软/硬件及专业知识
信息中心分析员	在解决用户问题方面,对用户提供分析和指导
操作员	指主机操作人员
数据控制管理员	对数据的输入进行检查、对系统的输出进行分发的人员
数据录入员	专门从事数据录入的数据工作者
安全协调员	建立系统安全规程、监视系统安全情况、调查违章问题

　　由于信息系统的更新换代周期特别短,设备的价格昂贵,信息系统工作人员的流动性高,人工费用、设备维修费用等都十分昂贵,近年来由外部的专业信息技术服务公司来承担企业的信息技术工作已经逐渐成为一种普遍的方式。外包(Outsourcing)指组织只专注于自己的某些特定业务,而将相关的信息系统业务承包给外部的专业信息技术服务公司。通常一个外包公司可以提供它的人力资源、云计算、ERP、公用数据库以及系统维护等多种技术资源,为许多企业组织提供信息技术服务。

　　美国的一些管理咨询公司甚至提出:所有企业中凡是不创造营业额的后台服务性工作都应当外包出去。为什么外包在美国会如此普及?原因是他们认为:在全球化的环境下,充分利用信息技术,外包可以极大地提高企业资源的利用效率。特别是对于人力资源昂贵的美国、日本等发达国家,采用外包方式带来的人工费用节省是十分明显的。根据印度国家软件服务联盟的计算，如果美国把软件开发工作全部外包给印度，在 6 年间就能节省 3 000 亿美元[①]。对使用外包的企业来说，外包后产生的直接效益就是降低成本，企业不必自己培养和聘用技术人员，也不必大量投资于信息技术的更新换代，从而减少了对信息中心建设和运营的投资，显著降低了信息系统的运营成本。另外，通过外包可以使企业有限的资源得到更为合理的配置，企业可以将自己的资源集中运用在需要发展的业务和获取核心竞争优势方面，可以更加集中实现企业的战略目标。但是，外包也存在一些问题，例如企业的关键业务不能外包，外包可能给企业带来安全隐患等。

16.3 对信息系统的控制

信息系统的安全性主要由对信息系统的控制来保证。对于信息系统的控制包括对于硬件的控制、软件的控制、网络的控制、对人的活动的控制、对信息资源的控制等。这些方面的控制并非孤立，它们往往混合在一起，在设定某一项控制的时候就可能包含了另一方面的控制。这些控制有的可以使用操作系统功能来完成，有的是由信息系统应用层来提供的，还有的是通过制定组织的管理制度来实现的。因此，设计一个完善的信息系统内部控制实际上是一项综合性工程。

16.3.1 对信息资源的控制

从信息技术部门的角度来看，对信息资源的控制基本上有两种方式：集中控制和分散控制。集中控制是将所有的信息资源都集中在信息管理部门，由该部门统一管理。集中控制比较易于管理，能有效地防止数据的流失、被破坏等。在金融类企业、高技术信息企业多采用这种方式。分散控制是将信息资源分散在各处，由有关人员分别控制。这样有益于鼓励用户更好地使用信息资源，但对于整体的管理比较困难。通常为防止用户人为产生错误和违法使用，信息系统或应用软件要提供控制功能。信息系统的控制功能还包括系统权限分配、审计踪迹检查、对原始单据的控制和联机处理中的控制等。

---

① 黄伟等.信息系统外包的主要研究方向和未来发展趋势.清华大学学报自然科学版，Vol 46，No. S1.

构成一个内部控制系统,应首先了解哪些信息资源对于组织来说是极端重要的?这些信息资源的哪些部分是易受攻击的?哪些部分是特别脆弱或容易损坏的?对于组织的业务影响较大的财务数据资源尤其需要得到控制,犯罪者对信息系统的攻击往往是从盗取财务数据开始的。外部黑客一般从网络提供的功能来寻找攻击点,例如利用网络协议中的 FTP 或 Telnet 等。内部的计算机犯罪者则常常盗用有关责任人的密码和账户等信息。对于敏感的数据资源应采取分部门操作,使得员工个人只接触和操作与自己业务有关的数据。另外,要防止组织内成员将组织内部数据拷贝、携带外出或向外部组织通过电子邮件发送等,造成业务数据的流失。对于重要的信息的保管地可采用隔离的方法,对于接触存放这些信息资源的硬件设备的人员作严格的控制,这是防止外部犯罪者通过网络入侵的一种有效方法。信息资源的控制防范措施应设在系统的易受攻击点附近。

16.3.2 系统权限分配

系统权限分配即对系统中所有用户分别赋予相应的权限,没有特定权限的用户不能使用某些系统资源。为了只允许授权用户使用,在接触受保护的资源时应当要求用户使用账号、口令和密码。通常在操作系统一级的权限是以对文件和目录的操作为单位的,网络级操作系统的权限则涉及网段、域、站点、工作组、计算机等多种资源。在操作系统中或应用软件中一般都提供了安全机制功能。例如在 Windows NT 中,系统设置的用户组分为:管理员组、服务器操作员组、记账操作员组、打印操作员组、备份操作员组、用户组、来客组等。由于每一个组中的成员都有该组的权限,管理员可以对特定的资源按组分配权限,这样就大大简化了相应的权限设置和管理工作。在一些应用系统中也采用规定角色的方法。所谓角色(Role)是多种权限的一个组合,可以授予某个用户,也可以从用户处回收。

用户密码管理也是十分重要的。一般来说,用户密码必须是 6 位以上的字母和数字混合构成;同时用户密码要定期改变。但黑客仍可能通过木马或其他手段盗取用户密码。在一些安全系统中使用智能卡,能够每次产生随机数,并将随机数加到用户的密码中。

16.3.3 接触控制

对重要的硬件资源可以采取物理保护控制措施,将硬件资源与普通用户相隔离。在计算中心和数据存储地点可根据需要采取以下安全措施：工作人员佩戴胸卡、安装电子锁、防盗警报、设置警卫、闭路电视和其他监控系统。为防止自然灾害，计算中心应采取防止火灾的报警系统、灭火器械、保存重要物品的防火存储柜、紧急供电系统、温湿度控制及灰尘控制设备等。

现在的新技术可以通过测度个人独特的生物特征来提供各种安全检测，例如对使用者的视网膜扫描、声音、指纹、签字、面部特征进行识别等。生物控制仪器使用特殊感应器可以读出人的指纹、语音或面部特征，并对这些特征进行数字化处理，通过与存储在磁盘上的特征记录进行比较。如果二者匹配，就允许其使用信息系统资源。

16.3.4 网络管理和防火墙

被称为网络管理系统的专业系统软件包可以用来监视计算机系统和网络的使用，使其免受未经许可程序的破坏。此外，安全程序也监视对计算机网络的使用，并且搜集未授权利用的统计数据，然后形成有助于维护网络安全的报告。

对互联网进行安全控制的一个重要方法是使用防火墙(Firewall)。防火墙可以看作是企业信息系统的"看门人"，作为来自外部互联网和其他网络访问的过滤器，使企业内部网络免受侵犯。防火墙自动检测信息包的 IP 地址。只允许从某些指定的地点进入到企业的服务器中，或者它只允许"安全"的信息通过。防火墙也可以允许用户在异地阅读 E-mail，但不允许运行改动系统的指令或程序。防火墙现在已成为企业接入互联网时的一个常备设施。

16.3.5 数据加密

加密程序可以作为单独产品出售，也可能植入其他加密处理软件中。常用的两个加密标准是 RSA 和 PGP。RSA(是三位发明人名字的首字符)是通过网络传送重要数据资源时的一种常用方法。在传输前，用户用算法或密钥将数据转化成加密代码，在接收后，再对这些数据进行解密。最广泛使用的加密方法是使用一对密钥：公共密钥和个人密钥，每一个用户的个人密钥都是不同的，只有用户自己知道。公共密钥可以让通信对方知道。发送者用接收者的公共密钥对电子邮件进行加密，将电子邮件传送过去之后，只有接收者的个人密钥能解密此信息。Microsoft Windows NT 等软件产品都使用 RSA 方式来加密。PGP(Pretty Good Privacy)是一种在互联网上广泛使用的技术，它也使用

RSA 算法。

16.3.6 系统容错和数据备份

系统容错(System Fault Tolerance，SFT)是在设计具有高度安全性系统时必须考虑的问题。由于环境的影响、电场的存在等，有时磁盘的读写可能会出错。为了保证系统能应对万一出现的错误，通常可以采用磁盘双工和磁盘镜像两种方法。磁盘双工技术是指在与外存进行处理时采用双通道，同时对两个磁盘进行读写操作。这种做法的优点是速度较快，适合于数据吞吐量较大的系统使用。磁盘镜像是指在每次读写磁盘时做一个备份。这种容错技术投资不大，在商业信息系统、企业管理信息系统中比较常用。

钉钉怎样保证信息安全？

钉钉是阿里巴巴集团开发的一个信息交流软件平台。浙江省省政府基于钉钉智能移动办公系统搭建的"浙政钉"APP 系统是一个典型的例子。这个系统在全省有 121 万活跃用户，浙江省政府、省属委办厅局机关和全省 11 个地市、90 个区县都在"浙政钉"上开展工作，通过使用该系统，做到让群众和企业"最多跑一次"，大大提升了政务办事及服务效率。

信息安全，对于政府机关的信息系统而言可谓是至关重要的功能。钉钉是如何保证用户的信息安全和隐私的呢？据介绍，钉钉提供了用户权限功能，用户一旦失去了相应的权限，则自动失去了文件的访问能力。对于离职员工或调职员工，上级只需要修改其权限即可防止可能产生的信息泄露。对于外部的越权信息窥视，钉钉通过加密和第三方加密"双保险"来保障用户信息安全。为了保障用户的数据只属于用户，实现在公有云上的数据安全，要通过全链路安全技术来实施用户数据安全保护。也就是说，从用户的手机或是 PC 端的钉钉 APP 进行操作，到数据传输过程，再到数据应用和存储，最后包括系统网络和物理环境，整个过程都需要得到高标准安全防护。

为实现这样的目标，钉钉陆续取得了国际信息安全领域的 ISO27001 标准以及公有云体系下的隐私保护 ISO27018 标准以及公安部信息系统安全等级保护等安全认证。2018 年 4 月，普华永道也为钉钉出具了安全性、保密性和隐私性三项原则的审计报告。

> 钉钉的安全性也体现在对用户个人隐私的保护。例如，钉钉的APP中提供了一种称为"澡堂模式"的交流方式，按下此键，收发的信息不能被复制，用户也不用担心被录音；聊天群里用户的姓名、头像都会被打上马赛克，聊天内容在已读后30秒内消失，不留痕迹。由此保证了重要信息不会被非法使用。
>
> 《中华人民共和国保守国家秘密法》26条规定，禁止在互联网及其他公共信息网络或者未采取保密措施的有线和无线通信中传递国家秘密。尽管钉钉为政府机关提供了保障安全的信息操作模式，但仍需要提醒国家机关工作人员在处理涉密信息时，还是要按照国家法律规定来谨慎处理。

对于某些信息系统来说，如何防范意外的灾难也是不得不考虑的问题。有时因地震、断电等自然灾害造成的系统损失是难以估量的，因此信息系统应当制定灾难对策，除了在软件方面有数据备份外，在硬件上也需要有所准备。例如有的银行会成立几个完全相同的数据处理中心，当其中一个出了问题时，另一个就马上能发挥作用。

对于数据资源的保护可以使用备份文件，备份文件是数据或程序的复制本，对这些文件采取异地保存，通过网络得到更新，许多实时处理系统可以利用这些备份文件。也可以通过文件保存方法保护文件，文件保存方法是将前一时期的主要文件和交易文件的副本存储起来，如果现行文件被破坏，可以使用这些文件来重建现行文件。

16.4 信息系统审计

所谓信息系统审计(Information System Audit)，就是由审计者(如企业外部的管理咨询公司)站在独立、客观的立场，对于企业的信息系统进行综合的检查和评价，并对其信息技术部门给出相应的建议和帮助的一系列活动。在美国安然事件出现后，对于信息系统审计被提高到空前的重要地位。根据美国"萨班斯法案[①]"404条款，在美国上市的外国公司都必须提交财务报表内控报告，出具审计

---

① 萨班斯法案是由美国众议院金融服务委员会主席奥克斯利(Mike Oxley)和参议院银行委员会主席萨班斯(Paul Sarbanes)在2002年联合提出的一份会计改革法案——《2002年公司会计改革和投资者保护法案》的简称。

报告的会计师事务所必须为企业管理层的内控能力做出证明,违者将面临相应的惩罚。在这种情况下,信息系统审计就不是一项"锦上添花"的工作,而是企业信息技术部门的当务之急了。信息系统审计通常的业务内容如表 16.3 所示。

表 16.3 信息系统审计的主要业务内容

审计对象	说明
信息系统的管理、规划与组织	评价信息系统的管理、计划与组织方面的策略、政策、标准、程序和相关实务
信息技术基础设施与操作实务	评价组织在技术与操作基础设施的管理和实施方面的有效性及效率,以确保其充分支持组织的商业目标
资产保护	对逻辑、环境与信息技术基础设施的安全性进行评价,确保其能支持组织保护信息资产的需要,防止信息资产在未经授权的情况下被使用、披露、修改、损坏或丢失
灾难恢复与业务持续计划	这些计划是在发生灾难时,能够使组织持续进行业务,对这种计划的建立和维护流程需要进行评价
应用系统开发、获得、实施与维护	对应用系统的开发、获得、实施与维护方面所采用的方法和流程进行评价,以确保其满足组织的业务目标
业务流程评价与风险管理	评估业务系统与处理流程,确保根据组织的业务目标对相应风险实施管理

16.5 IT 治理

在信息系统日益得到企业重视的同时,对于组织内部信息技术管理的理论研究和实践经验总结近年来也得到了长足的发展。世界各国都成立了有关 IT 管理研究和推广的组织,如国际信息系统审计与控制协会(Information System Audit and Control Association,ISACA)、英国标准协会(British Standards Institution,BSI)等。这些国际组织分别提出了一些管理信息系统的方法和标准。

对组织中的信息技术进行系统的管理的一整套理念和方法统称为 IT 治理(IT Governance)。国际信息系统审计与控制协会提出的定义是:IT 治理是一个由关系和过程所构成的体制,用于指导和控制企业,通过平衡信息技术与过程的风险,增加价值来确保实现企业的目标。

IT 治理的方法和标准已有多种提案,它们都强调 IT 治理必须与企业战略目标保持一致。同时,它们分别从不同的角度提供了 IT 治理的系统的思考框架,其作用在于让企业决策者能够更好地管理组织中的IT资源,做出合理的决策。同时,通过系统的管理来保护利益相关者的权益,使风险透明化,指导和控制IT投资、机遇、利益和风险等。在IT治理国际组织提出的IT治理标准中,影响最大的是ISACA的COBIT标准以及英国政府部门提出的ITIL标准。

1. COBIT

信息及相关技术的控制目标(Control Objectives for Information and related Technology,COBIT)是由美国IT治理研究院和ISACA制订的一个IT管理开放标准。COBIT的特点是从IT业务流程的角度出发来推进IT治理,它将组织中的IT管理活动分为4个基本的业务流程域:规划与组织、获得与实施、交付与支持以及监控。而这4个业务流程域又被进一步细分为34个IT处理流程,如图16.1所示。

COBIT提出的这些流程为企业提供了一个关于IT控制的清晰策略和良好典范。对其中每一个IT业务流程,COBIT都给出了一系列控制目标以及相应的控制程序,并说明了应当如何实现这些控制目标。COBIT还包括一系列审计程序,可以用来检查和评估企业中是否存在这些控制程序。这样,COBIT就为企业的IT管理、安全与控制提供了一个普遍适用的公认标准,并得到了普遍的应用。目前COBIT已在全世界一百多个国家或地区中得到广泛运用,指导许多组织有效利用信息资源,使组织中的与信息资源相关的风险得到切实的管理。

1. 规划与组织(Planning and Organization,PO)	3. 交付与支持(Delivery and Support,DS)
PO1 制定IT战略规划	DS1 定义并管理服务水平
PO2 确定信息体系结构	DS2 管理第三方的服务
PO3 确定技术方向	DS3 管理绩效与容量
PO4 定义IT组织与关系	DS4 确保服务的连续性
PO5 管理IT投资	DS5 确保系统安全
PO6 传达管理目标和方向	DS6 确定并分配成本
PO7 人力资源管理	DS7 教育并培训客户
PO8 确保与外部需求一致	DS8 为客户提供帮助和建议
PO9 风险评估	DS9 配置管理
PO10 项目管理	DS10 处理问题和突发事件
PO11 质量管理	DS11 数据管理
	DS12 设施管理
	DS13 运营管理

2. 获得与实施（Acquisition and Implementation，AI）	4. 监控（Monitoring，M）
AI1 确定自动化的解决方案 AI2 获取并维护应用程序软件 AI3 获取并维护技术基础设施 AI4 程序开发与维护 AI5 系统安装与鉴定 AI6 变更管理	M1 过程监控 M2 评价内部控制的适当性 M3 获取独立保证 M4 提供独立的审计

图 16.1　COBIT 的 IT 业务域和处理流程

2. ITIL

信息技术基础架构库（Information Technology Infrastructure Library，ITIL）是由英国计算机和电信局提出的 IT 管理标准，ITIL 主要适用于提供 IT 服务的部门或组织，例如企业中的 IT 部门，或者提供 IT 服务的外包商。

传统的 IT 管理是"以任务为中心"的。以任务为中心的 IT 管理常常是这样分配工作的：IT 部门内给技术维护人员分配了责任和角色，当问题发生时，由相应的责任人负责去解决。以任务为中心的 IT 管理往往是被动式管理，系统维护人员就是消防员，但是问题发生时经常是乱作一团，而对于一些常规的工作却无人过问，很难取得各种相关工作的协调。

基于 ITIL 的 IT 管理，基本思路是以服务为中心，IT 部门是 IT 服务的提供者，其主要目的是提供低成本、高质量的 IT 服务。同时，ITIL 是一套基于流程的方法论，它描述的是 IT 部门应该包含的各个工作流程以及各个工作流程之间的相互关系。对于 IT 部门中各种活动，都可用 ITIL 来检查其相关流程是否存在，是否可以用一种可控的方法为用户提供相应的 IT 服务。实际上，ITIL 是从许多组织的 IT 部门的实践活动总结出来的，所以适用于各种行业的 IT 部门[①]。ITIL 所包含的内容也是很全面的，并经过不断扩充和修订，最终成为 ISO 承认的国际标准。ITIL 框架由 6 个基本模块所组成，每个模块中又有若干流程，如图 16.2 所示。

---

① 对 ITIL 详细的说明请参见《IT 服务管理：概念、理解与实施》，孙强、左天祖等著，机械工业出版社，2004。

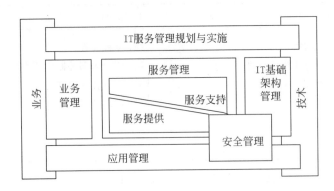

图 16.2 ITIL 的框架

(1) 业务管理。ITIL 的核心思想是应该从客户(即业务部门)而不是从 IT 服务交付方(技术部门)的角度来理解 IT 服务需求。在考虑提供什么样的 IT 服务的时候,首先应该从业务需求出发,根据业务需求来确定 IT 需求。业务管理模块用于指导业务管理者,让他们以自己习惯的思维方式来分析 IT 问题,深入了解 ITIL 支持业务流程的能力以及 IT 服务管理在提供端到端 IT 服务过程中的作用,使他们能够更好地处理与服务交付方之间的关系,实现业务目标。

(2) 服务管理。服务管理模块是 ITIL 的核心模块。与一般的按照功能来组织 IT 管理活动的方法不同,ITIL 是按照流程来组织的。它把 IT 管理活动归纳为 10 个核心流程和一些辅助流程,然后通过这些流程来分析和检查有关的 IT 管理工作。

服务管理的 10 个核心流程分为服务交付和服务支持两组,其中服务交付组由 IT 服务级别管理、IT 服务财务管理、IT 服务持续性管理、可用性管理和能力管理 5 个服务管理流程组成;服务支持组由事故管理、问题管理、配置管理、变更管理和发布管理 5 个流程及服务台职能组成。

(3) IT 基础架构管理。IT 部门管理的对象是各种 IT 基础设施。IT 基础架构管理侧重于从技术角度对基础设施进行管理。它覆盖了 IT 基础设施管理的所有方面,包括识别业务需求、实施和部署、对基础设施进行支持和维护等活动。

IT 基础架构管理的目标是确保 IT 基础架构是稳定可靠的,能够满足业务需求和支撑业务运作。

(4) 应用管理。应用系统一般是由客户或 IT 服务交付者或第三方开发的。为了确保应用系统能够满足客户需求并方便对其进行支持和维护，IT 服务管理的职能应该合理地延伸，介入应用系统的开发、测试和部署的活动中。应用管理模块用以指导 IT 服务交付方协调应用系统的开发和维护，以使它们一致地为客户的业务运作提供支持和服务。

（5）安全管理。安全管理模块用以指导 IT 基础架构的保护，使其避免未经授权的使用。安全管理模块还为如何确定安全需求、制定安全政策和策略及处理安全事故提供指导。ITIL 的安全管理模块侧重的是从政策、策略和方法的角度指导如何进行安全管理，它并没有具体说明安全管理的步骤和任务。

（6）IT 服务管理的规划与实施。IT 服务管理的规划与实施模块的作用是指导如何实施上述模块中的各个流程，包括对这些流程的整合。它指导客户确立 IT 管理的愿景目标，分析和评价现状，确定合理的目标并进行差距分析，确定任务的优先级以及对流程的实施情况进行评审。

海关信息中心的变更管理

H2000 通关系统是一个全国海关的通关业务处理系统，担负着全国许多关口的通关业务处理。在海关信息系统建立起来以后，由于业务量的不断增加和业务复杂性的提高，海关信息中心必须不断地开发新的 H2000 子系统，对原有系统也需要不断地进行调整。因为对系统的每一次变更都可能会对系统整体产生影响，而且这种变更的影响很可能会波及全国各地。因此对于信息中心来说，对于系统变更如何进行流程化管理是一个很大的问题。

信息中心的人员学习 ITIL 理念后，便考虑如何将 ITIL 理念与自身工作结合起来。通过分析过去的系统变更方式，他们发现自己以往最大的问题在于没有将系统变更活动流程化，以至于很多人在变更发布前不了解变更的原因，对于一次系统变更经过了哪些组织审批，中心在一段时期内都做了哪些变更等事项往往也不清楚。经常会出现这样的情况：在变更执行前的最后时刻，领导层才知道要有系统变更；甚至会出现这样的窘况：当系统变更已经得到了执行，服务热线人员在接到咨询电话后才知道发生了变更。

为保证系统变更的质量，让变更的过程更加规范化、透明化，信息中心领导决定从变更管理入手，参考 ITIL 标准，制定自己新的变更管理流程。

> 为此,信息中心成立了一个专门的变更管理项目组,并聘请外部咨询顾问做流程变更指导。
>
> 　　在咨询顾问的协助下,他们采用了一套标准的方法,在组织中各部门做深入的访谈、调查业务流程,并按照 ITIL 的理念设计了新的变更流程。经过在信息中心内部多次讨论修订后,最终形成了信息中心变更管理总体框架。同时,信息中心变更管理项目小组在各个部门的配合下,制定了各类变更目录的管理细则,并在组织中进行了变更管理的相关培训。
>
> 　　变更管理流程在实施准备 3 个月后正式上线。在此后的系统变更发生时,果然有效地改变了过去那种混乱的状况,组织内有关领导和业务人员都可以了解信息中心变更工作的整体状况,对由此产生的各种关联问题进行预防或改进。这项工作得到了业务部门的充分肯定。

16.6　信息伦理和社会影响问题

16.6.1　信息系统中的伦理道德问题

　　在引进信息系统和应用各种技术的同时,企业也可能会遇到一些与信息有关的个人和社会的伦理问题。例如,推销人员如果采用电子邮件来推销,可以高效地将信息发给大量客户,可是这样做真能收到预想的效果,还是会使得客户对公司产生反感呢?有些公司是在顾客购物时得到了他们的个人数据,又利用这些数据来进行商业活动,那么公司是否有必要将顾客数据的使用用途告知顾客呢?信息系统可以用来精确统计每个员工的工作情况,但是,应该给员工以什么样的自由?经理是否可以在网上对员工的工作情况、通信内容进行监控?对员工在企业内部网上发布信息是否应当严格控制?如何防止有人将违反伦理道德、对他人造成不良影响的内容放到网上?许多诸如此类的问题都没有现成的答案,也没有现成的法律可以用来判断是非,只能依靠一些伦理道德的原则来帮助我们思考。

　　什么是伦理?伦理是人们的行为准则,人们用伦理来判断自己行为是否正确,或在有多种行动可选择时,根据伦理观判断如何进行选择。信息伦理就是人们在处理信息时所应当遵循的行为准则。实际上,现在已经有一些伦理原则在人们处理日常问题时发挥着作用。这些伦理原则在处理信息问题时同样实用。美国纽约大学的肯尼斯 C. 劳顿(Kenneth C. Laudon)提出了 3 个原则：

（1）己所不欲，勿施于人。例如，你自己花费很多时间和精力建设了一个网站。后来你发现网站上的一些内容被别人拷贝去了而没有向你付款，你感到这是不公平的。可是，你是否注意到，在你的网站上也拷贝了别人的作品，你同样没有向作者付款？

（2）如果一种做法不是人人都能采用的，那么它就是不应当被普遍采用的。例如购买盗版软件，有人认为正版软件太贵，我买不起正版的，所以只能买盗版的。但是，如果所有人都这样想，都购买盗版软件，那么正版软件的制造开发商就无法生存。

（3）除非有特定的声明，否则应假定所有有形和无形的资产都是有所归属的（即在"伦理上没有白吃的午餐"原则）。例如，知识产权是一种属于个人或团体的无形资产，受到版权和专利法的保护。但是，现实中软件产品的知识产权很难受到真正的保护，因为软件产品可以非常容易地拷贝和散布，而密码等手段也会被破译。这就需要执法部门也掌握相应的技术并有相应的人力资源。

信息系统管理中还可能遇到一些两难的伦理道德问题。例如在一个企业的信息系统上，有些用户采用不正当的手段将自己的系统使用时间偷偷移到别人的账户上，让别人替他付款；或者生成一些无头账户，让收费者根本无法收费。为了杜绝这类问题，有些公司的 IT 部门购买或开发了用以监视网上活动的软件产品，可以对网络上每台计算机上的每一次击键都进行监视。但是这又引起了另外一些企业员工的反感，认为是侵犯了个人的隐私。虽然出于安全方面的考虑，公司或政府部门、社会管理部门会认为有必要对网络上的信息加以管理和控制。但是有些控制行为可能就构成了对他人权利的侵犯。为防止这类事件发生，系统管理者必须对用户的信息做仔细的界定。

16.6.2　信息系统对于社会的影响

信息系统创造了许多企业和社会进步的机会，这又影响到现有的权力、财富、资源和责任义务的分布。信息系统的应用肯定对许多人有益，但同时必然也会对社会带来负面的影响。信息系统可以推动社会进步，但它同时又会被用来犯罪和改变现有的价值观。

近年来，越来越多的公司、企业的业务都在信息系统上展开，无数国际和国内的贸易活动需要利用互联网来进行，数字化的货币也在互联网上流动。这样一来，网上的诈骗事件逐年增多，贸易纠纷也接连不断。网络风险也在增加：

少数深谙信息技术的黑客可能迅速转移走巨额资金,网络上的微博名人影响着大千世界的芸芸众生。这些都对政府机构、金融机构、商业贸易管理部门提出了新的课题。在社会学、文化研究中同样也提出了许多新的课题:人们把工作都移到计算机和网络上进行,足不出户就可以上班、办公、开会。这样做究竟是好事还是坏事?随着人们面对面接触机会的不断减少,人们可能在千里之外有无话不谈的亲密伙伴,但对于一墙之隔、经常见面的邻居却从未交谈过。这样的人际关系是否是社会的进步?互联网上传播的并不总是真实的信息,谣言和误解,甚至恶意的造谣生事都可能掀起一场轩然大波。如何建立国际性的监控和制定网上操作的法规也成为新的挑战:由于对互联网用户的使用难以控制,信息技术容易被各种不法分子利用,例如在金融机构中犯罪分子往往是利用信息技术来实施他们对非法资产的窃取。

早在计算机出现后就有人谈论机器能否会导致人类失业。这一问题随着人工智能的应用更加引起许多人的共鸣。随着人工智能(AI)技术的进步,现在汽车零件加工,电话接听甚至汽车驾驶等工作都可以由机器人来完成。既然很多简单的工作都被机器人取代了,那么过去做这些工作的人去做什么呢?信息系统还可能引起新的竞争不公平性:具有计算机操作能力的人可以容易地获得大量信息,而没有受过计算机教育的人在竞争中明显处于不利的地位,这一问题被称为"数字鸿沟(Digital Divide)"。现在社会上 IT 行业和其他行业的差距似乎也证明这种担忧并非杞人忧天。

信息系统给人类带来了巨大的变化,同时,任何一种具有巨大能量的发明都伴有巨大的破坏力。我们在发展信息系统的同时也应当时时牢记这一点。

人工智能会带来大规模失业吗

近年来,随着人工智能技术的迅速发展,商业应用随处可见。于是有关人的工作是否会被机器取代的问题又引起了广泛关注。不少人为之感到惶恐——人工智能会带来大规模失业吗?我将来会不会被下岗?

一般认为:在今后不远的一段时间里,人类的某些工作岗位被机器取代的可能性非常大:如打字员、银行工作人员、商场的收银员等。这类工作的共同特点是:工作技能比较简单,无须经由长期训练即可掌握;多为事务性工作或者重复性劳动。牛津大学的一项研究发现,现在美国47%的工作机会很可能在今后10年被人工智能取代。有人甚至提出到2050年，70%以上的工作都将被机器所取代。著名的英国物理学家霍金（Stephen Hawking）也曾这样说：工厂的自动化已经让许多传统制造业工人失业了，而人工智能的崛起会将失业范围扩大到社会上的中产阶级。未来，留给人类的只有护理、创新和监督等少数岗位了。

于是，一些持悲观观点的专家担心：今后由于机器人和基于人工智能的技术大量取代人力工作，将导致全球范围内的大规模失业，从而产生现行经济体系瓦解和社会动荡。

但是很多学者仍然认为：尽管人工智能可以代替人完成某些任务，甚至是完全取代人力进行智能化工作，但也要看到，人工智能技术同样会带来成本下降和产出增加，从而使得新兴商业模式出现和诸多配套产业的迅速发展，随之而来的，则是无数新增的就业机会。技术进步的未来之一是工作性质发生变化，一些职业将会消失，一些职业将会得到发展，一些新的职业将会产生。

例如，电子商务的发展造成了无数的商城关门歇业、员工下岗，但同时也产生了大量的网上商店，还带来了物流配送员、网络客户、技术服务人员等许多新的工作岗位，特别是为许多没有资金和背景的年轻人的创业或兼职工作带来了新机会。所以，他们认为有关人工智能会造成人的失业是不必要的担心。

无论如何，人工智能技术对企业将产生巨大而深远的影响，包括提高生产力、显著提高内部流程和客户互动的质量、强化合规运营管理等。明智的企业家知道：应当及时了解和拥抱技术进步，用新技术来不断完善和优化运营管理的薄弱环节，从而提高企业竞争力。唯有如此，才能让企业不被人工智能和相关技术所带来的巨大冲击所淘汰。

过去的历史表明，技术创新提高了工人的生产力，创造了新的产品和市场，进一步在经济中创造了新的就业机会。那这次，对于人工智能和机器人而言，也不会有任何差别。在人工智能时代，很多人类的工作会被取代，无疑也将产生很多新的工作，如人工智能技术和产品的研发人员、人工智能产品的生产人员、维护人员以及管理人员、大数据的研究分析人员、从事个性化教育和培训的人员、从事技术传播的人员等等。从2020年起，人工智能所创造的工作机会将足以弥补其取代的数量,高德纳咨询公司(Gartner Group)预计在 2025 年净新增就业岗位将达到 200 万个。根据普华永道的分析,人工智能及相关技术在未来 20 年将取代中国现有约 26% 的工作岗位,但也能通过提升生产率和实际收入水平在中国创造出大量新工作机会,人工智能对中国就业的净影响可能将创造约 12% 的净增岗位,相当于未来 20 年内增加约 9,000 万个就业岗位。事实上,许多人可能会发现自己能与人工智能系统一起工作,来提高工作效率,而不是被它们取代。例如,自动驾驶汽车还无法应对所有情况。

  人工智能的发展将极大地刺激新兴创新市场活力,催生出很多就业的新模式、新业态。这些新业态短期内也将创造许多新的岗位并带来大量的就业机会。

第16章重要概念

信息安全性，可用性，保密性，完整性，真实性，不可否认性，权限，角色，外包，集中控制和分散控制，物理保护控制，生物保护控制，防火墙，数据加密，系统容错，磁盘双工，磁盘镜像，信息系统审计，IT 治理，COBIT，ITIL，信息伦理原则

第16章复习题

1. 信息安全性的定义是什么？
2. 为保证信息安全，企业应当从哪些主要的活动入手？
3. 说明信息系统有哪些基本的控制方式。
4. 说明用户口令密码的设置原则是什么。
5. 在分配企业计算机系统权限时应当注意的主要问题是什么？
6. 什么是萨班斯法案？该法案对于企业的作用是什么？
7. 信息系统审计主要从哪些方面来评价一个信息系统？
8. 说明 COBIT 和 ITIL 两个国际标准分别有哪些重要的特征。
9. 举例说明一个信息伦理问题，并考虑解决该问题的一个判断原则。
10. 举例说明信息系统给组织和社会带来的影响。

小组活动课题

请你们小组研究一下为什么电话诈骗团伙会屡屡得手？应当如何从组织和技术上防止诈骗团伙获得个人数据？

专业术语对照表

第1章

MIS（Management Information Systems）管理信息系统

NII（National Information Infrastructure）国家信息基础设施

EDP（Electronic Data Processing）电子数据处理

COPICS（Communication Oriented Production and Information Control System）面向通信的产品和信息控制系统

EB(EC)（Electronic Business(E-Commerce)）电子商务

ADP（Automatic Data Processing）自动数据处理

IS（Information Systems）信息系统

CASE（Computer Aided Software Engineering）计算机辅助软件工程

ACM（Association for Computing Machinery）国际计算机协会

DPMA（Data Processing Management Academy）数据处理管理学会

AIS（Association for Information Systems）国际信息系统协会

第2章

GST（General Systems Theory）一般系统论

IOS（Input Output System）输入输出系统

Element 元素

Environment 环境

Boundary 边界

Interface 接口

Black box 黑箱

Entropy 熵

FA（Finite Automation）有穷自动机

第3章

Information Cost 信息成本

Digitalization 数字化

Bureaucracy Organization 层级型组织

Business Process 业务流程

CIO（Chief Information Officer）首席信息经理

Learning Organization 学习型组织

第4章

Cost Leadership 成本领先

Differentiation 差别化

Focus 专一化

Value Chain 价值链

Primary activity 主要活动

Support activity 辅助活动

JTS（Just in Time System）准时制

SOP（Standard Operating Procedure）标准作业程序

ITSP（IT Strategic Planning）IT战略规划

SIS（Strategic Information Systems）战略

性信息系统
Core Competency 核心竞争力
SAM(Strategic Alignment Model) 企业战略调准模型
IT Architecture IT架构
TOGAF(The Open Group Architecture Framework) 开放团体架构框架
ADM(Architecfure Development Method) 架构开发方法

第5章

MIPS(Million Instructions Per Second) 每秒百万条指令
PDA(Personal Digital Assitant) 个人数字助理
Minicomputer 小型机
Main Frame 大型机
TSS(Time Sharing System) 分时处理
Middle Ware 中间件
ODBC(Open Database Connectivity) 开放式数据库连接
DOS(Disk Operating System) 磁盘操作系统
GUI(Graphical User Interface) 图形用户界面
WYSIWYG(What You See Is What You Get) 所见即所得
NOS(Network Operating System) 网络操作系统
RAS(Remote Access Server) 远程访问服务
C/S(Client/Server) 客户机/服务器
B/S(Browser/Server) 浏览器/服务器
IIS(Internet Information Server) 互联网信息服务
OHA(Open Handset Alliance) 开放手持设备联盟
TCO(Total Cost Owership) 总体成本
Virtual hosting 虚拟主机

VM(Virtual Machine) 虚拟机
VMM(Virtual Machine Monitor) 虚拟机监控器
Cloud Computing 云计算
SaaS(Software as a Service) 软件即服务
PaaS(Platform as a Service) 平台即服务
IaaS(Infrastructure as a Service) 基础设施即服务
Public Cloud 公有云
Private Cloud 私有云
Community Cloud 社区云
Hyblid Cloud 混合云

第6章

LAN(Local Area Network) 局域网
WAN(Wide Area Network) 广域网
Modulation 调制
Demodulation 解调
Asynchronous transmission 异步传输
Synchronous transmission 同步传输
BPS(bits per second) 比特每秒
LED(Light Emitting Diode) 发光二极管
Blue tooth 蓝牙
Wi-Fi(Wireless Fidelity) 无线相容性认证
Wi-Fi Alliance Wi-Fi联盟
NIC(Network Interface Card) 网卡
BNC(Bayonet Nut Connector) BNC接头
ARP(Address Resolution Protocol) 地址解析协议
CSMA/CD(Carrier Sense Multiple Access with Collision Detection) 载波监听多路访问/冲突检测
IEEE(Institute of Electrical and Electronics Engineers) 国际电气与电子工程师协会
ISO(International Standardization Organization) 国际标准化组织
ANSI(American National Standards Institute) 美国国家标准化协会

MAC(Media Access Control) 传输介质访问控制

FDDI(Fiber Distributed Data Interface) 光纤分布式数据接口

Gigabit Ethernet 千兆位以太网

WLAN(Wireless Local Area Networks) 无线局域网

Next Generation Mobile Networks Alliance 下一代移动通信网络联盟

OSI(Open Systems Interconnection) 开放系统互联

TCP/IP(Transmission Control Protocol/Internet Protocol) 传输控制协议/互联网协议

DNS(Domain Name System) 域名系统

Packet Switching 包交换

URL(Uniform Resource Locator) 统一资源定位标识

HTTP(Hyper Text Transfer Protocol) 超文本传输协议

HTML(Hyper Text Markup Language) 超文本标识语言

MIME(Multipurpose Internet Mail Extensions) 通用互联网邮件扩充符

FTP(File Transfer Protocol) 文件传输协议

SMTP(Simple Mail Transfer Protocol) 简单邮件传送协议

CGI(Common Gateway Interface) 通用网关接口

第7章

LDM(Logical Data Model) 逻辑数据模型

PDM(Physical Data Model) 物理数据模型

DBMS(Database Management System) 数据库管理系统

SQL(Structured Query Language) 结构化查询语言

DDBMS(Distributed DBMS) 分布式数据库管理系统

NoSQL 文档数据库

第8章

TPS(Transaction Processing System) 事务处理系统

OLTP(OnLine Transaction Processing) 联机事务处理

POS(Point Of Sales) 销售点实时管理

ECR(Electronic Cash Register) 电子收款机

PLU(Price Look Up) 价格代码对照表

UPC(Uniform Product Code) 通用商品码

QR(Quick-Response Code) 快速反应码

EPC(Electronic Product Code) 电子产品代码

EPC global 全球电子产品编码

RFID(Radio Frequency Identification) 无射频标识

IoT(Internet of Things) 物联网

第9章

OAS(Office Automation Systems) 办公自动化系统

WfMC(Workflow Management Coalition) 工作流管理联盟

WfES(Workflow Enactment Service) 工作流执行服务

Groupware 群件

KMS(Knowledge Management Systems) 知识管理系统

IA(Intelligent Agent) 智能代理

IIA(Intelligent Indexing Agent) 智能索引代理

KM(Knowledge Map) 知识地图

EIP(Enterprise Information Portal) 企业门户网站

第10章

MTO(Make To Order) 订货生产

MTS(Make To Stock)　备货生产
MRP(Material Requirment Planning)　物料需求计划
BOM(Bill of Material)　物料清单
MRP(Manufacturing Resource Planning)　制造业资源计划
CRP(Capacity Requirements Planning)　能力需求计划
SFC(Shop Floor Control)　车间作业控制
MES(Manufacturing Exaction System)　制造执行系统
ERP(Enterprise Resource Planning Systems)　资源计划系统
SBO(SAP Business One)　SAP BO 软件包

第 11 章

BPR(Business Process Reengineering)　业务流程再造
AS-IS MODEL　流程现状模型
TO-BE MODEL　流程理想模型
IDEF(ICAM DEFinition Method)　ICAM 定义方法
ICAM(Integrated Computer Aided Manufacturing)　整合的计算机辅助制造
SADT(Structured Analysis and Design Technology)　结构化分析和设计技术
ARIS(ARchitecture of integrated Information Systems)　整合性信息系统架构

第 12 章

DSS(Decision Support Systems)　决策支持系统
IFPS(Interactive Financial Planning System)　交互式财务计划系统
MBMS(Model Base Management System)　模型库管理系统
DGMS(Dialog Generation and Management Software)　会话生成和管理软件
GDSS(Group Decision Support System)　群决策支持系统
Decision Room　决策室
VCS(Video Conference System)　视频会议系统
HIS(Hospital Information System)　医院信息系统
CSF(Critical Success Factor)　关键成功要素
KPI(Key Performance Indicator)　关键绩效指标
Dashboard　仪表盘
EIS(Executive Information System)　经理信息系统

第 13 章

BI(Business Intelligence)　商业智能
DW(Data Warehouse)　数据仓库
Operational data　作业(操作)性数据
Data Mart　数据集市
OLAP(Online Analytical Processing)　联机分析处理
MDD(Multi-Dimension Database)　多维数据库
DM(Data Mining)　数据挖掘
Pallern Discovery　模式发现
Classification　数据分类
Segmentation　分类
Clustering　聚类
KDD(Knowledge Data Discovery)　知识数据发现
ETL(Extract Transformation Load)　抽取、转换、装载
Big Data　大数据
ODS(Operational Data Store)　作业性数据仓储

第 14 章

CRM(Customer Relationship Management)　客户关系管理

Cross Sell 交叉销售
Upsell 晋级销售
Repation Effect 口碑效应
Customer Profile 客户履历
FAQ(Frequently Asked Questions) 常见问题
SFA(Sales Force Automation) 销售团队自动化
Mass Customization 大规模定制
PBX(Private Branch eXchange) 专用小交换机
ACD(Automatic Call Distribution) 自动呼叫分配
CTI(Computer Telephone Integration) 计算机电话集成
IVR(Interactive Voice Response) 交互式话音应答

第15章

SSADM(Structured Systems Analysis and Design Method) 结构化系统分析及设计方法
Life Cycle 生命周期
Waterfall Method 瀑布法
RAD(Rapid Application Development) 快速应用开发
CASE(Computer Aided Software Engineering) 计算机辅助软件工程
DFD(Data Flow Diagram) 数据流图
ERD(Entity-Relationship Diagram) 实体-关系图
OOT(Object-Oriented Technology) 面向对象技术

UML(Unified Modeling Language) 统一建模语言
PM(Project Management) 项目管理
Gantt Chart 甘特图
Activity Network 网络计划图
ROI(Marketing Return on Investment) 投资回报率
IRR(Internal Rate of Return) 内部报酬率
Payback Period 投资回收期
The Cost-Benefit Ratio 成本-效益比率法
PI(Profitability Index) 盈利指数
TCO(Total Cost of Ownership) 总体拥有成本

第16章

BCI(Business Continuity Institute) 业务连续性研究院
IFAC(International Federation of Accountants) 国际会计师联合会
PGP(Pretty Good Privacy) 优良保密协议
SFT(System Fault Tolerance) 系统容错
Outsourcing 外包
ISACA(The Information System Audit and Control Association) 国际信息系统审计与控制协会
IT Governance IT治理
BSI(British Standards Institution) 英国标准协会
COBIT(Control Objectives for Information and related Technology) 信息及相关技术控制目标
ITIL(Information Technology Infrastructure Library) 信息技术基础架构库

后 记

在信息社会,科技的发展对现代企业的管理和运营产生了巨大的影响,信息技术在企业管理诸领域的应用形成了一个不断发展更新的知识领域。通过将国内外学术研究和具有典型意义的实践成果加以总结,合理地组织和编排重要的技术和管理应用知识,对教材内容结构不断进行创新,就成为管理信息系统学者们的一项重要工作。

管理信息系统学科领域的一个重要特点是理论与实践的关联性。由于半个多世纪以来信息技术的迅速发展,理论界经常面临着滞后于实践以及与实践脱节的危机。因此最好的应对策略就是通过不断地学习新技术,总结它们的成功应用,并将新环境下企业最佳实践的成果转化为系统化的知识。本着这一原则,我在2007年撰写了本书第3版,希望给信息系统的入门学习者提供一个简明并有进一步深入研究余地的知识体系框架。本书出版后得到了广泛的使用,我觉得教材在整体结构设计和内容编排等方面还是比较成功的,因而得到了使用者的首肯。2012年时,我开始进行本书第4版的写作,然而突发的身体情况却使得这项工作不得不中止了。直到2019年春天我才鼓起余勇将此项拖延了多年的工作勉力完成。

在本书写作过程中,我得到许多企业、大学的信息系统专家和有关部门的鼎力支持。在此特别感谢下列企业及个人:北京和佳软件公司总经理陈佳先生,中国软件网总经理曹开彬先生,北京致远软件公司副总经理刘古权先生,北京农信互联公司总经理薛素文先生,深圳云智算公司总经理刘炳志先生等,教材中部分案例来自他们的大力协助和贡献。CIO发展中心的总经理杨超先生以及诸多企业的CIO们长期以来也给予我许多帮助。北京数洋智慧公司总经理朱瑾鹏先生和爱奇艺公司李澎先生帮助我收集了新技术资料。另外,中国人民大学信息学院副教授杨波审阅了本书。北京大学光华管理学院多位同事和毕业生以及信息系统协会中国分会的朋友们也始终给予我许多帮助。在本书的修改和出版过程中,一直得到北京大学出版社王华编辑的大力协助,她细致严格的审阅保证了本书的质量。在此一并向他们表示感谢。

祈望本书能对此知识领域有兴趣的学生开启一扇通向新天地的大门,并为我国的信息化社会建设做出贡献。

由于见识和水平所限,本书中肯定会有疏漏偏颇之处,我非常希望得到读者的各种意见和反馈。祈望各位读者不吝赐教,请将意见和反馈等电邮至 liqidong330@163.cn。

李 东

2019 年 12 月于北京阳春光华家园